新编21世纪高等职业教育精品教材 财务会计类

第四版

外贸会计实务

主　编/徐　艳　费琳琪
副主编/张俊清　郭红秋　贾冬艳
赵峰松　郭悦娥　吴　奕

中国人民大学出版社
·北京·

前言

Preface

教育、科技、人才是全面建设社会主义现代化国家的基础性、战略性支撑。教材是学校教育教学的主要依据，是立德树人的重要载体。党的二十大报告提出，要“深化教育领域综合改革，加强教材建设和管理，完善学校管理和教育评价体系”，编者深刻领会党的二十大精神，从高职高专教育理念和经贸类专业的人才培养目标出发编写本教材。本教材以职业岗位为导向，以职业技术能力的培养为基点，融基本知识和案例分析为一体，突出技能实训。同时，力求深入浅出，以简单明了的案例分析说明问题，重视理论联系实际，侧重于会计实务操作技能的讲授。此外，每个模块都附有复习思考题，方便学生巩固所学知识。

本书的特色体现在以下几点：

1. 内容新颖，与会计改革同步。本书以会计的基本概念和方法为基础，在阐述会计基本理论与方法的同时，紧紧围绕我国财务会计改革现状，结合外贸企业自身的特点，对外贸企业的外汇业务核算、国内结算和国际结算、出口业务核算、进口业务核算、资产核算、财务会计报表等方面做了较为详细的论述。

2. 目的明确。精选和提炼外贸企业经济活动的常规业务，并注重会计理论与方法的实用性和适用性，立足于素质教育，启发思维，开阔视野，提高技能。突出外贸企业会计核算的特点，将现行企业会计准则的统一性、原则性与外贸企业业务的特殊性结合起来。

3. 由简到繁，由浅入深。对内容的论述力求做到深入浅出、通俗易懂，既适合教师讲授，也便于学生自学。

4. 体系设计合理，突出岗位能力。为了满足高职会计专业教学的需要，构建“以能力为本位”为主导、以就业为导向的课程体系，按照突出应用性、实践性的原则，及时充实和更新相关知识，培养学生综合运用知识的能力，提高技能水平。

本书由辽宁农业职业技术学院的老师组织编写，徐艳和费琳琪担任主编，张俊清等担任副主编。具体编写分工如下：徐艳编写模块一、六；郭红秋编写模块二；张俊清编写模块三；贾冬艳编写模块四；费琳琪编写模块五；吴奕编写模块七；赵峰松编写模块八；郭悦娥编写模块九。全书由徐艳进行修改和统稿。

由于编者水平所限，书中难免存在缺点和错误，不妥之处恳请同行和读者批评指正。

编者

目录
Contents

模块一 外贸会计概述

学习目标

◆ 知识目标

◎ 理解会计工作规范与会计准则。

◎ 掌握会计假设与会计信息质量要求。

◆ 技能目标

◎ 掌握外贸会计对象。

◎ 掌握会计要素与会计等式。

◎ 能够运用会计准则、会计制度指导外贸会计工作，使外贸会计工作合理、合法、规范。

◆ 素养目标

◎ 培养良好的心理素质和职业道德。

◎ 遵守会计基本法规制度及国家有关财经方针政策，树立法治观念。

案例导入

在某公司的一次财务工作会议上，张会计说："《中华人民共和国会计法》规定，公司领导对单位会计信息的真实性负责，我们作为一般会计人员，应该服从领导安排，领导让干啥就干啥，对于公司的一些业务，没有必要去问个明白，领导签字同意就给报销，只要自己两袖清风，不贪不占，就能把会计工作做好。"

思考：法治建设，在全面建设社会主义现代化国家、全面推进中华民族伟大复兴进程中发挥了基础性、支柱性、保障性作用。从会计工作规范与会计准则角度看，张会计在会议上的发言是否正确？

任务一 会计工作规范与会计准则

知识点一 会计工作规范

为了保证会计信息的真实性、完整性、可比性，我国通过各种法律、财经法规和制度、企业会计准则、会计制度等对其予以规范。这种规范在法律、行政法规、部门规章和规范性文件四个层面上得到体现。法律主要有《中华人民共和国会计法》(以下简称《会计法》)和《中华人民共和国注册会计师法》，行政法规主要有《总会计师条例》和《企业财务会计报告条例》，部门规章主要有《企业会计准则》和《企业会计制度》，规范性文件主要有《会计基础工作规范》和《内部会计控制规范》等。其中，《会计法》《企业会计准则》《企业会计制度》构成了我国目前的会计法律法规体系，这是一个比较完整的会计工作的法律法规体系。各企业以上述法律法规为依据制定本企业会计核算的具体办法，以适应各自的经营特点、管理要求和进一步具体规范会计核算方法及程序的需要。

一、《会计法》

《会计法》是我国会计工作的基本法，是会计人员工作的规范。1985 年 1 月 21 日，第六届全国人民代表大会常务委员会通过《中华人民共和国会计法》，自 1985 年 5 月 1 日起实施。1993 年 12 月 29 日，第八届全国人民代表大会常务委员会第五次会议通过了《关于修改〈中华人民共和国会计法〉的决定》，也就是我们所说的第一次修正。第一次修正在一定程度上对加强会计工作、促进会计工作更好地为经济建设服务起到了积极作用。但随着改革的深入、开放程度的扩大和社会主义市场经济的发展，《会计法》已难适应经济发展的要求：一方面，一些地方和企业会计工作秩序混乱，管理失控，做假账问题十分突出；另一方面，《会计法》对会计行为规范不够、约束不力的缺陷日益明显。1999 年 10 月 31 日，第九届全国人民代表大会常务委员会第十二次会议审议修订了《会计法》，自 2000 年 7 月 1 日起实行。根据 2017 年 11 月 4 日，第十二届全国人民代表大会常务委员会第三十次会议《关于修改〈中华人民共和国会计法〉等十一部法律的决定》进行了第二次修正。

现行《会计法》共七章、五十二条，包括：总则；会计核算；公司、企业会计核算的特别规定；会计监督；会计机构和会计人员；法律责任；附则。

在总则部分，明确了《会计法》的立法目的、适用范围、设账要求、单位负责人的基本职责、会计机构及会计人员的职责和权利、对会计人员的奖励、会计工作监管体制、会计制度制定体制。

在会计核算部分，主要涉及会计核算的基本要求、会计核算的内容、会计年度、记账本位币、会计凭证、会计账簿、账目核对、会计处理方法、或有事项的披露、财务会计报告、会计记录文字、会计档案管理。

在公司、企业会计核算的特别规定部分，主要涉及两个方面的问题：其一是公司、企业会计要素的确认、计量、记录、基本要求；其二是公司、企业会计核算的禁止性规定。

在会计监督部分，规定了五个方面的问题：单位内部会计监督制度；相关人员在单位内部会计监督中的职责；对违反《会计法》行为的检举；会计工作的社会监督；会计工作的国家监督。

在会计机构和会计人员部分，主要规定了七个方面的内容：企业会计机构设置；总会计师的设置；会计机构内部稽核制度和内部牵制制度；会计人员从业资格；会计机构负责人的任职资格；会计人员业务培训与教育；会计人员调离与接管人员应办清的交接手续及交接手续的监交规定。

为了保障《会计法》的有效实施，惩治会计违法行为，《会计法》对会计违法行为做了明确、具体的界定，并扩大了惩治对象的范围，也加重了所规定的各种违法行为的责任，特别是加大了对伪造、变造会计凭证、会计账簿，编制虚假财务会计报告，以及隐匿、销毁应当保存的会计凭证、会计账簿及其他会计资料等行为的打击力度。《会计法》第六章“法律责任”共八条，规定了违反《会计法》应追究的行政及刑事责任。

《会计法》第七章“附则”共三条，主要是对单位负责人、国家统一的会计制度的名词进行解释并规定《会计法》的施行日期。

二、会计准则

会计准则是会计人员从事会计工作的规则和指南。按其使用单位的经营性质，会计准则可分为营利组织的会计准则和非营利组织的会计准则。我国现行《企业会计准则》自2007年1月1日起在上市公司施行，并逐步扩大实施范围，经过各方面的共同努力，较好地实现了平稳实施。2014年7月23日，根据《财政部关于修改〈企业会计准则——基本准则〉的决定》进行了修改。

三、会计制度

财务会计标准的表现形式不是唯一的，会计准则也不是会计标准的唯一表现形式。会计标准的选择不应拘泥于形式，而应注重其实质。从实践来看，有的国家采用会计准则的表现形式，有的国家采用会计核算制度的形式。我国采用的是会计准则与会计制度并存，共同规范企业会计核算行为的形式。因为会计准则与会计制度不是两套相互独立、互不相容的体系，会计准则与会计制度可以相互结合，共同存在。会计制度和会计准则都是规范会计核算行为的，都是为确保企业能够提供真实、可靠、完整的会计信息，为企业会计信息使用者服务的。1992 年，我国发布了《企业会计准则——基本准则》，并以此为基础制定、实施了十三个行业会计制度。同时，财政部在借鉴国际惯例的基础上，相继制定了具体会计准则。具体会计准则的施行需要有一个过程。会计制度比较系统，将经济业务的核算直接指向会计科目和会计报表，符合多数财会人员的阅读习惯，操作性强，因此，适应我国国情和对外开放的需要。会计准则和会计制度在一定时期内，还不可以相互替代。

会计制度是会计人员处理业务的规范，在会计实务中起着非常重要的作用。会计制度的主要内容是会计科目表，会计科目使用说明，以及会计报表种类、格式和会计报表编制说明。我国的会计制度，不仅可操作性强，而且具有强制性。

（一）企业会计制度

《企业会计制度》（财会〔2000〕25 号）于 2001 年 1 月 1 日起暂在股份有限公司范围内执行，该制度共计十四章、一百六十条，主要内容包括会计原则、会计记账方法、会计科目及其使用说明、会计凭证、会计账簿和记账程序、会计报表格式、报送程序和编制说明、会计档案的保管和处理方法、会计制度的修订、补充权限及其他有关规定、成本核算方法等。

（二）小企业会计准则

《小企业会计准则》于 2011 年 10 月 18 日由中华人民共和国财政部以财会〔2011〕17 号印发，自 2013 年 1 月 1 日起施行。财政部 2004 年发布的《小企业会计制度》（财会〔2004〕2 号）予以废止。《小企业会计准则》的选型标准，可参考 2011 年 6 月 18 日工业和信息化部、国家统计局、发展改革委、财政部研究制定的《中小企业划型标准规定》（工信部联企业〔2011〕300 号）。

（三）特定经济组织或特定事项的会计处理规定

1992 年公布的分行业的会计制度和核算办法，均已废止。现行有效的会计制度除《企业会计制度》《企业会计准则》《小企业会计准则》外，还包括一些针对特定经济组织或特定事项的会计处理规定，如《个体工商户会计制度》（财会〔1997〕19 号）、《农民专业合作社财务会计制度》（财农〔2022〕58 号）、《增值税会计处理规定》（财会〔2016〕22 号）及财政部会计司《关于〈增值税会计处理规定〉有关问题的解读》等。

知识点二 会计准则体系

企业会计准则是企业会计工作的规范，是处理会计业务、评价企业会计质量的准绳。国际会计准则委员会已经发布了多项会计准则，如财务报表列报，折旧会计，现金流量表，非常项目，所得税，房产、厂址和设备，租赁，企业合并，投资会计等。我国的企业会计准则包括基本会计准则和具体会计准则两部分。

一、基本会计准则

基本会计准则是指为进行会计核算工作而做出的原则性规定。我国于1993年7月1日起实施的《企业会计准则——基本准则》就是会计核算的基本准则，它包括四部分内容：会计核算的基本前提；会计核算的一般原则；会计要素准则；会计报表准则。2006年2月15日，财政部在北京召开了会计审计准则发布会，发布了新的会计审计准则，其中，会计准则包括1项基本会计准则、38项具体会计准则。2017年，财政部对具体会计准则进行了修改，由38项增加到42项。现行基本准则在会计基本原则和会计要素计量方面，出现了较大的变化。现行基本准则保留了重要性原则、谨慎性原则、实质重于形式原则、可比性原则、及时性原则等。但在会计计量上强调，企业一般应当采用历史成本计量，也可以采用重置成本、可变现净值、现值、公允价值计量；采用重置成本、可变现净值、现值、公允价值计量的，应当保证所确定的会计要素金额能够取得并可靠计量。

二、具体会计准则

具体会计准则是根据基本会计准则的要求，就会计核算的基本业务和特殊行业的会计核算工作做出的规定。具体会计准则按照其内容可以分为共性业务会计准则、会计报表准则和特殊行业会计准则三方面。共性业务会计准则主要对各行各业会计核算中共同的基本业务的会计处理做出规定；会计报表准则主要就各种会计报表反映的内容和表格形式做出规定；特殊行业会计准则主要对一些特殊行业的基本会计业务的核算做出规定。

我国的42项具体会计准则包括：（1）存货；（2）长期股权投资；（3）投资性房地产；（4）固定资产；（5）生物资产；（6）无形资产；（7）非货币性资产交换；（8）资产减值；（9）职工薪酬；（10）企业年金基金；（11）股份支付；（12）债务重组；（13）或有事项；（14）收入；（15）建造合同；（16）政府补助；（17）借款费用；（18）所得税；（19）外币折算；（20）企业合并；（21）租赁；（22）金融工具确认和计量；（23）金融资产转移；（24）套期会计；（25）原保险合同；（26）再保险合同；（27）石油天然气开采；（28）会计政策、会计估计变更和差错更正；（29）资产负债表日后事项；（30）财务报表列报；（31）现金流量表；（32）中期财务报告；（33）合并财务报表；（34）每股收益；（35）分部报告；（36）关联方披露；（37）金融工具列报；（38）首次执行企业会计准则；（39）公允价值计量；（40）合营安排；（41）在其他主体中权益的披露；（42）持有待售的非流动资产、处置组和终止经营。

任务二 会计假设、会计计量及会计信息质量要求

知识点一 会计假设

一、会计假设的原因

会计工作所处的经济环境十分复杂，受很多不确定因素的影响，而会计假设是企业会计确认、计量和报告的前提，是对会计核算所处的时间、空间等环境所做的合理假定。会计假设虽然有人为假定的一面，但是并不因此影响其客观性。事实上，作为进行会计活动的必要前提条件，会计假设是会计人员在长期的会计实践中逐步认识、总结而形成的，绝不是毫无根据的猜想或简单武断的规定。离开了会计假设，会计活动就失去了确认、计量、记录和报告的基础，会计工作就会陷入混乱，甚至难以进行。

二、会计假设的内容

会计假设包括会计主体、持续经营、会计分期和货币计量。

（一）会计主体

会计主体是指企业会计确认、计量和报告的空间范围。

为了向财务报告使用者反映企业财务状况、经营成果和现金流量，提供对其决策有用的信息，会计核算和财务报告的编制应当集中于反映特定对象的活动，并将其与其他经济实体区别开来，这样才能实现财务报告的目标。

在会计主体假设下，企业应当对其本身发生的交易或者事项进行会计确认、计量和报告，反映企业本身所从事的各项生产经营活动。明确界定会计主体是开展会计确认、计量和报告工作的重要前提。

（二）持续经营

持续经营是指在可以预见的将来，企业将会按当前的规模和状态继续经营下去，不会停业，也不会大规模削减业务。

在持续经营前提下，会计确认、计量和报告应当以企业持续、正常的生产经营活动为前提。

企业是否持续经营，在会计原则和会计方法的选择上有很大差别。一般情况下，应当

假定企业将会按照当前的规模和状态继续经营下去。明确这个基本假设，就意味着会计主体将按照既定用途使用资产，按照既定的合约条件清偿债务，会计人员就可以在此基础上选择会计原则和会计方法。如果判断企业会持续经营，就可以假定企业的固定资产会在持续经营的过程中长期发挥作用，并服务于生产经营过程，固定资产就可以根据历史成本进行记录，并采用折旧的方法，将历史成本分摊到各个会计期间或相关产品的成本中。如果判断企业不会持续经营，固定资产就不应采用历史成本进行记录并按期计提折旧。

（三）会计分期

会计分期是指将一个企业持续经营的生产经营活动划分为一个个连续的、长短相同的期间。

会计分期的目的在于通过会计期间的划分，将持续经营的生产经营活动划分成连续、相等的期间，据以结算盈亏，按期编报财务报告，从而及时向财务报告使用者提供有关企业财务状况、经营成果和现金流量的信息。

在会计分期假设下，企业应当划分会计期间，分期结算账目和编制财务报告。会计期间通常分为年度和中期。中期是指短于一个完整的会计年度的报告期间。

（四）货币计量

货币计量是指会计主体在会计确认、计量和报告时以货币计量，反映会计主体的生产经营活动。货币是商品的一般等价物，是衡量一般商品价值的共同尺度，具有价值尺度、流通手段、贮藏手段和支付手段等特点。选择货币这一共同尺度进行计量，能够全面、综合地反映企业的生产经营情况。

货币计量有两层含义：一是会计核算要以货币作为主要的计量尺度。《会计法》规定会计核算以人民币为记账本位币，业务收支以人民币以外的货币为主的单位，可以选定其中一种作为记账本位币，但是编报的财务会计报表应当折算为人民币。在以货币作为主要计量单位的同时，有必要也应当以实物量度和劳动量度作为补充。二是假定币值稳定。因为只有在币值稳定或相对稳定的情况下，不同时点上的资产的价值才有可比性，不同期间的收入和费用才能进行比较，并计算、确定企业的经营成果，会计核算提供的会计信息才能真实反映会计主体的经营活动情况。

知识点二 会计计量

一、会计计量的含义

会计计量是为了将符合确认条件的会计要素登记入账并列报于财务报表而确定其金额的过程。企业应当按照规定的会计计量属性进行计量，确定相关金额。会计计量属性反映的是会计要素金额的确定基础，主要包括历史成本、重置成本、可变现净值、现值和公允价值等。

二、会计计量的分类

（一）历史成本

资产按照购置时支付的现金或现金等价物的金额，或者按照购置资产时所付出的对价的公允价值计算。负债按照因承担现时义务而收到的款项或资产的金额，或者承担现时义务的合同金额，或者按照日常活动中为偿还负债预期需要支付的现金或者现金等价物的金额计算。

（二）重置成本

资产按照现在购买相同或者相似的资产所需支付的现金或者现金等价物的金额计算。负债按照现在偿付该项负债所需支付的现金或者现金等价物的金额计算。

（三）可变现净值

资产按照其正常对外销售所能收到的现金或者现金等价物的金额扣减该资产至完工时估计将要发生的成本、估计的销售费用以及相关税费后的金额计算。

（四）现值

资产按照预计从其持续使用和最终处置中所产生的未来净现金流入量的折现金额计算。负债按照预计期限内需要偿还的未来净现金流出量的折现金额计算。

（五）公允价值

资产和负债按照在公平交易中，熟悉情况的交易双方自愿进行资产交换或者债务清偿的金额计算。

企业在对会计要素进行计量时，一般应当采用历史成本。采用重置成本、可变现净值、现值、公允价值计量的，应当保证所确定的会计要素金额能够取得并可靠计量。

知识点三 会计信息质量要求

会计信息质量要求是对企业财务报告中所提供会计信息质量的基本要求，是使财务报告中所提供的会计信息对投资者等财务报告使用者决策有用应具备的基本特征。它主要包括可靠性、相关性、可理解性、可比性、实质重于形式、重要性、谨慎性和及时性等。

一、可靠性

可靠性要求企业应当以实际发生的交易或者事项为依据进行确认、计量和报告，如实反映符合确认和计量要求的各项会计要素及其他相关信息，保证会计信息真实可靠、内容完整。

会计信息若要有用，必须以可靠为基础，如果财务报告所提供的会计信息是不可靠的，就会对投资者等财务报告使用者的决策产生误导甚至造成损失。为了贯彻可靠性要求，企业应当做到：

（1）以实际发生的交易或者事项为依据进行确认、计量，将符合会计要素定义及确认条件的资产、负债、所有者权益、收入、费用和利润等如实反映在财务报告中，不得根据虚构的、没有发生的或者尚未发生的交易或者事项进行确认、计量和报告。

（2）在符合重要性和成本效益原则的前提下，保证会计信息的完整性，其中包括编报的报表及附注内容等应当保持完整，不能随意遗漏或者减少应予披露的信息，与使用者决策相关的有用信息都应当充分披露。

（3）财务报告中的会计信息应当是中立的、无偏的。如果企业在财务报告中为了达到事先设定的结果或效果，通过选择或列示有关会计信息以影响使用者的决策和判断，这样的财务报告信息就不是中立的。

二、相关性

相关性要求企业提供的会计信息应当与投资者等财务报告使用者的经济决策需要相关，有助于投资者等财务报告使用者对企业过去、现在或者未来的情况做出评价或者预测。

会计信息是否有用、是否具有价值，关键是看其与使用者的决策需要是否相关，是否有助于决策或者提高决策水平。

三、可理解性

可理解性要求企业提供的会计信息应当清晰明了，便于投资者等财务报告使用者理解和使用。

企业编制财务报告、提供会计信息的目的在于使用，而要使使用者有效使用会计信息，应当能让其了解会计信息的内涵，弄懂会计信息的内容，这就要求财务报告所提供的会计信息应当清晰明了、易于理解。只有这样，才能提高会计信息的有用性，实现财务报告的目标，满足向投资者等财务报告使用者提供决策有用信息的要求。

四、可比性

可比性是指企业会计核算必须符合会计制度的统一规定，会计指标口径一致，提供的会计信息相互可比。它要求同一企业不同时期发生的相同或者相似的交易或事项，应当采用一致的会计政策，不得随意变更；不同企业的相同或者相似的交易或事项，应当采用规定的会计政策，确保会计信息口径一致，使得同一企业不同时期或不同企业之间的财务状况、经营成果可以相互比较。

五、实质重于形式

实质重于形式要求企业应当按照交易或者事项的经济实质进行会计确认、计量和报告，不仅仅以交易或者事项的法律形式为依据。

企业发生的交易或事项在多数情况下，其经济实质和法律形式是一致的，但在有些情况下，会出现不一致。例如，以融资租赁方式租入的资产虽然从法律形式来讲企业并不拥有其所有权，但是由于租赁合同中规定的租赁期相当长，接近于该资产的使用寿命；租赁期结束时，承租企业有优先购买该资产的选择权；在租赁期内，承租企业有权支配资产并从中受益等。因此，从其经济实质来看，企业能够控制融资租入资产所创造的未来经济利益，在会计确认、计量和报告上应当将以融资租赁方式租入的资产视为企业的资产，列入企业的资产负债表。

六、重要性

重要性要求企业提供的会计信息应当反映与企业财务状况、经营成果和现金流量有关的所有重要交易或者事项。

如果会计信息的省略或者错报会影响投资者等财务报告使用者据此做出决策，该信息就具有重要性。重要性的应用需要依赖职业判断，企业应当根据其所处环境和实际情况，从项目的性质和金额两方面加以判断。

七、谨慎性

谨慎性要求企业对交易或者事项进行会计确认、计量和报告应当保持应有的谨慎，不应高估资产或者收益，也不应低估负债或者费用。

会计信息质量的谨慎性要求企业在面临不确定性因素的情况下做出职业判断时，应当保持应有的谨慎，充分估计到各种风险和损失，既不高估资产或者收益，也不低估负债或者费用。例如，要求企业对可能发生的资产减值损失计提资产减值准备，对售出商品可能发生的保修义务等确认预计负债等，就体现了会计信息质量的谨慎性要求。

谨慎性的应用也不允许企业设置秘密准备。

八、及时性

及时性要求企业对于已经发生的交易或者事项，应当及时进行确认、计量和报告，不得提前或者延后。

在会计确认、计量和报告过程中贯彻及时性，一是要求及时收集会计信息，即在经济交易或者事项发生后，及时收集、整理各种原始单据或者凭证；二是要求及时处理会计信息，即按照会计准则的规定，及时对经济交易或者事项进行确认或者计量，并编制出财务报告；三是要求及时传递会计信息，即按照国家规定的有关时限，及时地将编制的财务报告传递给财务报告使用者，便于其及时使用和决策。

任务三　外贸会计对象、会计要素与会计等式

知识点一　外贸会计对象及特点

一、外贸会计对象

外贸会计对象，即对外贸易会计所要反映和监督的内容，可概括为外贸企业进出口商品流转过程中的资金运动。

外贸企业资金运动的主要内容是组织国际上的进出口商品流通，其主要经营活动包括出口业务与进口业务。外贸企业与国内商品流通企业都从事组织商品流通活动，但它与国内商品流通企业有很大的不同。具体表现是：外贸企业的商品流通包括进口和出口两种业务经营过程，使用本国货币与外币两种以上货币，在出口经营活动中，企业要将出口商品销售所得外汇，按照国家规定与银行结汇，所谓“卖中有卖”；在进口经营活动中，又要用人民币向银行购买外汇以支付货款，所谓“买中有买”。因此，外贸企业在其资金循环过程中所持有的本币与外币不断转换的过程，形成了外贸企业资金运动的特殊性。

二、外贸会计特点

（一）外汇收支的核算占有重要地位

外汇收支的核算十分重要。与此相适应，对外贸易会计核算中，凡是以外汇进行收支结算的，均需以复币（人民币和外币）记账；凡是以外币计价、结算的，有关明细账也都要采用复币式的账簿，或在摘要栏内做外币记录；同时，还应设置反映汇率变动的损益账户。

（二）复式记账中的“同借同贷”现象

“同借同贷”现象的实质并未改变借贷记账法的一般规则。目前，外贸企业用红字表

示账户相反方向的发生额，主要有以下几种情况：调整或冲销某些账项；核算某些外汇支付款项。例如，以外汇支付的国外运输费、保险费、佣金等，习惯上以红字金额贷记销售收入，调整销售收入账户的发生额。

（三）不同价格条件下的账务处理不同

相同的经济业务内容，如分别采用 FOB 价、CIF 价或 CFR 价进行结算，则账务处理的内容和方法会有所不同。

三、外贸企业会计科目

外贸企业会计科目如表 1-1 所示。

表 1-1　外贸企业会计科目参照表

顺序号	名称	顺序号	名称
	一、资产类	52	预收账款
1	库存现金	53	预收外汇账款
2	银行存款	54	应付职工薪酬
3	其他货币资金	55	应交税费
4	交易性金融资产	56	应付利息
5	应收票据	57	应付股利
6	应收账款	58	其他应付款
7	应收外汇账款	59	持有待售负债
8	预付账款	60	预计负债
9	预付外汇账款	61	递延收益
10	应收股利	62	代理业务负债
11	应收利息	63	长期借款
12	其他应收款	64	长期外汇借款
13	坏账准备	65	应付债券
14	代理业务资产	66	长期应付款
15	商品采购	67	未确认融资费用
16	原材料	68	专项应付款
17	库存商品	69	递延所得税负债
18	待运和发出商品		三、共同类
19	委托代销商品	70	衍生工具
20	受托代销商品	71	套期工具
21	委托加工物资	72	被套期项目

续表

顺序号	名称	顺序号	名称
22	周转材料		四、所有者权益类
23	存货跌价准备	73	实收资本
24	持有待售资产	74	资本公积
25	持有至到期投资	75	盈余公积
26	持有至到期投资减值准备	76	本年利润
27	可供出售金融资产	77	利润分配
28	长期股权投资	78	其他综合收益
29	长期股权投资减值准备	79	库存股
30	投资性房地产		五、成本类
31	长期应收款	80	生产成本
32	未实现融资收益	81	制造费用
33	固定资产	82	劳务成本
34	累计折旧	83	研发支出
35	固定资产减值准备		六、损益类
36	在建工程	84	主营业务收入
37	工程物资	85	其他业务收入
38	固定资产清理	86	公允价值变动损益
39	无形资产	87	投资收益
40	累计摊销	88	营业外收入
41	无形资产减值准备	89	主营业务成本
42	商誉	90	其他业务成本
43	长期待摊费用	91	税金及附加
44	递延所得税资产	92	销售费用
45	待处理财产损溢	93	管理费用
	二、负债类	94	财务费用
46	短期借款	95	资产减值损失
47	短期外汇借款	96	信用减值损失
48	交易性金融负债	97	其他收益
49	应付票据	98	营业外支出
50	应付账款	99	所得税费用
51	应付外汇账款	100	以前年度损益调整

知识点二 会计要素与会计等式

一、会计要素

会计核算和监督的是特定主体的能用货币表现的经济活动（资金运动），即会计的对象。但是，从生产、交换、分配到消费等各个环节，资金运动形式纷繁复杂，因此，这种对会计对象的一般描述比较抽象。为便于核算，必须对其做进一步的分类，这种分类的类别在会计上称为会计要素。

（一）资产

资产是指由企业过去的交易或者事项形成的、企业拥有或者控制的、预期会给企业带来经济利益的资源。

1. 资产的特征

（1）资产是由企业过去的交易或者事项形成的资源。

（2）资产是企业拥有或控制的资源。

（3）资产是预期会给企业带来经济利益的资源。

2. 资产的分类

资产按其流动性不同，分为流动资产和非流动资产。

（1）流动资产。流动资产是指预计在一个正常营业周期中能够变现、出售或者耗用的资产，或者主要为交易目的而持有，或者预计在资产负债表日起一年内（含一年）变现的资产，以及自资产负债表日起一年内用于交换其他资产或清偿负债的能力不受限制的现金或现金等价物。流动资产主要包括：

1）货币资金。货币资金是指以货币形态存在的资产，包括库存现金、银行存款等。

2）交易性金融资产。交易性金融资产是指企业为了近期出手而持有的金融资产，如企业以赚取差价为目的买入的股票、债券、基金等。

3）应收及预付款项。应收及预付款项是指企业在日常生产经营过程中发生的各项债权，包括应收票据、应收账款、应收利息、应收股利、其他应收账款和预付账款等。

4）存货。存货是指企业在日常生产经营过程中持有以备出售，或者仍然处在生产过程中将要消耗，或者在生产或提供劳务的过程中将要耗用的各种材料或物料，包括商品、产成品、半成品、在产品以及各类材料等。

（2）非流动资产。非流动资产是指流动资产以外的资产，主要包括：

1）长期股权投资。长期股权投资是指企业长期持有，不准备随时出售的被投资单位的股份，并按所持有股份的比例享有权益并承担责任的投资。

2）固定资产。固定资产是指企业为生产商品、提供劳务、出租或经营管理而持有的，使用寿命超过一个会计年度的资产，如房屋及建筑物、机器设备、运输工具等。

3）无形资产。无形资产是指企业拥有或者控制的，没有实物形态的可辨认非货币性资产，如专利权、非专利技术、商标权、著作权、土地使用权、特许权等。

（二）负债

负债是指由企业过去的交易或事项形成的、预期会导致经济利益流出企业的现时义务。

1. 负债的特征

（1）负债是由企业过去的交易或事项形成的。

（2）负债是企业承担的现时义务，而不是潜在义务。

（3）负债的清偿预期会导致经济利益流出企业。

2. 负债的分类

负债按其流动性或偿还时间的长短，可以分为流动负债和非流动负债。

（1）流动负债。流动负债是指将在一年（含一年）或者超过一年的一个营业周期内偿还的债务，包括短期借款、应付票据、应付账款、预收账款、应付职工薪酬、应付福利费、应付股利、应交税费、其他应付款项和一年内到期的长期借款等。

（2）非流动负债。非流动负债是指偿还期在一年或者超过一年的一个营业周期以上的债务，包括长期借款、应付债券、长期应付款等。

（三）所有者权益

所有者权益是指企业资产扣除负债后由所有者享有的剩余权益。其金额为资产减去负债后的余额。

1. 所有者权益的特征

（1）所有者权益在企业经营期内可供企业长期、持续地使用，企业不必向投资者返还资本金。而负债则须按期返还给债权人，成为企业的负担。

（2）企业所有人凭其对企业投入的资本，享受分配税后利润的权利。所有者权益是企业分配税后净利润的主要依据，而债权人除按规定取得利息外，无权分配企业的利润。

（3）企业所有人有权行使企业的经营管理权，或者授权管理人员行使经营管理权，但债权人并没有经营管理权。

（4）企业的所有者对企业的债务和亏损负有无限的责任或有限的责任，而债权人与企业的其他债务不发生关系，一般也不承担企业的亏损。

2. 所有者权益的内容

一般来说，形成企业资产的资金来源有两部分：一是债权人，其对企业资产的要求权形成企业的负债；二是所有者，其对企业资产的要求权形成企业的所有者权益。所有者权益的来源包括投入资本、直接计入所有者权益的利得和损失、留存收益等。

（1）投入资本。投入资本是指投资者实际投入企业经济活动的各种财产物资。

（2）直接计入所有者权益的利得和损失。直接计入所有者权益的利得和损失是指不应计入当期损益、会导致所有者权益发生增减变动的、与所有者投入资本或者向所有者分配利润无关的利得或者损失。

（3）留存收益。留存收益是归所有者所共有的、由收益转化而形成的所有者权益，是来源于企业的生产经营活动事项的利润，包括企业的盈余公积和未分配利润。

（四）收入

收入是指企业在日常活动中所形成的、会导致所有者权益增加的、与所有者投入资本无关的经济利益的总流入，包括销售商品收入、劳务收入、让渡资产使用权收入、利息收入、租金收入、股利收入等，但不包括为第三方或客户代收的款项。

1. 收入的特征

（1）收入是从企业的日常活动中产生的，而不是从偶发的交易或事项中产生的。

（2）收入可能表现为企业资产的增加，或企业负债的减少，或者二者兼而有之。

（3）收入必然会导致企业所有者权益的增加。

（4）收入只包括本企业经济利益的流入，不包括为第三方或客户代收的款项。

2. 收入的分类

按照收入的性质和内容分类，收入可分为商品销售收入、提供劳务收入、让渡资产使用权收入；按企业经营业务的主次分类，收入可分为主营业务收入、其他业务收入及投资收益。

（五）费用

费用是指企业在日常活动中发生的、会导致所有者权益减少的、与向所有者分配利润无关的经济利益的总流出。

1. 费用的特征

（1）费用是企业在日常活动中发生的经济利益的流出，而不是从偶发的交易或事项中发生的经济利益的流出。

（2）费用最终会导致所有者权益减少。

（3）费用导致所有者权益的减少与向所有者分配利润无关。

2. 费用的分类

费用按是否参与产品成本计算，可分为产品生产费用和期间费用。期间费用包括管理费用、财务费用和销售费用。

（六）利润

利润是指企业在一定会计期间的经营成果，包括收入减去费用后的余额、直接计入当期利润的利得和损失。

利得是指由企业非日常活动所形成的、会导致所有者权益增加的、与所有者投入资本无关的经济利益的流入。损失是指由企业非日常活动所形成的、会导致所有者权益减少的、与向所有者分配利润无关的经济利益的流出。

按照利润指标口径划分，利润可分为营业利润、利润总额和净利润。

二、会计等式

会计等式是指各个会计要素之间在数量上的关系。会计等式是对会计要素的性质及相互之间的内在经济关系所做的概括和科学的表达，是正确设置账户、复式记账、试算平衡和设计与编制会计报表的重要理论依据。

（一）会计等式的形式

1. 资产、负债、所有者权益之间的关系

企业开展生产经营活动，必须拥有一定数量和质量的资产，也就是能给企业带来未来经济利益的经济资源。资产来源于两个渠道：一是由债权人提供的借款或应付账款等形成的，叫债权人权益，简称负债，由企业定期偿还；二是由所有者的投资等形成的，叫所有者权益，除企业停止经营外，不需要企业偿还。负债及所有者权益之和称为权益，是对企业所有资产的要求权。

由此可见，一个企业所拥有的资产和权益是同一资金的两个不同方面。从资金的占用形式来看是资产，从这些资产的来源渠道来看是权益。同时两者又相互依存，资产离不开权益，权益也离不开资产。有一定数量的资产就有一定数量的权益与之相对应；相反，有一定数量的权益就有一定数量的资产与之相对应。所以，两者在总额上一定相等，这种相等关系构成了下面的会计基本等式：

资产＝负债＋所有者权益

2. 收入、费用、利润之间的关系

企业经营的目的是获取收入，实现盈利。企业成立后，其资产不会闲置，而是将资产投入生产经营中去，为企业获取经济利益。企业在生产经营活动中，一方面要销售商品或提供劳务，取得收入；另一方面要消耗各项资产，发生相应的费用。因此，收入、费用和利润之间存在如下等量关系：

收入－费用＝利润（或亏损）

收入、费用和利润之间的上述关系，是编制利润表的基础。

通过前面的内容，我们知道利润是企业经营的成果，作为所有者投资的回报，在未分配之前，全部归企业所有，是所有者权益的一部分。所以，企业在会计期间内生产经营过程中的任一时点上，会计基本等式又会转化为下面的形式：

资产＝负债＋所有者权益＋（收入－费用）

资产＝负债＋所有者权益＋利润

由于利润归所有者所有，当利润转入所有者权益后，会计基本等式则重新表示为：

资产＝负债＋所有者权益

这一等式的含义是：在企业成立之日资产、负债、所有者权益平衡的基础上，经过一段期间的经营，在期末时，三者又建立了新的平衡关系。由此可得出结论：在企业持续经营期间的任何一个时点上，资产、负债和所有者权益在数量上总是保持平衡关系。因此，“资产＝负债＋所有者权益”称为会计恒等式。

（二）经济业务的变化规律

企业在生产经营过程中，每天都会发生多种多样、错综复杂的经济业务，从而引起各会计要素的增减变动，但并不影响资产与权益的恒等关系。可将经济业务的发生引起等式两边会计要素变动的方式总结归纳为以下四种类型：

（1）引起等式两边同增。

（2）引起等式两边同减。

（3）引起等式左边此增彼减。

（4）引起等式右边此增彼减。

复习思考题

一、单项选择题

1. 下列对会计基本假设的表述恰当的是（　　）。

A. 持续经营和会计分期确定了会计核算的空间范围

B. 一个会计主体必然是一个法律主体

C. 货币计量为确认、计量和报告提供了必要的手段

D. 会计主体确立了会计核算的时间范围

2. 我国会计核算工作最高层次的规范是（　　）。

A.《企业会计准则》　　B.《会计法》

C.《注册会计师法》　　D.《会计基础工作规范》

二、多项选择题

1. 我国会计法规制度的主要内容包括（　　）。

A. 会计法　　B. 会计准则
C. 会计核算制度　　D. 会计规章
E. 会计人员方面的规范

2. 下列各项中，不属于会计法律的是（　　）。
A.《会计法》　　B.《总会计师条例》
C.《企业会计制度》　　D.《会计基础工作规范》

三、判断题

1. 我国会计法律制度的基本构成包括会计法律、会计行政法规和会计规章等，各省、自治区、直辖市人民代表大会及其常委会在同宪法和会计法律、行政法规不相抵触的前提下制定的地方法规，也属于我国会计法律制度的组成部分。（　　）

2. 我国的会计年度之所以采用公历制度，是为了与我国的财政、计划、统计、税务等年度保持一致。（　　）

四、简答题

1. 企业的会计假设有哪些？

2. 会计信息质量要求的内容有哪些？

3. 我国会计法律制度体系由哪些层次构成？各层次的会计法律制度主要包括哪些具体的会计法规？

模块二

外汇业务核算

学习目标

◆ 知识目标

◎ 理解外汇与外汇汇率的定义。

◎ 掌握外汇与汇率的种类。

◎ 掌握汇兑损益的概念与确认方法。

◆ 技能目标

◎ 掌握外汇收入、外汇支出业务的管理与核算。

◎ 掌握汇兑损益的核算。

◆ 素养目标

◎ 培养加强外汇管理理念。

◎ 具备自主学习、主动探求知识的能力。

案例导入

A 公司以人民币作为记账本位币，外币业务采用交易日的即期汇率折算，按月计算汇兑损益。20×× 年 12 月 31 日，银行存款外币账户余额为 12 000 美元，当日市场汇率为 1 美元 = 6.2 元人民币①，其余外币账户期末均无余额。次年 1 月 3 日，A 公司将 1 000 美元兑换为人民币并存入银行。当日市场汇率为 1 美元 = 6.2 元人民币，当日银行买入价为 1 美元 = 6.1 元人民币。

思考：（1）在全面建设社会主义现代化国家的新征程上，我国将继续深化汇率市场化改革，增强人民币汇率弹性，保持人民币汇率在合理均衡水平上基本稳定。人民

① 本书采用汇率仅供计算使用，不作日常参考。

币汇率保持基本稳定有什么重要意义？

（2）对于上述业务，A公司的会计应如何进行账务处理？

任务一 外汇业务的管理

知识点一 外汇与外汇汇率

一、外汇的定义与种类

（一）外汇的定义

外汇是国际汇兑的简称，它是以外国货币表示的可用以国际结算的支付手段和金融资产。其主要内容包括：

（1）外币现钞，包括纸币和铸币。

（2）外币支付凭证或者支付工具，包括票据、银行存款凭证、银行卡等。

（3）外币有价证券，包括债券、股票等。

（4）特别提款权。

（5）其他外汇资产。

（二）外汇的种类

1. 按外汇能否自由兑换分类

按外汇能否自由兑换分类，可分为自由外汇和记账外汇。

（1）自由外汇。自由外汇，又称现汇，是指不需要经过外汇管理部门批准，即可以自由兑换成任何一种外国货币或用于支付的外国货币及支付手段。具有可自由兑换性的货币都是自由外汇，国际上债权债务的清偿主要使用自由外汇，自由外汇中使用最多的是美元、欧元、日元、英镑、澳大利亚元、加拿大元和瑞士法郎。

（2）记账外汇。记账外汇，又称协定外汇，是指不经货币发行国批准，不能自由兑换成其他货币或用于对第三国进行支付的外汇。它是在签订了清算协定的国家之间，由于进出口贸易引起的债权债务不用现汇逐笔结算，而是通过当事国中央银行账户相互冲销所使用的外汇。记账外汇虽不能自由使用，但它也代表国际债权债务，年终签约国之间的清算差额有时也用现汇进行支付。

2. 按外汇的来源和用途分类

按外汇的来源和用途分类，可分为贸易外汇和非贸易外汇。

（1）贸易外汇。贸易外汇是指对外贸易中商品进出口及其从属活动所使用的外汇。商品进出口收支的外汇包括出口、进口贸易外汇。而从属于商品进出口收支的外汇包括运费、保险费、样品费、广告费、推销费、商标注册费以及与商品出口有关的出国团组费等。因此，也往往将从属于商品进出口收支的外汇称为贸易经营管理外汇。

（2）非贸易外汇。非贸易外汇是指国际贸易结算以外收付的外汇。非贸易外汇收支的范围较大，主要包括侨汇、旅游外汇、个人外汇、劳务外汇、留学生费、驻外机构经费，以及铁路、海运、航空、邮政、港口、海关、银行、保险、图书、电影、邮票、外轮代理及服务等所收支的外汇。

3. 按外汇结算的交割期限分类

按外汇结算的交割期限分类，可分为即期外汇和远期外汇。

（1）即期外汇。即期外汇是指外汇买卖成交后在两个工作日内交割完毕的外汇。交割是指本币和外币所有者相互交换货币所有权的行为，也就是外汇买卖中外汇的收支活动。

（2）远期外汇。远期外汇是指买卖双方根据外汇合同约定，不需要立即交割，而是在将来某一时间进行交割的外汇。交割期限一般为1个月到1年，但以3个月到6个月的居多。

二、外汇汇率的定义、标价方法及种类

（一）外汇汇率的定义

外汇汇率简称汇率，是指一个国家货币兑换为另一个国家货币的比率，也就是两种货币之间的比价。

（二）外汇汇率的标价方法

1. 直接标价法

直接标价法，也称直接汇率法，是指将每一单位的外国货币用可以兑换的本国货币金额来表示的一种标价方法。目前，世界上绝大多数国家都采用直接标价法。我国国家外汇管理局公布的外汇牌价也采用这种标价方法。例如，1 美元 = 6.18 元人民币，对于我国来说就是直接标价法。

2. 间接标价法

间接标价法，又称数量标价法，是指将每一单位的本国货币用可以兑换的外国货币金额来表示的一种标价方法。例如，100 元人民币可以兑换 16.16 美元等，对于我国来说就是间接标价法。又如，1 英镑 =1.6 美元，对于英国来说，就是间接标价法。这种标价方法的原理与直接标价法正好相反。目前，国际上的几个大金融市场大都采用间接标价法，但

使用间接标价法的国家不多，主要是美国、英国、澳大利亚等。

（三）外汇汇率的种类

1. 按外汇管制的松紧程度分类

按外汇管制的松紧程度来分，可分为官定汇率（Official Rate，即法定汇率）和市场汇率（Market Rate）。

（1）官定汇率。官定汇率主要是指官方（如财政部、中央银行或经指定的外汇专业银行）所规定的汇率。外汇管制比较严格的国家禁止自由市场的存在，官定汇率就是实际汇率，而无市场汇率。

（2）市场汇率。市场汇率是指在自由外汇市场上买卖外汇的实际汇率。外汇管制较松的国家，官定汇率往往只是形式，有价无市，实际外汇交易均按市场汇率进行。

2. 按外汇资金的性质和用途分类

按外汇资金的性质和用途来划分，可分为贸易汇率（Commercial Rate）和金融汇率（Financial Rate）。

（1）贸易汇率。贸易汇率主要是指用于进出口贸易及从属费用方面的汇率。

（2）金融汇率。金融汇率主要是指资金转移和旅游等方面的汇率。

3. 按汇率是否适用于不同的来源与用途分类

按汇率是否适用于不同的来源与用途来划分，可分为单一汇率（Single Rate）和多种汇率（Multiple Rate，即多元汇率或复汇率）。

（1）单一汇率。凡是一国对外仅有一个汇率，各种不同来源与用途的收付均按此计算的汇率，称为单一汇率。

（2）多种汇率。一国货币对某一外国货币的汇价因用途及交易种类的不同而规定有两种或两种以上汇率，称为多种汇率，也叫复汇率。

4. 按外汇交易工具和收付时间分类

按外汇交易工具和收付时间来划分，可分为电汇汇率（T/T Rate）、信汇汇率（M/T Rate）和票汇汇率（D/D Rate）。

（1）电汇汇率。用电报或电传通知付款的外汇价格，叫电汇汇率。电汇汇率交收时间最快，一般银行不能占用顾客资金，因此电汇汇率最高。在银行外汇交易中的买卖价均指电汇汇率。电汇汇率是计算其他各种汇率的基础。

（2）信汇汇率。信汇汇率，即用信函方式通知付款的外汇汇率。由于航邮比电报或电传需要更长的通知时间，银行在一定时间内可以占用顾客的资金，因此信汇汇率较电汇汇率低。

（3）票汇汇率。在兑换各种外汇汇票、支票和其他票据时所采用的汇率叫票汇汇率。外币兑换也可列入此类。因票汇在期限上有即期和远期之分，故票汇汇率又分为即期票汇汇率和远期票汇汇率，后者要在即期票汇汇率基础上扣除远期付款的利息。

5. 按买卖对象分类

按买卖对象来划分，可分为银行间汇率（Inter-Bank Rate）和商业汇率（Commercial Rate）。

（1）银行间汇率。银行间汇率是指银行与银行外汇交易中使用的外汇汇率，即外汇市场的汇率。

（2）商业汇率。商业汇率是指银行与商人买卖外汇的汇率。

6. 按外汇买卖的交割期限分类

按外汇买卖的交割期限来划分，可分为即期汇率与远期汇率。

所谓交割，是指买卖双方履行交易契约，进行钱货两清的授受行为。外汇买卖的交割是指购买外汇者付出本国货币、出售外汇者付出外汇的行为。由于交割日期不同，汇率就产生了差异。

（1）即期汇率。即期汇率，又称现汇汇率，是买卖双方成交后，在两个营业日之内办理外汇交割时所用的汇率。

（2）远期汇率。远期汇率，又称期汇汇率，是买卖双方事先约定的，据以在未来的一定日期进行外汇交割的汇率。

知识点二　外汇账户的开立和管理

一、外汇账户的开立

（一）开户条件

外汇账户的开立条件为：有涉外经营权及经常项目外汇收入；有特殊来源和指定用途的外汇收入。

（二）开户程序

在外汇管理局办理《经常项目外汇业务核准件》（一式两联）后，再去开户银行开立外汇账户。

（三）开户所需资料

需要提交外汇管理局的资料主要有：

（1）开户申请书（写明开户原因、开户银行名称、开户币种）。

（2）营业执照原件及复印件。

（3）组织机构代码证原件及复印件。

（4）《对外贸易经营者备案登记表》原件及复印件。

（5）法人授权委托书。

（6）相关批准证书原件及复印件（外资企业需提供）。

（7）外汇登记证原件及复印件（外资企业需提供）。

（8）已到账外汇进账单或涉外收入申报单。

经批准开户后，应在30个工作日内到开户银行办理开户手续。持《经常项目外汇业务核准件》银行存留联和外汇进账单可去开户银行办理结汇或另开立外币账户。

开户银行应填写《外汇账户开立核准件》交开户单位，开户单位须于开户后10个工作日内到外汇管理局领取《外汇账户使用证》。

二、外汇账户的管理

开户银行应当根据《外汇账户使用证》规定的收支范围办理收付；超出范围的收付，须逐笔报经外汇管理局核准。

任务二 外汇核算与汇兑损益

知识点一 外汇核算

一、外汇核算简介

（一）外汇核算内容及设置的账户

1. 外汇核算内容

外汇业务，也称外币业务，是指外贸企业以人民币（记账本位币）以外的其他币种进行款项收付、往来结算和计价的经济业务。其主要内容包括：

（1）外贸企业购买或销售以外币计价的商品和劳务，即商品进出口业务和劳务输入、输出业务。

（2）外贸企业从事的外币借贷业务。

（3）外贸企业拥有、承担、清算的外币债权、债务。

一般来说，外汇业务会计核算的主要内容包括外币业务发生时外币金额折算的账务处理和外币业务导致的外币债权、债务因汇率变动所产生的外币折算差额，即汇兑差额的账务处理。

2. 外汇核算设置的账户

为了进行外汇核算，企业必须相应地设置外汇核算账户，具体包括：

（1）“库存现金——外币现金”和“银行存款——外汇存款”账户。

（2）外汇结算的债权账户，包括“应收外汇账款”“应收外汇票据”“预付外汇账款”。

（3）外汇结算的债务账户，包括“长（短）期外汇借款”“应付外汇账款”“应付外汇票据”“预收外汇账款”等。

（二）外汇业务的记账方法

外汇业务的记账方法有外币统账制和外币分账制两种。

1. 外币统账制

外币统账制是指企业在发生外币业务时，必须将外币及时折算为记账本位币记账，并以此编制会计报表的制度。从我国目前的情况来看，除金融企业外，绝大多数企业采用外币统账制。

2. 外币分账制

外币分账制是指企业对外币业务在日常核算时按照外币进行记账，分不同的外币币种核算损益和编制会计报表，在资产负债表日将不同币种的会计报表折算为记账本位币表示的会计报表，并与记账本位币业务编制的会计报表汇总，编制整个企业一定会计期间的会计报表的制度。我国的金融企业因外币交易频繁，涉及外币币种较多，可以采用外币分账制记账方法进行日常核算。

二、外汇核算的基本程序

外贸企业在发生外汇业务时，应按照如下的核算程序进行账务处理：

（1）根据确定的外币折算汇率，将外币金额折算为人民币金额，按照折算后的人民币金额登记相关的人民币账户，同时按照原币的币种和金额登记对应的外汇账户。

在折算汇率的选择上，应采用业务发生时的即时汇率（即“即期汇率”）。上述折算汇率方法一经采用，在一个完整的会计期间内一般不做变更。这里所说的外币折算汇率，是指会计准则规定的即期汇率，一般为当日中国人民银行公布的人民币汇率的中间价。但当发生不同货币兑换交易或涉及货币兑换的交易时，还要使用买入价与卖出价核算（当汇率变动不大时，还可以用近似汇率，即当期平均汇率或加权平均汇率）。

（2）会计期末（月末、季末或年末）应该对各个会计账户的余额，按照期末的市场汇率集中折算为人民币，并将折算后的人民币金额与对应的期末人民币账户余额之间的差额，确认为汇兑损益。

知识点二 汇兑损益

一、汇兑损益的概念

汇兑损益是汇兑损失和收益的简称，是指进出口企业在进行外币业务核算时，一定数额的外币因汇率的不断变化，在不同的时点上所对应的记账本位币数额的差额。

汇兑损益在企业的外币核算业务中，是不可避免的业务类型，所不同的是，它有时使企业获得汇兑收益，有时则使企业产生汇兑损失。具体说来，当汇率上升时，外币货币性资产产生汇兑收益，反之，则产生汇兑损失；同理，当汇率下降时，外币货币性负债产生汇兑收益，反之，则产生汇兑损失。

二、汇兑损益的产生和确认方法

（一）汇兑损益的产生

汇兑损益是企业在发生外币交易、兑换业务和期末账户调整及外币报表换算时，由于采用不同货币，或同一货币不同比价的汇率核算时产生的，按记账本位币折算的差额。简单地讲，汇兑损益是在各种外币业务的会计处理过程中，因采用不同的汇率而产生的会计记账本位币金额的差异。

汇兑损益包括外币折算差额和外币兑换差额两个部分。

1. 外币折算差额

外币折算差额是指企业各外币账户的记账本位币由于折算的时间不同、采用的折算汇率不同而产生的差额。该差额产生的原因是外币业务要采用复币记账，除了以其原币金额反映外，还需按即期汇率将其折算为记账本位币反映。发生外币计价的商品购销业务的时间与收回或偿付外币债权、债务的时间往往不一致，届时因汇率不同会产生外币折算差额。

2. 外币兑换差额

外币兑换差额是指外币与记账本位币之间的兑换和不同外币之间的兑换，由于实际兑换的汇率与即期汇率不同而产生的差额。

（二）汇兑损益的确认方法

汇兑损益的确认要符合权责发生制的要求，在会计核算中及时确认，以便充分反映外汇风险。这里的“及时”包括外币兑换业务发生时，债权、债务清偿时和会计期末根据当日汇率确认几个方面。确认的方法可分为逐笔结转法和集中结转法两种。

1. 逐笔结转法

逐笔结转法是指企业每结汇一次，就计算并结转一次汇兑损益的方法。

采用逐笔结转法，平时发生的外币业务通常按当日的市场汇率的中间价或买入价、卖出价折算，如与原账面汇率不同，就立即计算并结转该笔业务的汇兑损益。至期末，再将所有的外币账户的期末原记账本位币金额按当日公布的市场汇率的中间价折算的金额作为该外币账户的记账本位币金额。该余额与外币账户原记账本位币之间的差额作为汇兑损益予以转销。

逐笔结转法能够分别反映各笔结汇业务发生的汇兑损益和期末因汇率变动而发生的汇兑损益，但核算的工作量较大。这种方法适用于外币业务不多，但每笔业务交易金额较大的企业。

2. 集中结转法

集中结转法是指企业平时结汇时，按当日的市场汇率核销相关的外币账户，将汇兑损益集中在期末结转的方法。

采用集中结转法，外贸企业平时发生的外币业务除结汇和购汇外，均按市场汇率登记原币和折算的人民币数额，不确认汇兑损益，月末再将外币账户中的银行存款、债权和债务中的原币按当日市场汇率折算为人民币，并将人民币的数额与该原币账面上对应的人民币数额之间的差额确认为汇兑损益。而当结汇和购汇存在差额时，即将该差额确认为汇兑损益。

外币业务量大且零星的企业宜采用集中结转法来结转汇兑损益。

采用逐笔结转法和集中结转法确认汇兑损益，虽月末、季末结果不一样，但年末两种方法的结果是一样的。企业可以自行选定一种，但选定后一个会计年度内不得变更。

三、汇兑损益的处理原则

企业会计制度对各种情况下汇兑损益的处理做出了明确的规定：

（1）项目筹建期间发生的汇兑损益，应计入长期待摊费用，并在投入生产经营的当月起，一次性计入当月损益。

（2）与购建固定资产有关的外币专门借款产生的汇兑损益，按照借款费用的处理原则进行处理。符合资本化条件的，应当予以资本化，计入该项目固定资产的购建成本。

（3）企业经营期间因从事生产经营活动而发生的汇兑损益，应作为当期损益处理，计入财务费用。

（4）因银行结售汇或者不同币种之间的兑换而产生的银行买入价、卖出价与企业折算汇率之间的差额，应计入当期财务费用。

四、汇兑损益核算举例

例2-1　20××年1月1日，甲进出口公司“应收外汇账款”账户的余额为100 000美元，汇率为1美元＝6.18元人民币。采用逐笔结转法对1月份发生的有关经济业务处理如下：

（1）1月12日，销售给美国科迪公司电器一批，发票金额为50 000美元，当日美元市场汇率中间价为6.18元。做会计分录如下：

借：应收外汇账款——美元户　　309 000（US$50 000×6.18）
　贷：主营业务收入——自营出口销售收入　　309 000

（2）1月18日，银行收妥上月结欠外汇账款100 000美元，转来收汇通知，当日美元市场汇率中间价为6.17元。做会计分录如下：

借：银行存款——美元户　　617 000（US$100 000×6.17）
　财务费用　　1 000
　贷：应收外汇账款——美元户　　618 000

（3）1月25日，销售给美国芝加哥公司电器一批，发票金额为65 000美元，当日美元市场汇率中间价为6.17元。做会计分录如下：

借：应收外汇账款——美元户　　401 050（US$65 000×6.17）
　贷：主营业务收入——自营出口销售收入　　401 050

（4）1月31日，美元市场汇率中间价为6.16元。计算汇兑损益如下：

应收外汇账款按期末市场汇率计算记账本位币余额＝（50 000+65 000）×6.16=708 400（元）

应集中结转的汇兑损益=618 000+309 000+401 050−618 000−708 400=1 650（元）

根据计算的结果结转汇兑损益，做会计分录如下：

借：财务费用　　1 650
　贷：应收外汇账款——美元户　　1 650

例2-2　资料同例2-1，采用集中结转法对1月份发生的有关经济业务处理如下：

（1）1月12日，销售给美国科迪公司电器一批，发票金额为50 000美元，当日美元市场汇率中间价为6.18元。做会计分录如下：

借：应收外汇账款——美元户　　309 000（US$50 000×6.18）
　贷：主营业务收入——自营出口销售收入　　309 000

（2）1月18日，银行收妥上月结欠外汇账款100 000美元，转来收汇通知，当日美元市场汇率中间价为6.17元。做会计分录如下：

借：银行存款——美元户　　617 000（US$100 000×6.17）
　贷：应收外汇账款——美元户　　617 000（US$100 000×6.17）

（3）1月25日，销售给美国芝加哥公司电器一批，发票金额为65 000美元，当日美元市场汇率中间价为6.17元。做会计分录如下：

借：应收外汇账款——美元户　　401 050（US$65 000×6.17）
　贷：主营业务收入——自营出口销售收入　　401 050

（4）1月31日，美元市场汇率中间价为6.16元。计算汇兑损益如下：

应收外汇账款按期末市场汇率计算记账本位币余额＝（50 000+65 000）×6.16=708 400（元）

应集中结转的汇兑损益 =618 000+309 000+401 050−617 000−708 400=2 650（元）

根据计算的结果结转汇兑损益，做会计分录如下：

借：财务费用　　2 650

　贷：应收外汇账款——美元户　　2 650

任务三 外汇收入业务的管理与核算

知识点一 应当结汇的外汇收入

根据《中华人民共和国外汇管理条例》《境内外汇账户管理规定》和中国人民银行1996年6月20日发布的《结汇、售汇及付汇管理规定》，境内机构外汇收入应当及时调回境内，并予以结汇。这些外汇包括：

（1）出口或者先支后收转口货物及其他交易行为收入的外汇。其中，用跟单信用证、保函和跟单托收方式结算的贸易出口外汇可以凭有效商业单据结汇，用汇款方式结算的贸易出口外汇持出口收汇核销单结汇。

（2）境外贷款项下国际招标中标收入的外汇。

（3）海关监管下境内经营免税商品收入的外汇。

（4）交通运输企业（包括各种运输方式）及港口（含空港）、邮政（不包括国际汇兑款）、广告、咨询、展览、寄售、维修等行业及各类代理业务提供商品或者服务收入的外汇。

（5）行政、司法机关收入的各项外汇违规费、处罚没收款等。

（6）土地使用权、著作权、商标权、专利权、非专利技术等无形资产转让收入的外汇，但上述无形资产属于个人所有的，可不结汇。

（7）境外投资企业汇回的外汇利润、对外经援项下收回的外汇和境外资产的外汇收入。

（8）对外索赔收入的外汇、退回的外汇保证金等。

（9）出租房地产和其他外汇资产收入的外汇。

（10）保险机构受理外汇保险所得外汇收入。

（11）取得《经营外汇业务许可证》的金融机构经营外汇业务的净收入。

（12）国外捐赠、资助及援助收入的外汇。

（13）国家外汇管理局规定的其他应当结汇的外汇。

外商投资企业经常项目下外汇收入可在外汇局核定的最高金额以内保留外汇，超出部分应当卖给外汇指定银行，或者通过外汇调剂中心卖出。

知识点二 结 汇

一、结汇概述

（一）结汇的含义

结汇是指外汇收入所有者将其外汇收入出售给外汇指定银行，外汇指定银行按一定汇率付给等值的本币的行为。

（二）结汇的形式

结汇有强制结汇、意愿结汇和限额结汇等多种形式。

强制结汇是指所有外汇收入必须卖给外汇指定银行，不允许保留外汇；意愿结汇是指外汇收入可以卖给外汇指定银行，也可以开立外汇账户保留，结汇与否由外汇收入所有者自己决定；限额结汇是指外汇收入在国家核定的数额内可不结汇，超过限额的必须卖给外汇指定银行。在我国，过去实行强制结汇制，在2008年8月1日修订的《中华人民共和国外汇管理条例》实施之后，我国实行的是意愿结汇制。

（三）结汇的手续和方式

出口货物装出之后，进出口公司即应按照信用证的规定，正确缮制箱单、发票、提单、出口产地证明、出口结汇等单据，在信用证规定的交单有效期内，递交银行办理议付结汇手续。

除采用信用证结汇外，其他汇款方式一般有汇付和托收，其中汇付包括电汇（Telegraphic Transfer，T/T）、票汇（Demand Draft，D/D）、信汇（Mail Transfer，M/T）等方式。由于电子化的高速发展，现在汇款主要使用电汇方式。

二、结汇的管理措施

根据国家外汇管理局2003年10月1日发布实施的《出口收汇核销管理办法实施细则》及其他相关规定，外贸企业办理出口收汇核销时须遵守：

（1）出口单位出口货物后，应当在预计收汇日期起30天内，持规定的核销凭证集中或逐笔向外汇管理局进行出口收汇核销报告。实行自动核销的出口单位，除特殊情况外，无须向外汇管理局进行核销报告。

（2）对预计收汇日期超过报关日期180天以上（含180天）的，出口单位应当在货物出口报关后60天内凭远期备案书面申请、远期收汇出口合同或协议、核销单、报关单及其他相关材料向外汇管理局办理远期收汇备案。

（3）出口单位进行出口收汇核销报告时，应当按照下列规定提供核销凭证：

1）以“一般贸易”“进料非对口”“有权军事装备”“无权军事装备”“对台贸易”方式出口，提供核销单、报关单、核销专用联。

2）以“易货贸易”方式出口的，提供易货合同、核销单、报关单，全额易货的，还应当提供易进货物的进口报关单；部分易货的，还应当提供核销专用联以及易进货物的进口报关单。

3）以“来料加工”“来料深加工”方式出口的，提供核销单、报关单、核销专用联。同一合同项下的出口首次进行收汇核销报告时，还应当提供经商务主管部门核准的加工合同；合同发生变更或终止执行时，还应当提供有关的证明材料。

4）以“补偿贸易”方式出口且合同规定以实物形式补偿的，提供补偿贸易合同、核销单、报关单以及相应的进口报关单，出口报关单金额大于进口报关单金额时，还应提供核销专用联。

5）以“进料抵扣”“进料深加工”“三资进料加工”方式出口的，全额收汇的，提供核销单、报关单、核销专用联；进料抵扣的，需到外汇管理局进行进料抵扣登记，提供核销单、报关单、差额部分的核销专用联以及相应的进口报关单。

同一合同项下的出口首次进行抵扣核销报告时，还应当提供经商务主管部门核准的加工合同；合同发生变更或终止执行时，还应当提供有关的证明材料。

以“进料深加工”方式出口且转入方以“进料深加工”方式进口的，提供经商务主管部门核准的加工合同、核销单、报关单、核销专用联；以人民币计价结算的，提供人民币入账凭证和进口报关单。

6）以“货样广告品 A”方式出口的，提供核销单、报关单，收汇核销的，提供核销专用联，对单笔收汇金额不超过等值 500 美元的，提供双方签订的合同或协议。

7）以“对外承包出口”方式出口的，提供商务主管部门对外承包的核准件、承包工程合同或协议、核销单、报关单及核销专用联。

8）以“退运货物”方式出口的，提供核销单、报关单、进口报关单，对于已经办理付汇手续的退运货物，还应当提供核销专用联。

9）以“进料料件复出”“进料边角料复出”方式出口的，收汇核销的，提供核销单、报关单、核销专用联；不收汇的，提供核销单、报关单、注明“进料抵扣”或“进料深加工”等方式的进口报关单。

10）以“进料料件退换”方式出口的，有收汇的，提供核销单、报关单及核销专用联；不收汇的，提供核销单、报关单及进料加工类的进口报关单。

11）以“对台小额”方式出口的，以现汇结算的，提供核销单、报关单及核销专用联；以外币现钞结算的，提供核销单、报关单、外币现钞结汇水单和购货发票；以人民币结算的，提供核销单、报关单、人民币入账证明。

12）以“保税工厂”“出料加工”方式出口的，收汇的，提供核销单、报关单及核销专用联；加工后货物运回且不收汇的，提供核销单、报关单及相应的进口报关单。

13）以“租赁贸易”和“租赁不满1年”方式出口的，提供租赁合同、核销单、报关单，外商为承租方的，还应当提供核销专用联，收回的租金不足核销的，还应当提供进口报关单；我方为承租方的，还应当提供进口报关单电子底账打印件（加盖银行业务公章）。

14）以“寄售代销”方式出口的，提供核销单、报关单及核销专用联，不能全额收汇的，还应当提供寄售代销确认书。

15）以“边境小额”方式出口的，以现汇结算的，提供核销单、报关单、核销专用联；以外币现钞结算的，提供核销单、报关单、外币现钞结汇水单、购货发票；以人民币结算的，提供核销单、报关单、人民币入账证明（在境外贸易机构开立人民币边境贸易结算专用账户的地区，可以提供境内人民币资金划转证明）；以毗邻国家货币结算的，提供核销单、报关单、经海关核验的携带毗邻国家货币现钞入境申报单或汇入汇款证明；以易货方式结算的，提供核销单、报关单、进口报关单；通过境内居民个人汇款收回外汇货款的，提供报关单、核销单、出口收汇核销专用结汇水单。

16）以“旅游购物商品”及“一般贸易”方式报关的包机贸易出口的，以现汇结算的，提供核销单、报关单、核销专用联；以外币现钞或个人汇款结算的，提供核销单、报关单、购货发票及外币现钞结汇水单或个人汇入汇款结汇水单；以人民币结算的，提供核销单、报关单及人民币入账证明。

17）以其他海关贸易监管方式出口的，按外汇管理局及有关部门的规定提供相关凭证。

（4）因专营商品、更改合同条款或经批准的总、分（子）公司关系等发生收汇单位与核销单位不一致的，收汇单位可以向外汇管理局申请，经批准后办理“境外收汇过户”手续以便出口单位办理核销，报告时应当提供境外收汇过户申请书、相关协议、出口合同、核销单、报关单、核销专用联及其他相关资料。

（5）出口单位进行出口收汇核销报告时，如所属外汇管理局实行出口收汇核销报告表制度，除提供上述（3）、（4）规定的核销凭证外，还应当提供“出口收汇核销报告表”；如所属外汇管理局实行核销报告电子化管理，除提供上述（3）、（4）规定的核销凭证外，还应当提供核销凭证的电子数据。

（6）出口单位出口后，单笔收汇或进口金额大于报关金额在等值2 000美元（含2 000美元）以内，或者单笔收汇或进口金额小于报关金额在等值500美元（含500美元）以内的，可以按照上述（3）、（4）的规定办理核销报告手续。单笔收汇或进口金额大于报关金额超过等值2 000美元，或者单笔收汇或进口金额小于报关金额超过等值500美元的，应当办理差额核销报告手续。实行批次核销的，可以按核销单每笔平均计算出口与收汇或进口差额。

（7）出口单位办理差额核销报告时，除按上述（3）、（4）规定提供核销凭证外，还应当提供法人代表签字并加盖单位公章的差额原因说明函，以及下列有关证明材料：

1）因国外商品市场行情变动产生差额的，提供有关商会出具的证明或有关贸易所行情报价资料。

2）因出口商品质量原因产生差额的，提供进口商的有关函件和进口国商检机构的证明；由于客观原因无法提供进口国商检机构证明的，提供进口商的检验报告、相关证明材料和出口单位书面保证函。

3）因动物及鲜活产品变质、腐烂、非正常死亡或损耗产生差额的，提供进口商的有关函件和进口国商检机构的证明；由于客观原因确实无法提供商检证明的，提供进口商的有关函件、相关证明材料和出口单位书面保证函。

4）因自然灾害、战争等不可抗力因素产生差额的，提供报刊等新闻媒体的报道材料或我国驻进口国使领馆商务处出具的证明。

5）因出口商破产、关闭、解散产生差额的，提供报刊等新闻媒体的报道材料或我国驻进口国使领馆商务处出具的证明。

6）因出口国货币汇率变动产生差额的，提供报刊等新闻媒体刊登或外汇管理局公布的汇率资料。

7）因溢短缺产生差额的，提供提单或其他正式货运单证等商业单证。

8）因其他原因产生差额的，提供外汇管理局认可的有效凭证。

知识点三 结汇举例

根据国家允许外贸企业在一定的条件下保留现汇的规定，企业可以根据汇率的长短期变化趋势、人民币资金账户的头寸多少、支付外币运保佣金以及进口货款的用汇量等因素，选择保留现汇还是立即结汇。

例2-3 在有现汇的条件下，甲进出口公司决定把20 000美元兑换为人民币，银行当天的美元即期汇率买入价为1美元＝6.18元人民币，中间价为1美元＝6.19元人民币，在期末集中结转汇兑差额的情况下，日常做以下账务处理：

借：银行存款——人民币户　　123 600（US$20 000×6.18）

　　财务费用——汇兑损益　　200

　贷：银行存款——美元户　　123 800（US$20 000×6.19）

例2-4 甲进出口公司出口一批货物后，扣除有关外币费用后应收外汇账款净值为32 000美元。上述款项收讫时决定结汇，银行结汇水单注明当天即期汇率买入价为1美元＝6.19元人民币，结汇金额为198 080元，在期末集中结转汇兑差额的情况下，做以下账务处理：

借：银行存款——人民币户　　198 080

　贷：应收外汇账款——美元户　　198 080（US$32 000×6.19）

任务四 外汇支出业务的管理与核算

知识点一 购（付）汇条件

境内机构下列贸易及非贸易经营性对外支付用汇，持与支付方式相应的有效商业单据和所列有效凭证从其外汇账户中支付或者到外汇指定银行兑付：

（1）用跟单信用证/保函方式结算的贸易进口，如需在开证时购汇，持进口合同、进口付汇核销单、开证申请书；如需在付汇时购汇，还应当提供信用证结算方式要求的有效商业单据。核销时必须凭正本进口货物报关单办理。

（2）用跟单托收方式结算的贸易进口，持进口合同、进口付汇核销单、进口付汇通知书及跟单托收结算方式要求的有效商业单据。核销时必须凭正本进口货物报关单办理。

（3）用汇款方式结算的贸易进口，持进口合同、进口付汇核销单、发票、正本进口货物报关单、正本运输单据，若提单上的“提货人”和报关单上的“经营单位”与进口合同中列明的买方名称不一致，还应当提供两者间的代理协议。

（4）进口项下不超过合同总金额的15%，或者虽超过15%但未超过等值10万美元的预付货款，持进口合同、进口付汇核销单。

上述（1）至（4）项，实行进口配额管理或者特定产品进口管理的货物，还应当提供有关部门签发的许可证或者进口证明；进口实行自动登记制的货物，还应当提供填好的登记表格。

（5）进口项下的运输费、保险费，持进口合同、正本运输费收据和保险费收据。

（6）出口项下不超过合同总金额2%的暗佣（暗扣）和5%的明佣（明扣），或者虽超过上述比例但未超过等值1万美元的佣金，持出口合同或者佣金协议、结汇水单或者收账通知；出口项下的运输费、保险费，持出口合同、正本运输费收据和保险费收据。

（7）进口项下的尾款，持进口合同、进口付汇核销单、验货合格证明。

（8）进出口项下的资料费、技术费、信息费等从属费用，持进口合同或者出口合同、进口付汇核销单或者出口收汇核销单、发票或者收费单据及进口或者出口单位负责人签字的说明书。

（9）从保税区购买商品以及购买国外入境展览展品的用汇，持（1）至（8）项规定的有效凭证和有效商业单据。

（10）专利权、著作权、商标、计算机软件等无形资产的进口，持进口合同或者协议。

（11）出口项下对外退赔外汇，持结汇水单或者收账通知、索赔协议、理赔证明和已冲减出口收汇核销的证明。

（12）境外承包工程所需的投标保证金持投标文件，履约保证金及垫付工程款项持合同。

知识点二 购（付）汇程序

境内企事业单位、机关、社会团体和个人因对外支付需用外汇时，可按照国家外汇管理条例的规定，持有关证件、文件材料等，用人民币到外汇指定银行购买所需外汇。从用汇单位和个人角度讲，售汇又称购汇。

（1）国家外汇管理局要求，进出口企业必须在办理进口付汇业务之前或办理进口付汇业务的同时，办理名录登记手续，否则，外汇管理局将不受理其备案申请。进出口企业办理名录登记、公布时，需提供的资料有：进口单位资格证书副本、营业执照副本、进口单位进入名录申请表（加盖单位公章）。

（2）进出口企业将足够的配套人民币资金存放于企业指定的银行账户中。

（3）提供银行要求的进口商品单据和有效凭证，如进口合同、正本提单、发票、进口许可证等文件和开证申请书、付款通知书等。

（4）填写一式三联的银行购汇（付汇）申请书，连同上述进口证明文件提交银行审核给付。

知识点三 购（付）汇核算

在国家允许企业保留一定限额现汇的情况下，进出口企业对外支付外汇分为两种方式：一是从银行购汇后支付；二是从企业现汇账户中直接支付。

例2-5 在向银行购汇的情况下，甲进出口公司以货到信用证方式向外商支付进口货款10 000美元，银行当天即期汇率卖出价为1美元＝6.19元人民币，企业应做如下账务处理：

（1）外汇开证时：

借：其他货币资金——信用证保证金　　61 900（US$10 000×6.19）

　贷：银行存款——人民币户　　61 900

（2）对方银行提示付款时：

借：应付外汇账款——美元户　　61 900（US$10 000×6.19）

　贷：其他货币资金——信用证保证金　　61 900

例2-6 在动用现汇的情况下，甲进出口公司向外商支付进口货款10 000美元，银行当天即期汇率为1美元＝6.19元人民币，企业应做如下账务处理：

借：应付外汇账款——美元户　　61 900（US$10 000×6.19）

　贷：银行存款——美元户　　61 900（US$10 000×6.19）

任务五 外汇借款、外汇购销及投入资本核算

知识点一 外汇借款的核算

一、外汇借款概述

（一）外汇借款的概念

外汇借款是指银行对境内依法设立的机构发放的外汇贷款以及外国政府、国际金融组织转贷款和进出口信贷。银行发放境内外汇贷款的利率应遵守中国人民银行有关利率的规定。

外汇贷款是银行为满足企业对外支付的需求而发放的以外币为计算单位的贷款。贷款的发放和收回要求币种一致。外汇贷款基本都用于支付境外出口商，同时相应地从境外取得技术、设备和原材料。

（二）外汇借款的种类

外汇借款的种类主要包括外汇现汇贷款、外汇转贷款、外汇质押贷款、外汇打包放款和备用信用证担保贷款等。贷款的主要币种有美元、欧元、日元、英镑等。在各类外汇借款中，外汇现汇贷款占有很大的比重，它是外贸企业在开展进出口业务中普遍选择的融资方式之一。贷款利率既可以采用浮动利率，也可以采用固定利率。浮动利率一般参照伦敦金融市场银行同业拆放利率掉期为固定利率。与外国政府贷款和国外银行的买方信贷相比，现汇贷款用途广泛，可用于向任何国家或地区采购设备和材料。

一般来讲，外汇现汇贷款既可以满足企业流动资金方面的需求，也可以满足企业固定资产投资的需求。贷款种类既包括短期贷款，也包括中长期贷款。

外汇现汇贷款只对企业发放，凡是具有企业法人资格的经济实体，在中国银行开立账户，具有偿还贷款能力的，均可以申请现汇贷款。申请外汇现汇贷款的主要条件是：

（1）借款人应当经市场监督管理机关（或主管机关）核准。

（2）借款用途必须正当合理，具有经济效益。

（3）借款人应有相应的外汇资金来源，如借款人没有外汇收入，则应有外汇管理部门同意购汇还贷的证明文件。

（4）符合银行其他有关贷款规定的要求。

二、外汇借款的核算举例

例2-7 甲进出口公司1月1日借入半年期外汇现汇贷款500 000美元，年利率为2.4%，当天即期汇率为1美元 = 6.18元人民币。做会计分录如下：

（1）取得贷款时：

借：银行存款——美元户　　3 090 000（US$500 000 × 6.18）

　贷：短期外汇借款——美元户　　3 090 000（US$500 000 × 6.18）

（2）甲进出口公司用该批借款从国外进口商品：

借：商品采购　　3 090 000

　贷：银行存款——美元户　　3 090 000（US$500 000 × 6.18）

（3）3月末计提第一季度利息：

借：财务费用——利息　　18 540

　贷：应付利息　　18 540（US$3 000 × 6.18）

（4）6月末用外销收汇全部归还借款本息，当天即期汇率为1美元 = 6.17元人民币。则：

借：短期外汇借款——美元户　　3 090 000（US$500 000 × 6.18）

　　应付利息　　37 080（US$6 000 × 6.18）

　贷：银行存款——美元户　　3 122 020（US$506 000 × 6.17）

　　　财务费用——汇兑损益　　5 060

知识点二 外汇购销业务

例2-8 甲进出口公司的记账本位币为人民币。20××年6月10日，向国外乙公司出口销售商品一批，根据销售合同，货款共计100 000美元，当日的即期汇率为1美元 = 6.18元人民币。假定不考虑增值税等相关税费，货款尚未收到。做会计分录如下：

借：应收外汇账款——美元户　　618 000（US$100 000 × 6.18）

　贷：主营业务收入　　618 000（US$100 000 × 6.18）

例2-9 甲进出口公司的记账本位币为人民币，采用交易发生时的即期汇率折算。20××年6月11日，从国外购入一台不需要安装的设备，共计355 000美元，当日的即期汇率为1美元 = 6.18元人民币，货款尚未支付。不考虑相关税费，做会计分录如下：

借：固定资产　　2 193 900

　贷：应付外汇账款——美元户　　2 193 900（US$355 000 × 6.18）

知识点三 接受外汇投资的核算

企业接受国外投资者外汇投资时，应采用收到外汇款项当天的即时汇率（即期汇率）折算入账。对于实收资本的外汇折算采用的汇率，应根据如下原则确立：在投资合同中，不管双方是否约定了汇率，实收资本应以投资款到账日的即时汇率（即期汇率）折算入账。

例2-10 甲进出口公司收到外商投资 50 000 美元，投资合同约定的汇率为 1 美元 = 6.18 元人民币，投资款到账时的当天即期汇率为 1 美元 = 6.19 元人民币。做会计分录如下：

借：银行存款——美元户　　309 500（US$50 000 × 6.19）

　贷：实收资本　　309 500

复习思考题

一、单项选择题

1. 企业接受外币资本投资时，有关资产账户应按（　　）折合为人民币金额记账。

A. 合同约定汇率　　B. 出资日的即期汇率

C. 出资当月月初的即期汇率　　D. 出资当月月末的即期汇率

2. 某企业对外币业务采用发生当日的即期汇率进行核算，按月计算汇兑损益。1 月 20 日，一批产品的销售价款为 20 万美元，货款尚未收到，当日的即期汇率为 1 美元 = 6.15 元人民币。1 月 31 日的即期汇率为 1 美元 = 6.18 元人民币。2 月 28 日的即期汇率为 1 美元 = 6.13 元人民币，货款于 3 月 2 日收回。该外币债权 2 月份发生的汇兑损益为（　　）万元。

A.0.60　　B.0.40　　C.−1　　D.−0.40

二、多项选择题

1. 在下列账户中，属于外币账户的是（　　）。

A. “其他货币资金”　　B. “原材料”

C. “长期借款”　　D. “财务费用”

E. “应收账款”

2. 企业日常外币业务发生时，外币账户可以采用（　　）作为折合汇率。

A. 期末汇率　　B. 账面汇率

C. 业务发生当时的即期汇率　　D. 业务发生当期的即期汇率的近似汇率

3. 当期末市场汇率上升时，下列账户中（　　）会发生汇兑损失。

A. “资本公积”　　B. “应付账款”　　C. “应收账款”　　D. “短期借款”

三、判断题

1. 在有合同约定汇率的情况下，发生投入外币资本业务时，有关资产和“实收资本”账户应按合同约定汇率折合为人民币金额记账。（　　）

2. 当期末汇率下降时，外币账户会产生汇兑损失。（　　）

3. 当企业买入或卖出外汇时，实际收入或付出的记账本位币金额与收到或付出的外币按照当日市场汇率折算为记账本位币之间的差额，作为当期损益处理。（　　）

四、简答题

1. 什么是外汇？

2. 什么是汇率？汇率的标价方法有哪些？我国采用哪种标价方法？

3. 什么是汇兑损益？汇兑损益的确认方法有哪些？

五、业务处理题

1. 某公司从银行购入外汇 80 000 美元，当日美元卖出价为 1 美元 = 6.19 元人民币，当日市场汇价为 1 美元 = 6.18 元人民币。

要求：编制购入外汇的会计分录。

2. 某合资公司合同约定汇率为 1 美元 = 6.1 元人民币，外商投入外币资本 700 万美元，当日市场汇价为 1 美元 = 6.18 元人民币。

要求：编制接受投入外币资本的会计分录。

3. 某公司 3 月末有关外币账户余额如下：“银行存款——美元户”美元余额 20 万美元，人民币余额 123.6 万元；“应收外汇账款——A 公司”美元余额 12 万美元，人民币余额 74.16 万元；“应付外汇账款——B 公司”美元余额 10 万美元，人民币余额 61.8 万元。

4 月份发生下列经济业务（采用业务发生日的即期汇率折算）：

（1）向 A 公司出口产品 5 万美元，货款未收到；汇价为 1 美元 = 6.19 元人民币。

（2）支付 B 公司应付账款 7 万美元；汇价为 1 美元 = 6.19 元人民币。

（3）接受外商投入外币资本 100 万美元，合同约定汇率为 1 美元 = 6.2 元人民币，当日市场汇率为 1 美元 = 6.18 元人民币。

（4）将 10 万美元卖给银行，实际收到人民币 61.9 万元，当日市场汇率为 1 美元 = 6.2 元人民币。

（5）月末计算外币账户的汇兑损益，并调整外币账户的余额。

要求：编制有关会计分录。4 月末市场汇价为 1 美元 = 6.2 元人民币。汇兑损益的确认采用集中结转法。

模块三

国内结算和国际结算

学习目标

◆ 知识目标

◎ 理解国内结算和国际结算的含义。

◎ 掌握国内结算和国际结算方式。

◆ 技能目标

◎ 掌握国内结算和国际结算方式相应的账务处理。

◆ 素养目标

◎ 树立国内结算与国际结算的法治观念。

◎ 具备实际应用能力、沟通和协调能力。

案例导入

党的二十大报告指出，我们实行更加积极主动的开放战略。因此，外贸企业会经常面对国际、国内两个市场，银行转账结算也就必然会经常涉及国内转账结算和国际转账结算。要做好银行存款的核算，必须对国际、国内转账结算方式有所了解。

思考：你知道国际结算与国内结算之间的区别吗？

任务一 国内结算

知识点一 国内结算概述

国内结算业务是商业银行的中间业务。银行经营结算业务是由一定的结算工具和结算方式完成的。

所谓结算工具，是指商业银行执行中介职能时使用的用于清偿债权债务的票据，主要包括三种：汇票、本票和支票。

结算方式有同城结算和异地结算两种。异地结算主要包括三种方式：一是汇兑结算；二是托收结算；三是信用证结算。

汇兑结算是指收款人委托银行将款项汇往外地收款人的结算方式，包括电汇、票汇和信汇三种形式。

托收结算是指收款人为向异地付款人收取款项而向其开出汇票，并委托银行代收的一种结算方式。办理托收的，先由收款人开出一份以外地付款人作为付款方的汇票，将汇票与其他单据交开户行，由开户行通过付款人开户行向付款人收款，然后转交收款人。

信用证结算是指付款人预先将款项存入开户行作为结算保证金，委托银行开出信用证，通知异地收款人开户行告知收款人，收款人按照合同和信用证的要求发货后，银行即按信用证规定代付款人付款。信用证结算主要用于货物购销合同的货款收付。

知识点二 国内结算方式

一、票据结算

票据是由出票人签发，出票人自己承诺或委托付款人在见票时或按指定日期向收款人无条件支付一定金额的有价凭证。各国对票据的分类有所不同，目前，国际上有关票据的立法主要有两大法系：一类是以《1882 年英国票据法》为代表的英美法系；另一类是以 1934 年 1 月 1 日起生效的《统一汇票本票法公约》为代表的大陆法系，该公约被多数欧洲国家采用。我国在 1995 年颁布的《中华人民共和国票据法》（以下简称《票据法》）规定，票据包括汇票、本票和支票。

（一）汇票

汇票是出票人签发的，委托付款人在见票时或者在指定日期无条件支付确定的金额给收款人或者持票人的票据。汇票按出票人不同分为银行汇票和商业汇票。

1. 银行汇票

银行汇票是出票银行签发的，由其在见票时按照实际结算金额无条件支付给收款人或者持票人的票据。银行汇票是自付票据，出票银行即银行汇票的付款人，银行汇票的代理付款人是代理本系统出票银行或跨系统签约银行审核支付汇票款项的银行。银行签发汇票后，通常由汇款人持往异地办理转账结算，填明“现金”字样的银行汇票也可用于支取现金。客户如需使用银行汇票汇款，应向出票银行提交“银行汇票申请书”，填明收款人名称、汇票金额、申请人名称等事项并签章。出票银行受理“银行汇票申请书”，向申请人收取款项后，签发银行汇票，并压印出票金额，将银行汇票和解讫通知一并交给申请人。申请人进行国内结算时，应将银行汇票和解讫通知一并交付给汇票上记明的收款人。收款人受理申请人交付的银行汇票时，应在出票金额以内，根据实际需要的款项办理结算，并将结算金额准确、清晰地填入银行汇票和解讫通知的有关栏内。收款人也可以将银行汇票背书转让给被背书人。持票人向银行提示付款时，必须同时提交银行汇票和解讫通知。在银行开立存款账户的持票人向开户银行提示付款时，应在汇票背面“持票人向银行提示付款签章”处签章，并将银行汇票和解讫通知、进账单送交开户银行，银行审查无误后办理转账，将解讫通知与联行报单寄交出票行。未在银行开立存款账户的个人持票人，可以向其选择的任何一家银行机构提示付款。银行审核无误后，以持票人的姓名开立应解汇款及临时存款账户。若银行汇票的实际结算金额低于出票金额，其多余金额由出票银行退交申请人。

付款单位应在收到银行签发的银行汇票后，根据银行汇票委托书（存根联）编制如下付款凭证：

借：其他货币资金——银行汇票存款

　贷：银行存款——人民币户

收款单位应根据银行的收账通知和有关的原始凭证编制如下收款凭证：

借：银行存款——人民币户

　贷：主营业务收入

　　应交税费——应交增值税（销项税额）

2. 商业汇票

商业汇票的出票人是在银行开立存款账户的法人。在银行开立存款账户的法人以及其他机构之间，必须具有真实的交易关系或债权债务关系，这样才能使用商业汇票。商业汇票在同城和异地均可使用，付款人为汇票承兑人。根据承兑人的不同，商业汇票可分为商业承兑汇票和银行承兑汇票，前者由银行以外的付款人承兑，后者由银行承兑。商业承兑汇票可以由付款人签发并承兑，也可以由收款人签发、交由付款人承兑。付款人应当在汇票正面记载“承兑”字样和承兑日期并签章。付款人对汇票进行承兑后，交收款人收执。持票人应在提示付款期限内通过开户银行委托收款，如承兑人（付款人）在异地开户，持票人可匡算邮程，提前通过开户银行委托收款。付款人开户银行收到持票人开户行交来的商业承兑汇票和委托收款凭证后，应及时通知付款人。付款人收到付款通知后，应在当日通知银行付款，如未通知银行付款，视同付款人承诺付款。银行在办理划款时，如果付款人存款账户的余额不足支付，应填制付款人未付票款通知书，连同商业承兑汇票邮寄持票人开户行，由其转交持票人。银行承兑汇票的出票人或持票人向银行申请承兑时，银行对出票人的资格、资信、购销合同和汇票记载的内容进行审查，必要时可由出票人提供担保。经银行审查合格后，出票人与银行签订承兑协议。出票人应于汇票到期前将票款足额交存其开户银行，以备兑付。承兑银行应在汇票到期日或到期日后的见票当日支付票款。出票人于汇票到期日未能交足票款的，承兑银行须为其垫款，同时将出票人尚未支付的汇票金额作逾期贷款处理，并计收利息。

付款单位应在取得商业汇票后，编制如下凭证：

借：商品采购

　　应交税费——应交增值税（进项税额）

　贷：应付票据

收款单位应在取得商业汇票后，编制如下凭证：

借：应收票据

　贷：主营业务收入

　　　应交税费——应交增值税（销项税额）

（二）本票

本票是出票人签发的，承诺自己在见票时无条件支付确定的金额给收款人或者持票人的票据。本票按出票人分为商业本票和银行本票。这里所说的本票是指银行本票。单位和个人在同一票据交换区域需要支付各种款项，均可以申请使用银行本票。银行本票可以用于转账，注明“现金”字样的银行本票可以支取现金。我国的银行本票分为定额本票和不定额本票两种，前者面额固定，由中国人民银行统一负责印制，各银行代办发售和兑付，后者由经办银行根据申请人的要求填明金额，并压印数字。目前使用较多的是不定额本票。申请人使用银行本票，应向银行提交“银行本票申请书”，填明收款人名称、申请人名称、支付金额等事项并签章。出票银行受理“银行本票申请书”，收妥款项后签发银行本票，交给申请人。申请人应将银行本票交付给本票上记明的收款人。收款人可以将银行本票背书转让给被背书人。持票人将银行本票和进账单送交开户银行，银行审查无误后办理转账。若持票人凭票取现，银行审查后办理付现手续。对于他行签发的不定额本票，兑付银行将通过同城票据交换提交签发行。由于银行办理定额本票业务属于代理性质，出票行需将其向本票申请人收取的款项划缴中央银行，而兑付行代中央银行垫付的款项应向中央银行收回。

付款单位应在收到银行签发的银行本票后，根据银行本票委托书（存根联）编制如下付款凭证：

借：其他货币资金——银行本票存款

贷：银行存款——人民币户

收款单位应根据银行的收款通知和有关的原始凭证编制如下收款凭证：

借：银行存款——人民币户

贷：主营业务收入

应交税费——应交增值税（销项税额）

（三）支票

支票是出票人签发的，委托办理支票存款业务的银行在见票时无条件支付确定的金额给收款人或者持票人的票据。支票的出票人可以是在银行开立支票存款账户的单位和个人，付款人为支票上记载的出票人开户银行。现金支票只能用于支取现金，转账支票只能用于转账，支票上未印有“现金”或“转账”字样的为普通支票，可用于支取现金，也可用于转账。普通支票上划有两条平行线的为划线支票，只能用于转账，不得支取现金。付款方可开出转账支票，委托其开户行从自己的账户中将款项划转到指定的收款人账户。记名支票的金额不得超过在付款行处实有的存款金额，更禁止签发空头支票。支票的收款人可以将支票背书转让。不记名支票由于不记载收款人姓名，凡持票人都可凭票支取款项。持票人通常将支票连同进账单送交开户行，委托开户行收款。如果出票人与持票人均在同一银行开户，银行受理持票人解入的本行支票，在审查无误后，即可将款项划入收款人账户。如果出票人不在该行开户，持票人开户行应将支票通过票据交换系统提交支票付款行，付款行在收到支票后，如经审查无误，即应办妥支付手续，持票人开户行在收妥款项后入账。持票人也可以直接向付款行提示付款。出票人在付款行处的存款足以支付支票金额时，付款行应当在见票当日足额付款。

付款单位应在签发支票后，编制如下付款凭证：

借：商品采购

应交税费——应交增值税（进项税额）

贷：银行存款——人民币户

收款单位应在收到支票后，编制如下收款凭证：

借：银行存款——人民币户

贷：主营业务收入

应交税费——应交增值税（销项税额）

二、银行卡结算

银行卡是一种使用十分方便的非现金结算工具。持卡人在发卡银行开立银行卡存款账户，并存入一定的备用金后，可在特约商户利用银行卡购物或支付劳务费用。持卡人结算时应提交银行卡和身份证件，但持卡人凭密码在销售点终端上消费、购物，可免验身份证件。特约商户受理银行卡，需审查该卡是否为本单位可受理的银行卡、是否在有效期内、是否未列入止付名单等事项。经审查无误后，商户在签购单上压卡，填写实际结算金额和用途、持卡人身份证件号码、特约单位名称和编号。如结算金额超过支付限额，商户应确认发卡银行是否有授权，然后，由持卡人在签购单上签名确认。特约单位在每日营业终了，应将当日受理的银行卡签购单汇总，并填写汇总单和进账单，连同签购单一并送交收单银行办理进账。

付款单位应在收到银行签发的银行卡后，编制如下付款凭证：

借：其他货币资金——信用卡存款

　贷：银行存款——人民币户

收款单位应根据银行的收账通知和有关的原始凭证编制如下收款凭证：

借：银行存款——人民币户

　贷：主营业务收入

　　应交税费——应交增值税（销项税额）

三、汇兑结算

汇兑是汇款人委托银行将其款项支付给收款人的结算方式。单位和个人的各种款项的结算，均可使用汇兑结算方式。汇兑按凭证传递方式的不同分为信汇、电汇两种，由汇款人选择使用。汇款人应签发汇兑凭证，凭证上需记载汇款金额、收款人名称、汇款人名称、汇入地点、汇入银行名称、汇出地点、汇出银行名称等事项，并表明委托银行从自己账户中支付一笔款项汇给收款人。汇出银行受理汇款人签发的汇兑凭证，经审查无误后，应及时将信汇凭证连同联行报单邮寄给汇入银行，或依据电汇凭证向汇入银行拍发电报，并向汇款人签发汇款回单。对于开立存款账户的收款人，汇入银行应将汇给收款人的款项直接转入其账户，并向其发出收账通知。未在银行开立存款账户的收款人，凭信汇、电汇的取款通知向汇入银行支取款项。

付款单位应在汇款后，编制如下付款凭证：

借：商品采购

　应交税费——应交增值税（进项税额）

　贷：银行存款——人民币户

收款单位应根据银行的收账通知和有关的原始凭证编制如下收款凭证：

借：银行存款——人民币户

　贷：主营业务收入

　　应交税费——应交增值税（销项税额）

四、托收承付结算

托收承付是根据购销合同由收款人发货后委托银行向异地付款人收取款项，由付款人向银行承认付款的结算方式。办理托收承付结算的款项必须是商品交易的款项，以及因商品交易而产生的劳务供应的款项。收付双方使用托收承付结算方式必须签有符合我国《民法典》的购销合同，并在合同上注明使用托收承付结算方式。收款人办理托收时，应签发托收承付凭证，注明托收金额、收款人与付款人名称及账号、收款人与付款人开户银行名称、托收附寄单证张数或册数、购销合同名称及号码、委托日期等事项。收款人应将托收凭证、所附发运证件或其他符合托收承付结算的有关证明和交易单证送交银行。收款人开户银行审查无误后，将托收凭证及交易单证寄给付款人开户银行。对方银行收到托收凭证及其附件后，通知付款人。承付货款分为验单付款和验货付款两种。验单付款的承付期通常在一周之内，付款人在承付期内未向银行表示拒绝付款，银行即视为承付，并在承付期满的次日将款项按照收款人指定的划款方式，划给收款人。验货付款的承付期为 10 天之内，或由收付双方商定。付款人收到提货通知后，应立即向银行交验提货通知。银行于承付期满的次日将款项划给收款人。

付款单位应在采购后编制如下凭证：

借：商品采购

　　应交税费——应交增值税（进项税额）

　贷：应付账款

收款单位应在办理好托收手续后编制如下凭证：

借：应收账款

　贷：主营业务收入

　　　应交税费——应交增值税（销项税额）

五、委托收款结算

委托收款是收款人委托银行向付款人收取款项的结算方式。单位和个人凭已承兑商业汇票、债券、存单等付款人债务证明办理款项的结算，均可以使用委托收款结算方式。委托收款在同城、异地均可办理。收款人首先应签发委托收款凭证，载明委托收款金额、付款人和收款人名称、委托收款凭据名称及附寄单证张数等事项，并将凭证及有关收款依据提交开户行。开户行审查后，将凭证及有关收款依据寄给交付款人开户行，后者审查无误后办理付款。

付款单位应在采购后编制如下凭证：

借：商品采购

　　应交税费——应交增值税（进项税额）

　贷：应付账款

收款单位应在办理好托收手续后编制如下凭证：

借：应收账款

　贷：主营业务收入

　　　应交税费——应交增值税（销项税额）

六、国内信用证结算

国内信用证是指开证行依照申请人的申请开出的，凭符合信用证条款的单据支付的付款承诺。信用证为不可撤销、不可转让的跟单信用证。本书所称的信用证办法适用于国内企业之间商品交易的信用证结算。

信用证的特点包括：

（1）国内信用证只限于办理转账结算，不得支取现金。

（2）信用证与作为其依据的购销合同相互独立，银行在处理信用证业务时，不受购销合同的约束。

（3）一家银行做出的付款、议付或履行信用证项下其他义务的承诺不受申请人与开证行、申请人与受益人之间关系的制约。受益人在任何情况下，不得利用银行之间或申请人与开证行之间的契约关系。

（4）在信用证结算中，各有关当事人处理的只是单据，而不是与单据有关的货物及劳务。

付款单位应在签发信用证后编制如下凭证：

借：其他货币资金——信用证存款

　贷：银行存款——人民币户

收款单位应根据银行的收账通知和有关的原始凭证编制如下凭证：

借：银行存款——人民币户

　贷：主营业务收入

　　　应交税费——应交增值税（销项税额）

任务二 国际结算

知识点一 国际结算概述

一、国际结算的含义

国际结算是指国际上由于商品买卖、提供劳务、资金调拨和借贷等活动所发生的国际货币收支和国际债权债务的清算。

国际结算是相对于国内结算而言的，尽管二者都主要是货币收支和债权债务的清算，但两者也存在明显的区别，即货币的活动范围不同、货币的种类不同、汇兑损益不同、适用的法律不同等。对于外贸企业来说，结算主要是指从事国际贸易活动所涉及的国际结算。

二、国际结算的类型

国际结算在实际操作中有记账结算和现汇结算两种类型。

记账结算，是指贸易双方按照两国银行间开立的清算账户记账办理，平时结算不必动用现汇支付，至协定年度终了，再对账户的差额进行清算的方式。

采用记账结算时，以两国政府间签订的贸易支付协定为基础，双方国家各自在指定的本国代理银行开设清算账户，规定记账货币，分别记录本国企业与对方国家企业的贸易结算事项，并在一定期限内由银行间进行相互抵消或清算，进出口企业则分别利用本国银行的清算账户进行国际结算活动，不必直接与对方国家银行发生关系。由于这种结算是在双边银行先记账，再定期而不是逐笔利用现汇进行的结算，因此又称记账清算或双边清算。

现汇结算也称为现汇清算，是指以两国贸易部门签订的贸易合同为依据，在办理进出口业务时，双方均采用一定的结算方式，用现汇逐笔进行清偿的方式。

采用现汇清算时，进出口双方按照签订的贸易合同，通过可以办理国际业务的外汇专业银行，用可兑换的货币直接逐笔清算。可兑换货币是指某些国家的银行在其他国家开设有各种可兑换货币的账户，因而可以自由兑换成别国货币，这种可兑换货币也称自由外汇，如我国的可兑换货币有美元、英镑、日元、德国马克、瑞士法郎等。由于这种清算方式可以使用多个国家的货币进行清算，因此也称多边清算。

知识点二　国际结算方式

在国际结算中，不论采用何种清算方式，对每一笔进出口业务的款项结算及资金转移时采用的支付工具、支付时间、支付地点、支付约定、信用要求等都会有所不同，因而也就形成了不同的国际结算方式。

国际结算的支付方式有多种，我国进出口业务中所使用的结算方式主要有三种，即汇付方式、托收方式和信用证方式。

一、汇付方式

（一）汇付方式的含义

汇付方式（Remittance）是指进口方（即汇款人）将款项交进口国指定银行（汇出行），由该银行委托出口方（收款人）所在国银行（汇入行或称解付行）转交给出口方的一种国际结算方式。

汇付方式根据汇付时所采用的通知方式或结算工具及手续不同，可分为信汇、电汇和票汇三种。

（1）信汇（Mail Transfer，M/T），是指进口方（汇款人）将款项交给汇出行，由汇出行开具付款委托书，一般以航空邮寄的方式通知出口方（收款人）所在国的汇入行，委托其转交付款的一种结算方式。

（2）电汇（Telegraphic Transfer，T/T），是指汇出行应进口方（汇款人）的电汇申请，用电报或电传的形式通知汇入行，委托其向出口方（收款人）转交付款的结算方式。这种方式结算迅速，但汇款费用较高。

（3）票汇（Demand Draft，D/D），是指进口方（汇款人）向汇出行交款申请购买汇票后，自行寄给出口方（收款人），由其持票向指定汇入行收取款项的一种结算方式。

汇付方式不论是采用先付款后交货方式还是先交货后付款方式，都可能对贸易双方中的一方造成货款两空、货款不按约、垫付资金承担利息费用等风险损失。如果贸易双方没有绝对信任，则很难采用这种方式的。因此，这种方式一般适用于预收货款、结算尾款、支付佣金、归还垫款、索理赔款、少量出售样品款以及保证金的付退等款项的结算。

（二）汇付方式的会计处理

1. 汇出汇款的会计处理

汇款的会计处理与国内业务基本相同，通过“其他货币资金”账户进行核算。汇款人填制申请书并付款时，凭申请书的回单联进行如下会计处理：

借：其他货币资金——银行汇票或在途资金

　贷：银行存款——人民币户（或 ×× 外币户）

当收款人领取汇款后，汇款人收到退回的收条，做转销处理：

借：有关科目

　贷：其他货币资金——银行汇票或在途资金

2. 汇入汇款的会计处理

收款人在收到汇款后，应凭汇入汇款通知书及外汇结汇证明，进行如下会计处理：

借：银行存款——人民币户（或 ×× 外币户）

　贷：有关科目

二、托收方式

（一）托收方式的含义

托收方式（Collection）是指出口方按贸易合同将出口货物装运后，开具以进口方为抬头人的汇票，并连同有关单证委托当地银行（托收行）通过进口方所在国指定的银行（代收行），向进口方收取货款的一种国际结算方式。托收方式按汇票是否附带货运单证可分为光票托收和跟单托收。

（1）光票托收是指汇票不附带货运单据的托收，但可以附带非货运单据（如发票、垫款清单等）。这种托收方式通常用于收取尾款、样品费、佣金、代垫费、贸易中的其他从属费、索理赔款等小额款项结算。

（2）跟单托收是指汇票连同所附货运单证（如发票、提单、保险单等）一并交付银行委托收款的托收。跟单托收按照交单的条件不同又可分为付款交单和承兑交单两种。

付款交单（Documents against Payment，D/P），是指进口方所在国的被委托代收行必须在进口方付清票款后，才可将有关货运单证交给进口方的一种结算方式。在这种方式下，汇票不论是即期还是远期，付款和交单必须同时实现，银行受托执行“银货两讫”，这是其主要特征。

承兑交单（Documents against Acceptance，D/A），是指进口方所在国的被委托代收行在进口方办理汇票承兑手续后，即可将有关货运单证交给进口方，待汇票到期时再办理付款的一种结算方式。这种方式由于汇票承兑时即行交单，不是一手付款一手交单，因此汇票不存在即期问题，一般都是远期汇票的托收。

在托收方式的应用过程中，出口方是有很大风险的。

（二）托收方式的会计处理

1. 进口方的会计处理

如合同采用托收方式结算货款，出口方发货后向银行办理交单，承办银行开出“进口代收单据通知书”，将全套单据向进口方提示。此时进口方做如下会计处理：

借：商品采购

　贷：应付外汇账款

若采用 D/P 方式，在付款赎单日应做如下会计分录：

借：应付外汇账款

　贷：银行存款——人民币户（或 ×× 外币户）

若采用 D/A 方式，在承兑日的账务处理为：

借：应付外汇账款

　贷：应付外汇票据

远期汇票到期日：

借：应付外汇票据

　贷：银行存款——人民币户（或 ×× 外币户）

2. 出口方的会计处理

在托收方式下，出口方发货后向银行办理交单，在交单日，无论是采用 D/P 方式还是采用 D/A 方式，出口方均在此时确认收入。会计处理如下：

借：应收外汇账款

　贷：主营业务收入

若采用 D/A 方式，出口方凭银行通知在承兑日做如下账务处理：

借：应收外汇票据

贷：应收外汇账款

在 D/P 收汇日或 D/A 远期汇票到期日，凭结汇水单做如下账务处理：

借：银行存款——人民币户（或 × × 外币户）

贷：应收外汇账款或应收外汇票据

三、信用证方式

（一）信用证方式的含义

信用证（Letter of Credit，L/C）是进口方所在地银行（开证行）应进口方的担保和请求，向出口方开出的一种保证承担支付货款责任的书面凭证。利用信用证进行的国际贸易结算称为信用证方式。

在信用证方式中，开证行授权出口方按信用证上所列要求以开证行作为付款人，开具不得超过规定金额的汇票，随附规定的货运单证，按期在指定地点收取货款。

此时银行要以自己的信用向进出口双方进行担保付款和收发货，因此，对进出口双方来说，信用证方式是一种最为可靠的国际结算方式。信用证是一种独立文件，它既不以贸易合同及单证为依附，又必须与贸易合同及单证相符，并且开证行只凭正确的单证付款，而不以货物为准，因此也俗称为“单据买卖”。

在信用证方式中可能会出现这样几种基本关系人：开证申请人（一般为进口方），开证行，通知行（一般为出口方所在地的只证明信用证的真实性，但不承担其他义务的银行），受益人（即出口方），议付行（即愿意购买或贴现受益人交来跟单汇票的银行），付款行（即信用证上指定的付款银行）等。

（二）信用证方式的会计处理

1. 进口方的会计处理

进口货物通过交易磋商，在签订合同时采用信用证方式结算，进口商应首先向银行办理开证申请，填制开证申请书，申明其将向银行提供支付货款的资金，同意支付银行的手续费和利息。根据开证申请书及进口合同的金额，填写支取凭条，向银行办理从外汇结算往来户转入信用证存款专户。主要账务处理为：

借：其他货币资金——信用证存款

财务费用

贷：银行存款——× × 外币户

凡无现汇账户的，现行规定不可提前购汇（此时企业无须对外付汇），要用人民币作信用证保证金，会计分录如下：

借：其他货币资金——信用证保证金

贷：银行存款——人民币户

采用信用证结算方式，国际惯例是银行只收取部分开证保证金，故信用证存款户的资金多数不足以付清货款，还需补足差额。付款赎单的账务处理如下：

借：商品采购等账户

贷：其他货币资金——信用证存款

银行存款——人民币户（或 × × 外币户）

2. 出口方的会计处理

在信用证结算方式下，出口方作为受益人会收到由通知行转来的进口方开具的信用证原件及信用证通知书，此时出口方无须进行账务处理，做备忘记录即可。

出口方发货后，汇集全套单据向付款行或议付行交单，以求尽快获取资金。账务处理如下：

借：应收外汇账款

贷：主营业务收入

银行审单相符后即支付货款。由于我国的外汇管理制度，受益人收到的信用证款项是人民币，出口所得外汇必须结售给指定银行，银行开具“结汇水单”，作为出口方入账原始凭证。账务处理如下：

借：银行存款——人民币户

贷：应收外汇账款

复习思考题

一、单项选择题

1. 由进口方向本地银行购买银行汇票自行寄给出口方，出口方凭以向汇票上指定银行取款的结算方法称为（　　）。

A. 托收　　B. 票汇　　C. 信汇　　D. 电汇

2. 由出票人签发的，委托付款人在指定日期无条件支付确定的金额给收款人或持票人的票据是（　　）。

A. 银行汇票　　B. 商业汇票　　C. 银行本票　　D. 支票

3. 支票分为现金支票、转账支票和普通支票，普通支票（　　）。

A. 既可以支取现金，也可以用于转账

B. 可以支取现金，但不可以转账

C. 不可以支取现金，只能用于转账

D. 只能用于个人，不能用于单位

4. 在进出口贸易业务中，当使用 L/C、D/P、D/A 三种不同支付方式结算货款时，对出口方的出口收汇风险从小到大依次排序为（　　）。

A. D/P、D/A、L/C　　B. D/A、D/P、L/C
C. L/C、D/P、D/A　　D. L/C、D/A、D/P

二、多项选择题

1. 国际结算的支付方式有多种，我国进出口业务中所使用的结算方式主要有（　　）。
A. 汇付　B. 托收　C. 信用证　D. 信用卡
2. 国际上的汇款结算方式，按所用的工具不同可分为（　　）。
A. 顺汇　B. 逆汇　C. 票汇　D. 电汇
E. 信汇
3. 托收结算业务中存在买方和卖方风险，出口商会遇到的风险主要有（　　）。
A. 进口商破产或无力付款
B. 进口商借口压价或不付款
C. 进口商未申请到进口许可证
D. 进口商审查单据合格，但提货时发现货物有问题
E. 进口商利用当地法律法规、商业习惯等蓄意不付款

三、判断题

1. 信用证结算方式只对卖方有利。（　　）
2. 受益人可以将国内信用证权利转让给他人。（　　）

四、简答题

1. 我国国内采用的银行结算方式主要有哪些？
2. 什么是国际结算？国际结算的类型有哪些？

五、业务处理题

甲进出口公司进口 A 商品 100 件，国外进价为每件 100 美元，总值 10 000 美元。

（1）1 月 1 日，申请开立信用证，从外汇存款账户按合同价款的 40% 划出信用证保证金，手续费忽略不计。当日汇率中间价为 1 美元 = 6.19 元人民币。

（2）1 月 25 日，收到银行转来全套单据，企业审单无异议，通知银行冲销原保证金，其余办妥购汇手续赎单。当日汇率中间价为 1 美元 = 6.19 元人民币，卖出价为 1 美元 = 6.2 元人民币。

要求：进行甲进出口公司的相关账务处理。

模块四

出口业务的核算

学习目标

◆ 知识目标

◎ 理解出口业务的主要类型。

◎ 掌握自营出口、代理出口的特点。

◆ 技能目标

◎ 掌握自营出口、代理出口的账务处理。

◆ 素养目标

◎ 培养口头与书面表达能力、人际沟通能力。

◎ 增强工作责任感和良好的职业道德。

案例导入

党的二十大报告指出："推动货物贸易优化升级，创新服务贸易发展机制，发展数字贸易，加快建设贸易强国。"这是以习近平同志为核心的党中央站在新的历史起点上，统筹中华民族伟大复兴战略全局和世界百年未有之大变局做出的重大战略安排，为新时代新征程贸易强国建设指明了前进方向，提供了根本遵循。假设一笔出口贸易的合同规定，单价为"每箱 C&F 汉堡，人民币 20 元"。

思考：你知道上述单价的含义吗？出口方应如何确认销售收入？

任务一 出口商品收购业务概述

知识点一 出口商品收购的方式与交接方式

一、出口商品收购的方式

出口商品的流转过程主要包括收购、调拨、储存和出口等环节。收购是为出口做物质准备的。所谓出口商品收购，是指外贸企业从外贸系统以外的工业、农业、商业企业或个人处购进出口商品。

出口商品收购的方式主要有以下两种：

（1）直接收购。外贸企业从生产单位直接购进出口商品，是外贸企业收购工矿产品或大宗产品的主要方式。外贸企业一般通过同有关部门、厂矿企业签订购销合同或协议，直接购进出口商品。外贸企业统一经营的或重要的农副土特产品、鲜活商品，如蚕茧、丝绸、茶叶等，供应我国港澳地区的新鲜蔬菜、水果、塘鱼等，也采取直接收购方式。

（2）间接收购。划归外贸企业直接收购的农副产品，由于货源零星分散，外贸企业不便直接收购，多采取委托供销社、地县外贸公司等基层单位代为收购的方式。双方签订协议，明确责任和权利，外贸企业需要支付一定的代购手续费。

二、出口商品收购的交接方式

出口商品的收购，是以经济合同为前提的。经济合同签订之后，购销双方就要严格履行合同规定的各项条件。其中，出口商品收购的交接方式与验收是一项重要的内容，它明确了购销双方各自的责任、商品所有权的转移、费用负担等问题。通过交接验收，购货方认为收购商品的数量和质量均符合合同（协议）的规定，即应进行货款结算，以结束整个收购业务。

出口商品收购的交接方式主要有以下四种：

（1）送货制。这是由供货单位将商品送到外贸企业指定的仓库或其他地点的一种交接方式。在这种方式下，供货单位与外贸企业在指定的地点办理交接，凭收货单向外贸企业办理货款结算。送货费用和运输途中的商品损耗由供货单位负担。这种交接方式一般适用于本地购货。

（2）提货制。这是由外贸企业到供货单位指定的仓库或地点提取商品的一种交接方式。在这种方式下，一般先由外贸企业向供货单位办理货款结算后，凭提货单提货。提货过程中发生的费用和商品损耗由外贸企业负担。这种交接方式一般也适用于本地购货。

（3）发货制。这是由供货单位按照合同规定，将商品委托运输部门发运到外贸企业所在地的车站、码头或指定地点的一种交接方式。在这种方式下，由供货单位发运商品，取得运输凭证，向外贸企业办理货款结算。有关费用的负担在双方签订的购销合同中有明确规定，主要取决于采用的价格条件。这种交接方式一般适用于异地购货。

（4）就地代保管。这是由供货单位接受外贸企业的委托，将商品就地寄存于本单位仓库并代为保管的一种交接方式。在这种方式下，购销双方凭保管凭证办理商品交接。寄存过程中发生的仓储保管费用由外贸企业负担，供货单位应负责妥善保管。这种交接方式对本地和异地购货均适用。

知识点二　出口商品收购的程序

出口商品收购的业务程序主要有签订购销合同、验收出口商品和支付商品货款。

一、签订购销合同

外贸企业应根据国际市场的需求，按照《民法典》的有关规定，及时与供货单位签订购销合同，明确规定商品的名称、规格、型号、商标、等级和质量标准，商品的数量、计量单位、单价和金额，商品的交货日期、方式、地点、运输和结算方式，以及费用负担、违约责任和索赔条件等，以明确购销双方的权利和义务。

二、验收出口商品

外贸企业对购进的出口商品，应按双方签订的合同或协议的有关规定进行验收，具体内容如下：

（1）一般的、技术性不强的出口商品，主要对商品的品种、数量、规格、等级、花色、款式、质量和包装等方面进行验收。

（2）技术复杂、规格特殊、外贸企业没有条件鉴定验收的出口商品，如机器、仪器、电器、成套设备和化工产品等，通常按合同或协议规定，由生产单位出具检验证明书，对商品的规格和质量负责，外贸企业只点验数量，查验包装。

（3）根据国家规定由商品检验局检验的出口商品，外贸企业应凭商品检验局签发的合格证明书验收，并点清数量，查验包装。

外贸企业对购进的出口商品要严格验收，把好质量关。凡是质量、规格、花色不符合出口要求的商品，一律不予验收。同时，还要防止为抓住货源，不管商品质量、规格、花色而盲目收购或超购的现象。

三、支付商品货款

外贸企业除了经批准发放的农副产品预购定金，以及订购大型机器设备、船舶、特殊专用材料、设备，可以预付定金或货款外，同城商品采购主要采用支票结算，外贸企业在收到商品后就应支付货款；异地商品采购主要采用托收承付结算方式，贯彻“商品发运托收，单货同行，钱货两清”的原则，外贸企业应根据合同的规定，验单或验货合格后付款，以维护购销双方的权益。

任务二 出口商品收购的核算

知识点一 价格条件

价格条件，全称为对外贸易价格条件，是国际贸易法范畴中的国际贸易惯例，指国际货物买卖中用以确定货物单位价格的计价条件，直译为“贸易价格术语”或“贸易术语”。

例如，企业在一笔出口贸易的合同中规定，单价为“每箱 C&F 汉堡，人民币 20 元”。其中，C&F（成本加运费）就是价格的“条件”。该规定的含义是，按 C&F 汉堡交货的条件计价，每箱的价格为人民币 20 元。由于西方国家的国际运输和保险事业的发展，改变了国际贸易中货物买卖双方当面交货、付款的办法，使得买卖中的货物交付、风险转移及货物所有权的转移三者不一定同时实现，从而影响买卖双方的权利与义务关系。为了在这种情况下确定双方的关系，就产生并发展了“条件”。“条件”既是一项货物买卖中的计价标准，又是确定该项买卖中双方当事人权利与义务关系的标准。不同“条件”下的货物买卖，双方的权利与义务也随之不同。

国际贸易术语种类较多，但外贸会计在核算时主要涉及以下三种。

一、装运港船上交货（FOB）

FOB 又称离岸价，是指由卖方负责将商品装到指定的船上，并负担商品到装船为止的一切费用和风险。

使用这一价格术语时，对买卖双方应负责任的划分为：卖方负责在指定的装运港和指定日期或期限内，将符合合同规定的货物装到买方指定的船上，并办理出口手续，向买方提交有关单证，负担将货物在装运港有效地越过船舷为止的一切费用（包括出口关税）和风险；买方负责租船订舱，办理保险及货物到达目的港以后的手续，接受卖方提供的单证，支付货款，负担将货物运达目的港的运费、运输途中的保险费，缴纳进口关税，承担货物装上船以后的风险。

按 FOB 价成交，出口方按 FOB 价确认收入。进口方购进商品到达目的港的入账价值 = FOB 价 + 国外运费 + 国外保险费 + 进口关税。

二、成本加保险费、运费（CIF）

CIF 又称到岸价，是指由卖方负责办理租船订舱和保险，将货物在装运港装上船，支付到目的港的保险费和运费。

使用这一价格术语时，买卖双方的应负责任划分为：卖方负责租船订舱，在约定的期限内将货物装上船，并办理出口手续，负担货物装上船以前的一切费用和风险，支付货物到目的港的运费，办理保险及支付到目的港的保险费，向买方提交有关单证；买方负担货物装上船以后的一切费用风险，接受卖方提供的单证，并按合同规定支付货款，办理在目的港收货和进口手续。

按 CIF 价成交，出口方按 CIF 价确认收入；支付的国外运费和国外保险费冲减销售收入。进口方购进商品到达目的港的入账价值 =CIF 价 + 进口关税。

三、成本加运费（CFR）

CFR 也称离岸加运费价（运费在内价），是指由卖方负责将货物装上船并负责支付到目的港的海运费。

使用这一价格术语时，买卖双方的应负责任划分为：卖方负责租船订舱，在规定的期限内或日期将符合合同规定的货物装上运往目的港的船上，并通知买方，办理出口手续，提供签发的有关单证，支付将货物装上船为止的一切费用及将货物运达目的港的运费，缴纳出口关税，承担货物装上船的风险；买方负责办理保险手续和货物到达目的港以后的进口及收货手续，接受卖方提供的单证，支付货款，缴纳进口关税，承担运输途中的保险费及货物装上船后的风险。

按 CFR 价成交，出口方按 CFR 价确认收入，支付的国外运费冲减销售收入。进口方购进商品到达目的港的入账价值 =CFR 价 + 国外保险费 + 进口关税。

以上三种价格术语对比如表 4-1 所示。

表 4-1　三种价格术语对比

价格术语	风险转移界限	手续承办者		费用支付者	
		租船订舱	办理保险	到目的港的运费	保险费
FOB	装运港货物越过船舷	买方	买方	买方	买方
CIF	同上	卖方	卖方	卖方	卖方
CFR	同上	卖方	买方	卖方	买方

知识点二 出口商品会计核算账户的设置

为反映出口商品购进业务，需要设置以下三个主要账户。

一、“商品采购”账户

“商品采购”账户专门用来核算企业购入商品的采购成本。企业购入的商品，凡是通过本企业结算货款的，不论其是否进入本企业仓库，都应通过“商品采购”账户进行核算。

该账户的借方记录购入商品的采购成本；贷方记录结转库存商品的采购成本；余额在借方，反映企业在途商品的采购成本。企业应按“进口商品采购”和“国产商品采购”进行明细核算。

二、“库存商品”账户

“库存商品”账户用来核算企业全部自有的库存商品（包括出口和内销的国产商品及进口商品）的增减变动情况。该账户借方登记已取得商品所有权并已验收入库的商品进价；贷方登记已发出销售等出库商品结转的进价；余额在借方，表示期末库存商品的进价。

本账户应按外贸企业的特点分别设置“库存出口商品”“库存进口商品”“库存其他商品”三个二级明细账户，并按商品的种类、名称、规格和存放地点等分设三级明细账户，进行明细核算。

三、“应交税费——应交增值税（进项税额）”账户

“应交税费——应交增值税（进项税额）”账户用来核算企业购入货物或接受应税劳务而支付的，准予从销项税额中抵扣的增值税税额。企业购入货物或接受应税劳务支付的进项税额，以蓝字记入借方；退回所购货物应冲销的进项税额，以红字记入借方。

知识点三 出口商品收购业务的核算

一、出口商品采购成本的构成

出口商品的采购成本，按以下两种情况分别确定：

（1）国内购进的出口商品，除直接收购或委托代购的农副产品外，一律以进货原价（即增值税专用发票上记载的应计入采购成本的价格）作为采购成本。专用发票上注明的

增值税税额，作为增值税的进项税额反映，不计入商品的采购成本。如果购入的商品应缴纳消费税，应以含税的买价作为商品的采购成本。

（2）企业直接收购或委托代购的农副产品，以收购原价加收购税金作为采购成本。企业从农业生产者手中购买的自产农业产品，免征增值税。但按规定，自 2019 年 4 月 1 日起，纳税人购进农产品允许按照农产品收购发票或者销售发票上注明的农产品买价和 9% 的扣除率抵扣进项税额；其中，购进用于生产或委托加工 13% 税率货物的农产品，按照农产品收购发票或者销售发票上注明的农产品买价和 10% 的扣除率抵扣进项税额。这里的免税农业产品，是指直接从事植物的种植、收割和动物的饲养、捕捞的单位和个人销售的自产初级农业产品。

下列同购进商品有关的支出，也列作商品的采购成本：购进商品发生的进货费用，包括购进出口商品到达交货地车站、码头以前支付的各项费用及手续费；购进商品在运输途中发生的毁损、短缺或溢余；自提商品发生的运输费、装卸费及其他费用；商品入库以前发生的整理费用；为购入商品筹集资金而发生的利息费用等。

二、入账时间

出口商品的购进，由于结算凭证和商品到达企业的时间不一致，可能会出现以下三种情况，在会计核算上应采用不同的方法：

（1）结算凭证先到，商品后到，以收到结算凭证或开出、承兑商业汇票的时间作为商品购进的入账时间。

凡结算凭证已到并已付款或承诺付款的商品，无论该商品是否到货或验收入库，均应根据有关凭证借记“商品采购”账户，已经验收入库的商品，从“商品采购”账户的贷方转入“库存商品”账户。

（2）商品先到，结算凭证后到，仍以收到结算凭证的时间作为商品购进的入账时间。但是，对于月终企业尚未付款或尚未开出、承兑商业汇票的入库商品，按应付给供货单位的价款暂估入账，借记“库存商品”账户，贷记“应付账款”账户。下月初用红字冲回，以便下月付款或开出、承兑商业汇票后，按正常程序通过“商品采购”账户核算。

（3）结算凭证和商品同时到达，以该时间作为商品购进的入账时间，办理付款和商品验收入库同时进行，分别在账面上记录付款业务和商品验收入库的业务，借记“商品采购”账户，贷记“银行存款”账户；同时，借记“库存商品”账户，贷记“商品采购”账户。

三、出口商品收购业务核算

出口商品收购业务核算包括本地购进的核算和外地购进的核算。

（一）本地购进的核算

本地购进一般采用送货制和提货制交接商品，通常是结算凭证和商品同时到达。

例4-1 甲进出口公司从本市C服装厂购进男式衬衫1 000件，增值税专用发票上注明衬衫每件价格30元，增值税税率为13%，货已送到仓库验收，财会部门签发转账支票支付全部款项。其会计分录如下：

借：商品采购——国产商品采购	30 000	
应交税费——应交增值税（进项税额）	3 900	
贷：银行存款——人民币户		33 900
借：库存商品——库存出口商品——男衬衫	30 000	
贷：商品采购——国产商品采购		30 000

例4-2 甲进出口公司从本市郊区农民手中收购红枣2 000千克，买价共计12 000元，以现金支票付讫。若购进红枣用于出口，其会计分录如下：

借：商品采购——国产商品采购	12 000	
贷：银行存款——人民币户		12 000

若购进红枣用于内销，其会计分录如下：

借：商品采购——国产商品采购	10 920	
应交税费——应交增值税（进项税额）	1 080	
贷：银行存款——人民币户		12 000

例4-3 例4-2中的红枣已运达企业并验收入库，共发生运费200元，财会部门签发转账支票付款。其会计分录如下：

借：商品采购——国产商品采购	200	
贷：银行存款——人民币户		200
借：库存商品——库存出口商品——红枣	12 200	
贷：商品采购——国产商品采购		12 200

例4-4 甲进出口公司购入1 000瓶化妆品准备出口，购入价每瓶20元（含消费税），增值税税率为13%，款项已通过银行支付，货到并验收入库。其会计分录如下：

借：商品采购——国产商品采购	20 000	
应交税费——应交增值税（进项税额）	2 600	
贷：银行存款——人民币户		22 600
借：库存商品——库存出口商品——化妆品	20 000	
贷：商品采购——国产商品采购		20 000

（二）外地购进的核算

外贸企业从外地购进出口商品，一般采用发货制交接方式，由供货单位或调出单位按照合同或协议规定，将商品委托运输部门发运到外贸企业所在地车站或码头办理交接。货款结算一般采用异地托收承付或委托银行收款等结算方式。

由于外地购进的商品由运输部门运送，而托收凭证由银行邮寄，尽管贯彻单货同行原则，实际上商品与结算凭证到达外贸企业有先后之别，或是结算凭证先到而商品后到（称为单到货未到），或是商品先到而结算凭证后到（称为货到单未到）。现将这两种情况下的会计核算举例如下。

1. 结算凭证先到，商品后到

外地购进的货款结算，分为验货付款和验单付款两种具体结算方式。验货付款就是在接到结算凭证而商品未到时，不能付款，形成应付款项；验单付款是收到结算凭证，经审核无误，即在承付期内付款。

例4-5 甲进出口公司从外地某供货部门购入大米100吨，增值税专用发票上列示每吨售价1 325元，增值税税率为9%，供货单位代垫运杂费6 000元，有关结算凭证已到，商品尚未到达，合同规定验货付款。其会计分录如下：

收到结算凭证时：

借：商品采购——国产商品采购　　138 500
　　应交税费——应交增值税（进项税额）　　11 925
　贷：应付账款　　150 425

商品到达验收无误时：

借：库存商品——库存出口商品——大米　　138 500
　贷：商品采购——国产商品采购　　138 500

承付货款和代垫运杂费时：

借：应付账款　　150 425
　贷：银行存款——人民币户　　150 425

例4-6 承例4-5，合同规定验单付款，其他条件不变，其会计分录如下：

收到结算凭证，审核无误后承付货款及代垫运费时：

借：商品采购——国产商品采购　　138 500
　　应交税费——应交增值税（进项税额）　　11 925
　贷：银行存款——人民币户　　150 425

商品到达，验收入库时：

借：库存商品——库存出口商品——大米　　138 500
　贷：商品采购——国产商品采购　　138 500

2. 商品先到，结算凭证后到

对于商品先到而结算凭证后到的商品验收入库时，平时不进行总分类核算。月末仍未收到该项商品的结算凭证时，按暂估价入账，下月初用红字冲回，并于收到结算凭证时按正常程序核算。

例4-7 甲进出口公司按合同购进小麦50吨，于20××年5月26日运达，已验收入库。公司于20××年6月13日收到结算凭证并承付货款，其会计分录如下：

（1）20××年5月26日，不做会计处理。

（2）5月31日，按暂估价每吨880元入账时：

借：库存商品——库存出口商品——小麦	44 000	
贷：应付账款		44 000

（3）6月1日，以红字冲转上述记录时：

借：库存商品——库存出口商品——小麦	44 000（红字）	
贷：应付账款		44 000（红字）

（4）6月13日，按结算凭证支付48 287元，其中增值税为3 987元：

借：商品采购——国产商品采购	44 300	
应交税费——应交增值税（进项税额）	3 987	
贷：银行存款——人民币户		48 287
借：库存商品——库存出口商品——小麦	44 300	
贷：商品采购——国产商品采购		44 300

如果结算凭证与商品同时到达企业，其会计处理同本地购货，此处不再赘述。

任务三 出口商品收购中其他业务的核算

外贸企业在购进商品的过程中，尽管收到的商品品种、数量、质量大部分同结算单据和购销合同相符，但是也不可避免会发生各种问题，如数量溢缺、质量不符、退补差价以及进货退换等情况。对这些问题，应及时查明原因，明确责任，并根据不同情况做不同的会计处理。

知识点一 购进商品采购费用的处理

外贸企业发生的代购部门的手续费、运费直接作为“销售费用”处理。

例4-8 甲进出口公司通过代购部门从外地农民手中购进某免税农产品50吨，每吨2 300元，代购部门的手续费为4 600元，代垫运杂费3 000元（假设该公司为内销购进某免税农产品）。

单到货未到，根据结算凭证承付货款，应做会计分录如下：

借：商品采购——国产商品采购	112 250	
应交税费——应交增值税（进项税额）	10 350	
贷：银行存款——人民币户		122 600

知识点二 购进商品发生溢余或短缺的处理

外贸企业在购进出口商品时，由于以下某种原因会发生数量上的溢余和短缺情况：

（1）在运输过程中由于商品性质、自然条件和技术设备等关系而发生的自然损耗或溢余，如吸潮增重、干耗减重等。

（2）因供货单位工作疏忽或错误而发生少发或多发商品，或者因运输途中发生事故或差错而造成商品短少或丢失等。

外贸企业除了按实收数量验收入库并将溢缺部分记入“待处理财产损溢”账户外，还必须查明原因，及时处理。如果在运输过程中发生件数短少或商品损坏，应向承运部门索赔；如果属供货单位的问题，则向供货单位索赔（溢余部分应退货或补付货款）；如果属于自然损耗，在定额范围之内的部分，直接作为“销售费用”，超定额部分，按规定权限报批后才能转作“销售费用”；自然升溢做冲减“销售费用”处理。如果购进商品发生的损失为非正常损失（即自然灾害损失、因管理不善造成货物被盗窃、发生霉烂变质等损失），其购进税额不能从销项税额中抵扣，而应列入“应交税费——应交增值税（进项税额转出）”账户的贷方。

例4-9 承例4-8，货到验收入库，发现短缺1.5吨，原因待查。财会部门根据商品入库单和短缺报告单，做会计分录如下：

借：库存商品——库存其他商品——某农产品	108 882.5	
待处理财产损溢	3 678	
贷：商品采购——国产商品采购		112 250
应交税费——应交增值税（进项税额转出）		310.5

其中：108 882.5=112 250÷50×48.5；3 678=112 250−108 882.5+310.5。

经查明，其中1吨系运输部门造成的，应向其索赔，另0.5吨为定额内自然损耗。其会计分录如下：

借：其他应收款——××运输单位	2 452	
销售费用	1 226	
贷：待处理财产损溢		3 678

其中：2 452=3 678÷1.5×1；1 226=3 678÷1.5×0.5。

例4-10 假定例4-9为内销购进某免税农产品，货到验收入库时发生溢余3吨，原因待查，其他条件不变。其会计分录如下：

借：库存商品——库存其他商品——某农产品　　118 985
　贷：商品采购——国产商品采购　　112 250
　　　待处理财产损溢　　6 735

其中：118 985=112 250÷50×53。

经查明，商品溢余原因为自然升溢。其会计分录如下：

借：待处理财产损溢　　6 735
　贷：销售费用　　6 735

知识点三　购进商品退、补价的处理

在商品购进的过程中，有时由于供货单位的价款计算有误或发货时价格尚未确定而按暂定价结算等原因，产生了退、补价款的问题。当实际价格低于原结算价格时，由供货单位退还差价款；当实际价格高于原结算价格时，则由购货单位补付差价款。

发生退、补差价时，一般由供货单位开具发票（退价填制红字发票，补价填制蓝字发票），加盖退价或补价的戳记送外贸购货企业，经业务部门核对无误后，转财会部门办理收款或付款手续。退、补差价只调整库存商品金额，不改变商品数量。如果退、补价的商品已有一部分销售出去，应按这部分商品的退、补差价调整销售成本。

例4-11 甲进出口公司购进A商品300件，每件暂作价100元，增值税税率为13%，已经收货付款入账。现经双方核定每件应为95元，供货单位开来红字退价发票，并退回货款。该种商品有100件已出口销售，库存200件。做会计分录如下：

借：银行存款——人民币户　　1 695
　借：库存商品——库存出口商品——A商品　　1 000
　　　主营业务成本——自营出口　　500
　　　应交税费——应交增值税（进项税额）　　195

假定上例中，双方核定每件商品为105元，供货单位开来蓝字发票，购货外贸企业立即汇出补价货款，其他条件不变。其会计分录如下：

借：库存商品——库存出口商品——A商品　　1 000
　　应交税费——应交增值税（进项税额）　　195
　　主营业务成本——自营出口　　500
　贷：银行存款——人民币户　　1 695

知识点四　拒付货款和拒收商品的处理

一、拒付货款和拒收商品的处理原则

外贸企业在购进出口商品时，经验单或验货，如果发现品种、质量、规格、数量、价格等与合同规定不符，可视情况全部或部分拒收商品、拒付货款，并立即与供货单位协商解决。

全部拒付时，应将全套托收凭证及单据随“拒付理由书”在承付期内退回银行，对已拒付的货款不做账务处理。拒付商品到货后，应单独存放，做好标记，妥善保管，并在“收货单”上加盖“代管商品”戳记；财会部门根据仓库转来的代管商品入库单借记“代管物资”表外账户。拒付商品在代管期间发生的装卸、运输、保管等费用可先由代管单位垫付，由财会部门列专户记录，以后向供货单位收回。如果问题得到解决，将商品退回供货单位时，应填制代管商品出库单，贷记“代管物资”表外账户，并及时收回代垫款项。

部分拒付时，只对不符合规定的商品拒付货款，供货单位代垫的运杂费，可以按适当比例加以拒付。拒付部分的商品按上述处理方法记录，接受部分的商品同一般购进处理。

如果货款已付，在收到商品验收后发现与合同规定不符时，应拒收商品。对拒收的商品做代管物资处理；对已承付的货款，应从“商品采购”账户转入“其他应收款”账户。待双方协商确定处理办法后，财会部门再按具体情况做转账处理。

二、拒付货款和拒收商品的核算

例4-12　甲进出口公司从某供货部门购进玉米 50 吨，每吨 750 元，增值税税率为 9%，收到银行转来托收凭证及商品发票和运费单据，运杂费共计 2 250 元。财会部门验单付款时发现有 4 吨商品规格不符，当即填写“部分拒付理由书”交银行，拒付货款总额为 3 300 元，运杂费为 180 元。

（1）根据“拒付理由书”和商品发票、运费单据，做会计分录如下：

借：商品采购——国产商品采购　　36 570

　　应交税费——应交增值税（进项税额）　　3 105

　贷：银行存款——人民币户　　39 675

其中：3 105=750 × 46 × 9%；36 570=46 × 750+2 250 ÷ 50 × 46。

（2）商品运达验收入库时，接收部分的商品根据入库凭证，做会计分录如下：

借：库存商品——库存出口商品——玉米　　36 570

　贷：商品采购——国产商品采购　　36 570

拒付货款部分的商品，根据代管物资入库单，做表外账户记录如下：

借：代管物资——× × 供货单位玉米 4 吨

知识点五 购进商品退回和调换的处理

一、购货退回的核算

外贸企业在购进出口商品时，应该严格组织验收入库。但是，商品到货大都数量较多，或是原装包装，并附有装箱单、商品检验合格证等，不可能逐一拆包检验。只能是抽查检验和清点数量即收入仓库。如果事后发现商品的品种、规格、型号、质量等与合同规定不符，应该迅速与供货单位协商解决。供货单位同意退货时，直接减少企业的库存商品，然后由供货单位退回货款或调换合格商品。究竟采用哪种方式，由双方协商确定。

例4-13 甲进出口公司经供货单位同意退货 6 000 元，增值税税率为 13%，退货时，应做会计分录如下：

借：应交税费——应交增值税（进项税额）	780	
其他应收款——××供货单位	6 780	
贷：库存商品——库存出口商品——×商品		6 000

供货单位收到退货，汇来货款和退货发票时，应做会计分录如下：

借：银行存款——人民币户	6 780	
贷：其他应收款——××供货单位		6 780

二、购货调换的核算

例4-14 承例 4-13，如果双方协商确定以换货方式解决，供货单位调换商品到货验收后，凭商品入库单入账。做会计分录如下：

借：应交税费——应交增值税（进项税额）	780	
库存商品——库存出口商品——×商品	6 000	
贷：其他应收款——××供货单位		6 780

任务四 自营出口销售业务的核算

知识点一 自营出口销售收入的会计处理原则

自营出口销售是指外贸企业以贸易方式向境外某一国家（或地区）销售自主经营商品的经济活动。在自营出口业务中，外贸企业的经营相对独立，自负盈亏。出口销售收入归出口企业，出口所得外汇收入计入外贸企业出口收汇计划任务中，出口商品的购货成本、与出口业务有关的国内外费用以及佣金支出、理赔、罚款等均由出口企业承担。

自营出口销售的核算范围包括直接出口的商品、转口贸易的商品、进料加工出口和在国外举办展览、展销的展品、样品、小卖品等。

一、自营出口销售收入的确认

（一）销售收入时间的确认

在自营出口销售业务中，只要出口方将货物按合同规定交给第一承运人运交买方，并取得装运单据，就算完成了交货义务，商品所有权发生转移，销售即告成立。具体来说，出口方只要将货物装运并取得正本装运提单，向银行办理完交单，销售即为实现；财会部门只要接到陆运的承运货物收据或铁路联运运单、海运的出口装船提单、空运运单及向银行交单的回单等出口销售凭证，即可在账面上记录销售收入。

（二）销售收入金额的确认

从国际贸易的价格条件来看，采用不同的价格条件，出口销售收入包含的内容也不相同。出口销售收入既包含货款的收入，又包含国外运费、保险费及佣金等。为了合理核算销售收入，使销售收入的核算口径一致，不论是在哪一种价格条件下成交，出口商品的销售收入都以离岸价（FOB）为入账基础。

如是按到岸价（CIF）或运费在内价（CFR）对外成交的，在商品离境后所发生的应由外贸企业负担的以外汇支付的国外运费、保险费、佣金（包括明佣和暗佣）等，以红字冲减销售收入。

二、佣金的支付

佣金是指按价格条件或合同规定应支付给中间商的推销报酬。由于佣金的表示方式不同，可分为明佣、暗佣和累计佣金三种。

（一）明佣

明佣是指在出口销货发票上明确注明价格条件中规定的佣金。采取明佣时，外贸企业根据扣除佣金后的销货净额收取货款，不再另付佣金，但在会计核算上仍要如实反映佣金金额，以红字冲减销售收入。

（二）暗佣

暗佣是指价格条件中没有规定佣金，出口销货发票上只列销货总额，但在合同中规定的佣金。采用暗佣时，外贸企业在根据销货总额确认实现收入的同时，应按发票金额及合同规定的佣金率，计算应付佣金并予以入账，以红字冲减销售收入。暗佣根据具体的支付方式不同，分为汇付和议付两种方式。采用汇付暗佣时，外贸企业根据销货总额收取货款后，再另行申请汇付佣金；采用议付暗佣时，外贸企业在收取的货款总额中将应付佣金直接扣除，无须再另付。

（三）累计佣金

累计佣金是指外贸企业同国外包销、代销客商订立协议，在一定时期内按其销售成绩支付的佣金。由于累计佣金间隔一定时期支付一次，支付时一般不容易具体认定到各种出口商品，在进行会计核算时一般不冲减销售收入，而是作为销售费用处理。如果能够具体认定到各种出口商品，也应以红字冲减销售收入。

三、自营出口会计核算账户设置

自营出口商品销售业务应设置下述主要账户进行核算。

（一）“主营业务收入——自营出口销售收入”账户

“主营业务收入——自营出口销售收入”账户属于损益类账户，核算企业以自营方式出口商品的销售收入。贷方记录企业实现的销售收入和以外汇支付的红字冲减收入的数额；借方记录发生销货退回冲减收入数；期末将余额转入“本年利润”账户。本账户应按照商品类别或品种设置明细账。

（二）“主营业务成本——自营出口销售成本”账户

“主营业务成本——自营出口销售成本”账户属于损益类账户，核算企业自营出口商品的销售成本。借方记录结转出口商品的成本；贷方记录销货退回而转回的成本及取得的退税收入；期末将余额转入“本年利润”账户。本账户应按商品类别或品种设置明细账。

（三）“应收外汇账款”账户

“应收外汇账款”账户属于资产类账户，核算企业因销售商品、提供劳务等业务，应向国外客户收取的外汇款项，还包括以外币结算的利息、进口佣金、进口索赔等其他应收外汇账款。“应收外汇账款”账户采用复币记录，并应按不同的购货单位及接受劳务的单位设置明细账。

（四）“应付外汇账款”账户

“应付外汇账款”账户属于负债类账户，核算企业因购买商品、材料物资和接受劳务供应等而应付给国外客户的进口货款，还包括出口理赔款、出口佣金和运杂费等款项。本账户也采用复币记录，并应按不同客户名称设置明细账。

（五）“待运和发出商品”账户

“待运和发出商品”账户属于资产类账户，核算企业所有运往港口、车站、码头等候装船、装车的出口商品及从仓库发出尚未向银行交单结汇的出口商品。借方记录待运和发出商品的数额；贷方记录取得装运提单、向银行办妥交单结汇和开单结算后结转出口成本、办理退库等的数额。如果等待装运的时间不长，可以不设该账户，在办理交单时直接冲减“库存商品——库存出口商品”账户。

（六）“外汇收入”账户

“外汇收入”账户是表外账户，核算企业出口取得的外汇。贷方记录外汇收入增加数；借方记录冲减的外汇收入额；贷方余额表示取得的外汇净收入。

知识点二 自营出口销售业务的核算

自营出口销售的过程大致分为货物托运及出口、支付国内外费用、结汇并付佣金、预估国外费用、出口销售退回、索赔和理赔等几个方面。

一、货物托运及出口

外贸企业将出口商品从仓库发出，交运输部门装运，取得装运提单后向银行交单，实现商品销售。

例4–15 甲进出口公司以L/C方式向国外乙客户出口A商品500件，每件进价为100元。收到信用证后，业务部门即开出商品出仓凭证，连同出口发票等单证，通过储运部门向外运公司办理托运手续。

财会部门凭出库单做会计分录如下：

借：待运和发出商品——A商品　　50 000

　贷：库存商品——库存出口商品——A商品　　50 000

例4–16 承上例，财会部门收到储运部门送来的有关装运提单及出口销货发票副本，所列销货总额为CIF纽约14 000美元，出口佣金为明佣，按4%计算，向银行办理交单，当日美元汇率为1美元＝6.19元人民币。做会计分录如下：

借：应收外汇账款——乙客户　　83 193.6（US$13 440×6.19）

　贷：主营业务收入——自营出口销售收入——A商品　　86 660

　　　　　　　　——自营出口销售收入——佣金——A商品　　3 466.4（红字）

同时，结转销售成本时，做会计分录如下：

借：主营业务成本——自营出口销售成本——A 商品　　50 000

　贷：待运和发出商品——A 商品　　50 000

如果出口佣金为暗佣，仍按 4% 计算，则销售实现时应做会计分录如下：

借：应收外汇账款——乙客户　　86 660（US$14 000 × 6.19）

　贷：主营业务收入——自营出口销售收入——A 商品　　86 660

同时：

　贷：应付外汇账款——出口佣金　　3 466.4（US$560 × 6.19）

　贷：主营业务收入——自营出口销售收入——佣金——A 商品　　[3 466.4]

二、支付国内外费用

国内费用一般包括商品出仓后的国内运费及外运公司的定额费用和劳务费，以人民币支付，作为销售费用处理；国外费用是指国外运费及保险费，以外币支付，冲减销售收入。

例 4-17 企业收到外运公司转来的 A 商品出仓后的国内费用结算单，共计 500 元，经审核后予以转账支付，做会计分录如下：

借：销售费用　　500

　贷：银行存款——人民币户　　500

例 4-18 企业收到外运公司转来海运运单，国外运费共计 300 美元。当日美元汇率为 1 美元 = 6.2 元人民币，审核后予以支付，应做会计分录如下：

　贷：主营业务收入——自营出口销售收入——A 商品　　[1 860]

　贷：银行存款——美元户　　1 860

同时，做表外分录：

借：外汇收入　　US$300

例 4-19 承例 4-18，按合同规定，上述出口业务应由外贸企业按发票总额的 110% 投保，计收保险费 104.72 美元。当日美元汇率为 1 美元 = 6.19 元人民币，财会部门凭保险公司结算单予以支付，应做会计分录如下：

　贷：主营业务收入——自营出口销售收入——A 商品　　[648.22]

　贷：银行存款——美元户　　648.22

同时，做表外分录：

借：外汇收入　　US$104.72

三、出口关税的计算和核算

出口关税的相关计算公式如下：

应纳出口关税额 = 出口商品完税价格 × 出口关税税率

出口商品完税价格 = 离岸价格（FOB）× 外汇汇率 ÷（1+ 出口关税税率）

如出口货物的成交价格不是FOB价，应将成交价格调整为FOB价。当FOB价不确定时，完税价格由海关估定。

例4-20 甲进出口公司出口铝丝一批，离岸价格为121.5万美元，出口关税税率为20%。当日美元汇率的中间价为6.18元，计算应缴纳的出口关税税额如下：

铝丝完税价格 =121.5×6.18÷（1+20%）=625.725（万元）

应纳出口关税额 =625.725×20%=125.145（万元）=1 251 450（元）

根据计算的结果，做会计分录如下：

借：税金及附加　　1 251 450

　贷：应交税费——应交出口关税　　1 251 450

如为代理出口业务发生的关税额，应由受托的外贸企业代征代缴的，受托的外贸企业收到海关签发的税款缴纳凭证时，应借记“应付账款”账户，贷记“应交税费——应交出口关税”账户。

四、结汇并付佣金

国外进口商将货款通过银行支付给外贸企业时，按照规定企业必须将所得外汇全数结售给外汇指定银行，取得人民币货款。按国家有关规定申请保留一定限额外汇的企业，可将保留的外汇记入“银行存款——外汇存款”账户，其余部分仍应向银行结汇。如果进出口双方采用暗佣汇付方式，还应通过银行对外支付佣金。

例4-21 承例4-16，企业收到银行通知，销售货款已收妥结汇，当日美元汇率为1美元 = 6.2元人民币。财会部门根据银行结汇水单，应做会计分录如下：

借：银行存款——美元户　　83 328

　贷：应收外汇账款——美元户　　83 328（US$13 440×6.2）

同时，做表外分录：

　贷：外汇收入　　US$13 440

如果出口佣金为暗佣，采用汇付时，收回货款及支付佣金的会计分录如下：

借：银行存款——美元户　　86 800

　贷：应收外汇账款——美元户　　86 800（US$14 000×6.2）

同时，做表外分录：

贷：外汇收入　　US$14 000

借：应付外汇账款——出口佣金　　3 472（US$560×6.2）

贷：银行存款——美元户　　3 472

另做表外分录：

借：外汇收入　　US$560

如果进出口双方采用议付佣金，在收回货款时直接扣除佣金，应做会计分录如下：

借：银行存款——美元户　　83 328（US$13 440×6.2）

应付外汇账款——出口佣金　　3 472（US$560×6.2）

贷：应收外汇账款——乙客户　　86 800（US$14 000×6.2）

同时，做表外分录：

贷：外汇收入　　US$13 440

五、预估国外费用

为了正确核算出口成本及盈亏额，在年终决算之前，企业应对由本期负担而尚未支付的国外费用预估入账，记入“应付外汇账款”账户的贷方，并以红字冲减销售收入。

例4-22 年终决算时，查明企业有应付未付国外运费 200 美元，保险费 90 美元，佣金 400 美元，按美元汇率 1 美元＝6.2 元人民币折合入账，应做会计分录如下：

贷：主营业务收入——自营出口销售收入——商品运费　　$\boxed{1\ 240}$

主营业务收入——自营出口销售收入——商品保险费　　$\boxed{558}$

主营业务收入——自营出口销售收入——商品佣金　　$\boxed{2\ 480}$

应付外汇账款——预估国外费用　　4 278（US$690×6.2）

例4-23 承例 4-22，下年初，企业实际支付国外运费 220 美元，保险费 90 美元，佣金 350 美元。支付日美元汇率为 1 美元＝6.2 元人民币，应做会计分录如下：

借：应付外汇账款——预估国外费用　　4 278（US$690×6.2）

贷：银行存款——美元户　　4 092

以前年度损益调整　　186

同时，做表外分录：

借：外汇收入　　US$660

六、出口销售退回

在出口销售业务中，因某种特殊原因可能会发生销货退回的现象。退回的商品可能尚未出关，正在等待装运，也可能已经出关并实现销售，有的甚至已经收回货款。企业应根据不同情况，做不同的处理。退货过程中发生的各项费用，先记入“待处理财产损溢”账户，待查明退货原因后，分别进行结转。企业对退货的处理有多种，可以采取直接退回、换货或就地代销的方式。

（一）退关

商品可能尚未出关，正在等待装运就被退回。举例说明对这种情况的处理。

例4-24 某进出口公司将B商品出库运往港口等待装船，商品进价为20 000元，因特殊原因不能出口，返运回仓库，财会部门根据商品入库单做会计分录为：

借：库存商品——库存出口商品——B商品　　20 000

　　贷：待运和发出商品——B商品　　20 000

（二）退货

出口商品实现销售被退回的，企业应冲转出口销售收入。退货过程中发生的各项费用，先记入“待处理财产损溢”账户，待查明退货原因后，分别进行结转。

例4-25 假定例4-24中的B商品已发运出口，外商验货后发现规格不符，要求退货，外贸企业经确认同意退回，原销货总额为5 000美元，汇率为1美元＝6.2元人民币，佣金为明佣，按3%计算，现收到商品运回的海运提单。

（1）如果外商尚未支付货款，企业财会部门应做会计分录为：

借：主营业务收入——自营出口销售收入——B商品　　31 000

　　　　　　　——自营出口销售收入——佣金——B商品　　930（红字）

　　贷：应收外汇账款——美元户　　30 070（US$4 850×6.2）

同时，冲转销售成本，做会计分录为：

借：待运和发出商品——B商品　　20 000

　　贷：主营业务成本——自营出口销售成本——B商品　　20 000

商品入库后，凭入库单做会计分录如下：

借：库存商品——库存出口商品——B商品　　20 000

　　贷：待运和发出商品——B商品　　20 000

（2）如果外商已支付货款，企业财会部门应做账务处理为：

1）收到海运提单时，冲减销售收入和销售成本，并在商品入库后调增库存，做会计分录为：

借：主营业务收入——自营出口销售收入——B商品　　31 000

——自营出口销售收入——佣金——B 商品 930

贷：应付外汇账款——美元户 30 070（US$4 850×6.2）

冲减销售成本及商品入库的会计处理同上。

2）支付退货价款时，做会计分录为：

借：应付外汇账款 30 070（US$4 850×6.2）

贷：银行存款——美元户 30 070

同时，做表外分录：

借：外汇收入 US$4 850

例4-26 承例 4-25，支付退货而发生的国内运费 500 元，国外费用 2 000 美元，汇率为 1 美元 = 6.2 元人民币，应做会计分录如下：

借：待处理财产损溢 12 900

贷：银行存款——人民币户 500

——美元户 12 400

同时，做表外分录：

借：外汇收入 US$2 000

例4-27 承例 4-25，转销退回商品原国内运费 450 元，国外运保费 2 000 美元（折合人民币 12 400 元），应做会计分录如下：

借：待处理财产损溢 12 850

贷：主营业务收入——自营出口 12 400

销售费用 450

例4-28 承例 4-26 和例 4-27，退货是外贸企业本身责任造成的，经批准做会计分录如下：

借：营业外支出 25 750

贷：待处理财产损溢 25 750

如果退货属供货单位责任或国内运输企业的责任，外贸企业应向其索赔，并转销“待处理财产损溢”账户的记录。其会计分录如下：

借：其他应收款——××单位 25 750

贷：待处理财产损溢 25 750

七、索赔

在对外贸易中，还会发生因国外客户违约，不履行进口合同，致使我方已组织的出口商品不能按约出口，造成积压的情况。在这种情况下，外贸企业业务部门应在合同规定的期限内向外商提出索赔。外商确认赔偿时，应将赔款列入“营业外收入”账户。

例4-29 在某项出口业务中，由于外方不履行合同，我方按规定向外方提出索赔2 000美元，外方确认理赔，当时外汇汇率为1美元＝6.2元人民币，应做会计分录如下：

借：应收外汇账款——美元户　　12 400（US$2 000×6.2）

　贷：营业外收入　　12 400

八、理赔

商品出口销售后，由于外贸企业违约，如商品有质量问题、逾期出运、包装不善或错发货、少发货等原因造成的损失，在合同规定的期限内，国外客商可以提供必要的证明，向外贸企业提出索赔。外贸企业经过确认应予以赔偿的，首先通过“待处理财产损溢”账户反映，然后分清索赔原因与责任，做出相应处理。

如果在投保范围，应由保险公司赔偿；如果属于供货方因质次或少交货物造成的损失，应由供货方负责，外贸企业可以向其追收赔款；如果属于运输部门的责任，由其进行赔偿；如果确系外贸企业造成的损失，必须按规定审批权限报上级批准后，作为企业的损失。

例4-30 甲进出口公司向T国出口A商品100台，每台售价2 000美元，进价为11 000元。商品出口后经外商验收短少1台，向甲公司提出索赔5 000美元，假设外商货款未付，有关业务的账务处理如下：

（1）确认对外理赔，当时汇率为1美元＝6.2元人民币：

借：待处理财产损溢　　31 000

　贷：应收外汇账款——美元户　　31 000（US$5 000×6.2）

（2）调整销售收入和销售成本时：

　贷：主营业务收入——自营出口销售收入——A商品　　[12 400]

　贷：应收外汇账款——美元户　　12 400（US$2 000×6.2）

同时：

借：主营业务成本——自营出口——A商品　　[11 000]

借：待处理财产损溢　　11 000

（3）经查明，短少商品系运输企业丢失，应由其进行赔偿：

借：其他应收款——××运输企业　　42 000

　贷：待处理财产损溢　　42 000

任务五 代理出口业务的核算

知识点一 代理出口业务的含义及特点

一、代理出口业务的含义

代理出口业务是指出口企业代理国内委托方办理对外洽谈、签约、发运、交单及结汇的全过程，或办理对外销售商品及交单、结汇的出口业务。

如只代委托方办理对外成交，而不负责发运及交单、结汇，或只办理发运、加工、整理、改装等部分业务，均不属于代理出口业务。

二、代理出口业务的特点

代理出口业务具有以下特点：

（1）受托、委托双方应事先签订代理出口协议，明确规定经营商品、代理范围、商品交接、储存运输、费用负担、手续费率、外汇划拨、索赔处理、货款结算以及双方有关职责等。

（2）受托企业经办代理出口业务，不垫付商品资金，不负担基本费用，不承担出口销售盈亏，仅收取手续费。

（3）受托企业按出口销货发票的金额及规定的手续费率，向委托方收取手续费，作为经办代理出口业务的管理费用开支和收益。

（4）代理出口商品的出口退税归委托方，一般由受托企业负责去所在地的税务局开立代理出口退税证明，由委托方持证明和出口报关单、出口收汇核销单及代理出口协议副本等文件向当地税务部门办理退税。

知识点二 代理出口业务的类型

目前，代理出口业务有视同买断和收取手续费两种方式。

一、视同买断方式

视同买断方式是指由委托方和受托方签订协议，委托方按协议价收取所代销商品的货款，实际售价（出口价）可由受托方自定，实际售价与协议价之间的差额归受托方所有的销售方式。受托单位销售的委托代销商品收入的实现及账务处理，与本企业商品对外销售收入的实现及账务处理相同。

二、收取手续费方式

收取手续费方式是指受托方根据所代销商品数量向委托方收取手续费的销售方式。在这种代销方式下，委托方应在受托方将商品销售后，并向委托方开具代销清单时，确认收入；受托方在商品销售后，按应收取的手续费确认收入（这里是指企业的主要业务就是代理业务；如果企业的代理业务不是主要业务，其收入应按收取的手续费记入“其他业务收入”账户）。

知识点三 代理出口销售的会计处理

一、账户设置

为反映代理出口销售业务，需要设置以下几个主要账户。

（一）“应付账款”账户

受托方使用“应付账款”账户来核算与委托方之间的结算业务。受托方垫付国内外各种费用以及计算手续费时，借记“应付账款”账户，代理商品出口收入实现时，贷记“应付账款”账户。

（二）“应收外汇账款”账户

受托方使用“应收外汇账款”账户来核算代理商品出口收入业务。受托方代理商品出口收入实现时，借记“应收外汇账款”账户，结汇时，贷记“应收外汇账款”账户。

（三）“其他业务收入”账户

受托方计算的手续费收入，记入“其他业务收入”账户。

（四）“应交税费”账户

受托方根据手续费收入计算的增值税，应记入“应交税费”账户。

（五）“代管物资”账户

“代管物资”账户用来核算受托方收到委托方发来的商品以及对外销售的商品，属于表外账户。

（六）“外汇收入”账户

关于“外汇收入”账户的相关内容前面已介绍，此处不再赘述。

二、入账时间

根据会计制度的相关规定，委托人在向受托方交付委托代销商品时就应该纳入受托方的会计核算和监督之下，但是鉴于对外交易这种特殊的贸易方式，受托方无法对受托代理出口商品进行有效监控，所以在实际操作中，一般在代理出口销售结汇，并与委托方办理结算后入账。

三、代理出口销售外汇货款的结算方法

外贸企业代理出口销售，外汇货款的结算方法有异地收（结）汇法和全额收（结）汇法两种。

（一）异地收（结）汇法

异地收（结）汇法是指受托方向银行交单收汇时，办妥必要手续，由银行在收到外汇货款后，向受托方和委托方分割收（结）汇的方法。银行收到外汇后，扣除应付佣金，将受托方代垫的国内外直接费用和应收取的代理手续费，向受托方办理收（结）汇并将外汇余额直接划拨委托方。

（二）全额收（结）汇法

全额收（结）汇法是指银行在收到外汇时，全额向受托方办理收（结）汇的方法。受托方办理收汇结账后，扣除垫付的国内外直接费用和应收取的代理手续费，将外汇余额通过银行转付委托方。

四、代理出口销售核算举例

对受托方来说，视同买断方式的账务处理与自营出口类似。这里只就收取手续费方式进行举例。

例4-31 甲进出口公司受M工厂的委托代理出口，20×× 年6月发生如下业务：

（1）20×× 年6月6日，收到M工厂发来甲商品，商品总成本为500万元。

做表外分录：

借：代管物资　　5 000 000

（2）6月9日，付国内各种费用10 000元。做会计分录为：

借：应付账款——M工厂　10 000

　贷：银行存款——人民币户　10 000

（3）6月9日，付国外运费和保险费55 000美元，外汇牌价为1美元＝6.2元人民币。做会计分录为：

借：应付账款——M工厂　341 000

　贷：银行存款——美元户　341 000（US$55 000×6.2）

同时，做表外分录：

借：外汇收入　US$55 000

　贷：代管物资　5 000 000

（4）6月12日，甲商品装运出口，向银行交单，外汇牌价为1美元＝6.18元人民币。出口甲商品100 000吨，成交价格为CIF纽约US$100万元，手续费率3%，暗佣2%，佣金为议付。做会计分录为：

借：应收外汇账款——××客户　6 180 000（US$1 000 000×6.18）

　贷：应付账款——M工厂　6 056 400（6 180 000×98%）

　　应付外汇账款——出口佣金　123 600（US$1 000 000×2%×6.18）

（5）6月12日，计算手续费收入和手续费收入应交增值税（税率6%）。做会计分录为：

借：应付账款——M工厂　196 524

　贷：其他业务收入——代购代销收入　185 400（6 180 000×3%）

　　应交税费——应交增值税　11 124

（6）出口货物结汇，外汇牌价为1美元＝6.18元人民币。佣金为议付。做会计分录为：

借：银行存款——美元户　6 056 400（US$1 000 000×98%×6.18）

　应付外汇账款——出口佣金　123 600（US$1 000 000×2%×6.18）

　贷：应收外汇账款——××客户　6 180 000（US$1 000 000×6.18）

如果采用异地结汇法，则：

借：银行存款——美元户　547 524

　应付账款——M工厂　5 508 876

　应付外汇账款——出口佣金　123 600（US$1 000 000×2%×6.18）

　贷：应收外汇账款——美元户　6 180 000（US$1 000 000×6.18）

（7）外贸企业将货款余额转给M工厂。做会计分录为：

借：应付账款——M工厂　5 508 876

　贷：银行存款——美元户　5 508 876

复习思考题

一、单项选择题

1. 出口商品收购主要有（　　）两种方式。

A. 送货制与提货制　　B. 提货制与发货制

C. 直接收购和间接收购　　D. 发货制与送货制

2. 我国核算自营出口销售收入时，是以（　　）价格条件为基础的。

A. CIF　　B. CFR　　C. FOB　　D. FCA

3. 某进出口企业在自营出口外销业务中，由于外商违约发生出口索赔，当外商确认赔偿时，该进出口企业的账务处理应为（　　）。

A. 借记“应收账款”账户，贷记“主营业务收入”账户

B. 借记“应收外汇账款”账户，贷记“营业外收入”账户

C. 借记“其他应收款”账户，贷记“主营业务收入”账户

D. 借记“其他应收款”账户，贷记“营业外收入”账户

二、多项选择题

1. 某自营出口商品所支付的下列费用中，要用红字冲减商品销售收入的有（　　）。

A. 国外运费　　B. 国内运费

C. 国外保险费　　D. 国内保险费

E. 佣金

2. 在自营出口业务中，外贸企业收购出口商品的购货成本包括（　　）。

A. 商品买价　　B. 采购过程中发生的运输费

C. 入库前的挑选整理费　　D. 运输途中发生的合理损耗

E. 采购过程中发生的装卸费

三、判断题

1. 我国规定出口商品的入账价为 FOB 价。（　　）

2. 在自营出口过程中，发生的国内费用一律作为外贸企业的销售费用。（　　）

3. 在代理出口过程中，所发生的国内直接费用、国外费用均由委托方承担，而不应作为受托方的销售费用。（　　）

4. 出口商品的采购成本应包括商品进价和到达购货单位所在地以前的所有费用。（　　）

5. 外贸企业自营出口商品应负责支付或预估的国外运费、保险费和佣金等应冲减销售收入，而不计入商品销售成本。（　　）

6. 代理出口虽由外贸企业对外代办销售业务和制单结汇等工作，但由于委托方承担出

口盈亏责任，因此出口货物增值税款应退给委托企业。(　　)

四、简答题

1. 自营出口销售收入应在什么时候入账？为什么自营出口销售收入一律以FOB价格为核算基础？

2. 在自营出口业务中，不同销售价格条件下的国外费用在账务上怎样处理？

五、业务处理题

甲进出口公司的记账本位币为人民币，对外币交易采用交易日的即期汇率折算。20××年6月份发生的业务如下：

(1) 根据合同规定出口待运A商品一批，计6 500件，每件成本计人民币50元（不含增值税），财务部门接到出仓凭证。

(2) 上列出口A商品发票金额为CIF价US$80 000，交单出口（当日即期汇率为1美元=6.18元人民币）。

(3) 合同规定应付A商品国外中间商2%佣金（当日即期汇率为1美元=6.19元人民币）。

(4) 银行收妥上述A商品外汇，将款项划入甲进出口公司账户（当日即期汇率为1美元=6.2元人民币）。

(5) 支付上列出口A商品运费US$2 500（当日即期汇率为1美元=6.19元人民币）。

(6) 支付上列出口A商品保险费US$600（当日即期汇率为1美元=6.19元人民币）。

要求：根据甲进出口公司20××年6月份所发生的以上业务编制必要的会计分录。

模块五

出口货物退（免）税的核算

学习目标

◆ **知识目标**

◎ 理解出口货物退（免）税。

◎ 熟悉出口货物退（免）税的基本政策。

◎ 掌握出口货物退（免）税应退税金的计算。

◎ 掌握出口货物退（免）税业务的核算方法。

◆ **技能目标**

◎ 能核算出口货物退（免）税税额。

◎ 能办理出口货物退（免）税业务。

◆ **素养目标**

◎ 增强民族品牌意识。

◎ 树立依法纳税、依法节税观念。

案例导入

党的二十大报告在总结新时代十年伟大变革及其所取得的巨大成就时明确指出，共建“一带一路”成为深受欢迎的国际公共产品和国际合作平台。随着“一带一路”不断走向深入，和美服装有限公司的出口订单逐年增多，经营规模不断扩大，出口退税业务工作量加大。大学刚毕业的小张应聘担任公司的外贸会计，主要负责办理出口退税的有关业务。

思考：刚出校门的小张对出口退税业务的办理还不熟悉，为了帮小张顺利完成公司交给的任务，你能给他介绍一下出口退税业务的办理要求吗？

任务一 出口货物退（免）税概述

知识点一 出口货物退（免）税的含义、作用及原则

一、出口货物退（免）税的含义

出口货物退（免）税是国家对报关出口的货物予以退还或免征在国内各生产、流转环节按税法规定已缴纳的增值税和消费税。它是国际贸易中通常采用并为各国普遍接受的一种税收措施，其目的在于鼓励各国出口货物的公平竞争。

我国现行《出口货物退（免）税管理办法》明确规定：出口商自营或委托出口的货物，除另有规定者外，可在货物报关出口并在财务上做销售核算后，凭有关凭证报送所在地国家税务局批准退还或免征增值税、消费税。具体要求如下：

（1）对国家禁止出口的货物（如天然牛黄、麝香、白金等）和国家取消出口退税政策的出口货物（如原油、木材、山羊绒等）属于“另有规定者”不予退税。

（2）出口货物退（免）税的税种明确为增值税和消费税。

（3）出口货物的经营者必须是在商务部及其授权单位批准，并在所在地主管退税业务的税务机关办理退税登记证的企业。

（4）享受出口退（免）税的前提是出口货物报关出口并在财务上已做销售处理，且出具能证明货物已出口、已销售、已结汇、已纳税的凭证，如应提供出口货物的报关单、出口销售发票、出口收汇核销单、增值税专用发票及专用税票（从小规模纳税人购进、购进消费税应税货物以及未纳入增值税防伪税控系统管理的，需提供专用税票）等。

二、出口货物退（免）税的作用

我国对出口货物实行退（免）税，使出口货物以不含税价格进入国际市场，提高了出口货物的竞争能力，调动了出口企业的积极性，促进了我国外贸经济的发展。

（一）鼓励本国货物参与国际市场竞争

对出口货物实行退（免）税，使出口货物以不含税价格进入国际市场，会提高本国产品的竞争能力。出口退税政策可鼓励本国货物参与国际竞争，为各国所采纳，对全球经济一体化具有十分重要的作用。

（二）促进我国对外贸易的发展

出口退税是根据出口货物加工程度的深浅而决定退税的多寡，能促进出口商品结构的优化，出口贸易的质量也会有较大的提高。出口退税政策已成为我国调节出口贸易最重要的手段之一，它对外贸的发展有着不可忽视的作用。

（三）国家调节宏观经济的重要手段

税收是调节国民经济的重要经济杠杆，随着全球经济一体化和中国加入世贸组织，国际贸易迅猛增长，要求税收在市场经济条件下做适时调整，以便有效促进国民经济健康、稳定发展，这是政府宏观经济管理的重要内容。否则，会造成各国出口货物成本的税负不同，各国产品在国际市场上无法公平竞争，同时引起国际贸易纠纷。

综上所述，对外贸易的发展已经渗透国民经济的各个领域，对国民经济发展的推动作用已十分明显，出口退（免）税政策作为宏观调控政策的一个重要内容，对促进对外贸易发展的作用也日显重要。

三、出口货物退（免）税的原则

（一）公平税负原则

公平税负原则，即中央与地方、地方与中央、中资企业与外资企业在税收负担上应公平一致。

（二）属地管理原则

属地管理原则，即企业出口退税在所在地出口退税机关办理申请手续。

（三）零税率原则

零税率是指我国企业生产的出口货物所应缴纳的增值税和消费税为零。即将出口货物所含的增值税和消费税全部退还给出口商，使其用不含税的价格参与国际市场竞争。

（四）宏观调控原则

国家在制定出口货物退（免）税政策时，既要符合出口货物退（免）税的国际惯例，又必须体现国家的经济政策。因此，商务部及各级商务部门积极开展调查研究，及时发现并会同有关部门共同研究解决出口退税机制运行中出现的新情况、新问题，不断完善和落实相关配套措施与办法。

知识点二 出口货物退（免）税的基本政策

一、出口货物退（免）税的税种

出口货物退（免）税的税种包括两种，即增值税和消费税。

二、出口货物退（免）税的企业范围

我国现行享受出口货物退（免）税的出口企业具体有下列八类：

（1）经商务部及其授权单位批准的有进出口经营权的进出口企业，含外贸总公司和到异地设立的经原进出口部和商务部批准的有进出口经营权的独立核算的分支机构。

（2）经商务部及其授权单位批准的有进出口经营权的自营生产企业和生产型集团公司，以及经省级进出口主管部门批准的实行自营进出口权登记制度的国有、集体、私营生产企业。

（3）经商务部及其授权单位批准的有进出口经营权的工贸企业、集生产与贸易为一体的集团贸易公司等。

（4）外商投资企业。

（5）委托进出口企业代理出口的企业。

（6）经国务院批准设立，享有进出口经营权的中外合资企业和合资连锁企业。

（7）特准退还或免征增值税和消费税的企业，如将货物运出境外用于对外承包工程公司、对外承接修理修配业务的企业、远洋运输供应公司等。

（8）高税率货物和贵重货物出口指定退税的企业。

三、货物退税的税率

出口货物的退税率是出口货物的实际退税额与退税计税依据的比例。增值税退税率主要有 13%、9%、6% 等。对出口货物属于应征消费税的货物，其退税率及税额为实际征税率及税额。具体出口货物退税率按国家税务总局制定的《出口货物退税率文库》执行。

四、出口货物的退税地点

出口货物退税地点是出口企业按规定申报退税的所在地，按有关规定，出口退税的地点划分为以下几种情况：

（1）进出口企业自营或委托出口的货物，由进出口企业向其所在地主管出口退税的国税机关申报办理。

（2）生产企业自营或委托出口的货物，报经其主管征税的税务机关审核后，再向其主管出口退税的税务机关申报办理。

（3）两个以上企业联营出口的货物，由报关单上列明的经营单位向其所在地主管出口退税的国税机关申报办理。

（4）进出口企业在异地设立分公司的，总支机构有出口权，分支机构是非独立核算的企业，一律汇总到总支机构所在地办理退税，经商务部及其授权单位批准设立的独立核算的分支机构，且有自营出口权，可以在分支机构所在地申报办理退税。

（5）其他准予退税的出口货物，如外轮供应公司等销售给外轮、远洋国轮而收取外汇的货物等，由企业向所在地主管出口退税的国税机关申报办理退税。

五、现行出口货物退（免）增值税的办法

（一）免、退税

免、退税是指免征最后环节增值部分的应纳税额，并按购进金额计算退还应退税款，主要适用于收购货物出口的外（工）贸企业。

（二）免、抵、退税

实行免、抵、退税管理办法的“免”税，是指对生产企业出口的自产货物和视同出口的自产货物，免征本企业生产、销售环节增值税；“抵”税是指生产企业出口自产货物所消耗的原材料、零部件、燃料、动力等所含应予以退还的进项税额，抵顶内销货物的应纳税额；“退”税是指当生产企业出口的自产货物在当月应抵顶的进项税额大于应纳税额时，对未抵顶完的部分予以退税。免、抵、退税主要适用于自营或委托出口自产货物的生产企业。

（三）免、抵税

对出口环节增值税部分免税，进项税额准予抵扣的部分，在内销货物的应纳税额中抵扣，主要适用于国家列名的钢铁企业销售“以产顶进”钢材。

（四）免税

对出口货物免征增值税和消费税，不能享受抵、退税政策，即只享受免税政策，主要适用于来料加工等贸易形式和出口有单项特殊规定的指定货物。

六、办理出口货物退（免）税涉及的主要凭证资料

出口企业在申报办理出口货物退（免）税时，必须按照出口货物退（免）税政策的有

关规定，向税务机关附送有关退（免）税的真实、有效的凭证。主要凭证包括增值税专用发票、出口货物报关单（出口退税联）、出口收汇核销单（出口退税专用）、出口货物销售发票、出口货物销售明细账和税务机关要求报送的其他凭证资料。

（一）增值税专用发票

出口企业购进货物时从供货方取得的增值税专用发票，既是购销凭证，又是计算增值税退（免）税的主要凭证。除另有规定外，出口企业只有凭有效的、合法的增值税进项发票（抵扣联），才能申报出口退（免）税，退税机关审核无误后，按规定凭增值税专用发票（抵扣联）计算应退（免）税额。

对于遗失增值税专用发票的，国家税务总局下发的《关于外贸企业丢失增值税专用发票抵扣联出口退税有关问题的通知》（国税函〔2010〕162号），区分两类情况对该问题进行了明确。

1. 发票联与抵扣联全部丢失

对于外贸企业丢失已开具增值税专用发票发票联和抵扣联的，在增值税专用发票认证相符后，可凭增值税专用发票记账联复印件及销售方所在地主管税务机关出具的《丢失增值税专用发票已报税证明单》，经购买方主管税务机关审核同意后，向主管出口退税的税务机关申报出口退税。

2. 有发票联但抵扣联丢失

对于外贸企业只丢失已开具增值税专用发票抵扣联的，在增值税专用发票认证相符后，可凭增值税专用发票发票联复印件向主管出口退（免）税的税务机关申报出口退税。

由于小规模纳税人仅能开具普通发票，进出口企业从小规模纳税人购进出口货物时，除国家特准按普通发票给予退税的12类产品外，其余出口货物应由供货企业向其主管税务机关提出申请，由税务机关为其代开增值税专用发票，交进出口企业，凭以退（免）税。

（二）出口货物报关单

出口货物报关单是指经海关审查，对出口货物放行离境的一种书面证明。报关单是货物出口与否的基本证明，是划分企业申报货物出口销售还是国内销售的重要依据，是申报出口退（免）税时的主要凭证之一。

根据出口货物报关单各栏目的填制要求，以及出口退税审查内容的需要，进出口企业的出口货物报关单如下项目要填列齐全，有些项目必须与其他需要提供的凭证的内容一致：预录入编号、海关编号、出口口岸、出口日期、经营单位及编码、提（运）单号、运抵国（地区）、商品编号、商品名称、规格型号、数量、计量单位、单价总价、币制。

企业遗失出口货物报关单，必须在报关出口后6个月内向海关提出补办申请，逾期海关不予受理。企业向海关申请补办时，需出具主管出口退税的税务机关签发的补办出口报关单证明。

（三）出口收汇核销单（出口退税专用）

出口收汇核销单是由国家外汇管理局制发，出口单位凭以向海关出口报关、向外汇指定银行办理出口收汇、向外汇管理局办理出口收汇核销、向税务机关办理出口退税申报的有统一编号及使用期限的凭证。

1. 出口收汇核销单的基本规定

（1）出口收汇核销单为三联式，第一联为企业存根联，第二联为外汇管理局存根联，第三联为出口退税专用联。未经外汇管理局核销，第二联和第三联不得自行撕开。

（2）出口收汇核销单由企业向外汇管理局领取并根据出口货物情况先进行填写并盖章，然后由报关出口的海关根据出口货物情况进行审核并加盖“出口货物验讫”章骑缝印，最后由当地外汇管理局凭银行结汇水单核销收汇情况，并加盖“已核销”章。

（3）出口单位在使用出口收汇核销单前，必须在出口收汇核销单的存根联和出口退税专用联上“出口单位名称”处加盖该出口单位的公章，如实、准确、齐全填写有关栏目，并与出口货物报关单上记载的有关内容一致。

（4）外汇管理局在按规定办理完收汇核销手续后，将已核销的净收汇额填在退税联上签字并加盖“已核销”章；部分收汇核销的，外汇管理局仅做部分收汇的核销，填注核销净余额，不办理出口退税专用联的签发手续，等收汇全部核销后再办理出口退税专用联的签发手续。核销中发现有违反出口收汇核销规定的，外汇管理局应在对该出口单位进行处理及纠正其错误后，再办理出口退税专用联的签章手续。

外汇管理局将出口收汇核销单的电子数据整理汇集后传输给退税机关，退税机关对企业申报的核销单进行核对。

（5）对于预计收款日期超过报关单日期 180 天以上（含 180 天）的远期收汇，出口单位应在报关前凭远期出口合同、出口收汇核销单向外汇管理局备案，并应在出口收汇核销单的“收汇方式”栏注明远期天数。凡未向外汇管理局备案的，一律视为即期出口收汇。

（6）出口单位不论是自营出口还是代理出口，均应使用本单位所领的出口收汇核销单办理出口报关。

（7）出口单位在向税务机关申报出口退税和办理“代理出口货物证明”时，必须逐票附上对应的出口收汇核销单（出口退税专用），税务机关审核无误后予以办理出口退税和签发“代理出口货物证明”。对各省、自治区、直辖市及计划单列市进出口主管部门批准的报关出口后在 180 天以上结汇的出口货物，凭批准文件可延期在一年内提供出口收汇核销单（出口退税专用）。

2. 出口收汇核销单（出口退税专用）的丢失及补办

（1）出口单位未用于报关出口的空白核销单遗失后，出口单位应当在一个工作日内在

“中国电子口岸出口收汇系统”进行挂失。如因未及时挂失造成经济损失或导致违规行为，责任由企业自负。

（2）已用于报关出口、未办理核销手续的核销单遗失，出口单位应当凭核销单以外的其他核销凭证向所在地外汇管理局提出核销单退税专用联挂失及补办申请。外汇管理局应当审核出口单位提供的核销凭证无误后，通过“中国电子口岸出口收汇系统”对核销单退税专用联进行挂失处理，并在为出口单位办理核销后，于三个工作日内为其签发“出口收汇核销单退税专用联补办证明”。

（3）已办理核销手续后遗失核销单退税专用联的，出口单位应当凭税务部门签发的退税情况证明向外汇管理局提出核销单退税专用联挂失、补办申请。对税务部门证明未退税的，外汇管理局在“中国电子口岸出口收汇系统”进行挂失处理后，于三个工作日内为出口单位签发“出口收汇核销单退税专用联补办证明”。

3. 退运、退货的处理

出口单位报关后因故退运时，须先向外汇管理局备案，外汇管理局应在有关出口收汇核销单“核销情况”栏内填注意见并加盖“监督收汇”章。海关凭此及其他证明给有关出口单位办理退运手续，并在有关出口报关单和出口收汇核销单上加盖“验讫”章后退给出口单位。出口单位必须在一个月内将上述单据退外汇管理局，外汇管理局凭此注销该核销单。

出口单位出口后因故退货时，外汇管理局凭海关出具的有关该批货物的复进口证明办理该核销单的注销手续。

（四）出口货物销售发票

出口货物销售发票是进出口企业在出口货物过程中开具的收款凭证，它是购销双方财务收支的原始凭证。

出口货物销售发票在退税上具有代替出口货物销售明细账的作用，所以，一般在申报出口退税时，退税机关要求进出口企业报送出口货物销售发票以作为退税凭证。

（五）出口货物销售明细账

进出口企业货物的销售必须单独设账，在生产、经营过程中既有内销又有外销的，必须在明细账上将内销收入和外销收入分开记载。出口货物销售明细账一般采用多栏式账，外销收入应以离岸价（FOB）为入账依据。

（六）其他凭证资料

1. 代理出口货物证明

代理出口货物证明由受托方填写并经主管退税机关签章后交受托方，由受托方转交委托方。代理出口协议约定由受托方收汇核销的，税务机关必须在外汇管理局办完外汇核销手续后，方能签发代理出口货物证明，并在代理出口货物证明上注明“收汇已核销”字样。

申请办理代理出口货物证明时，应提供的证件资料有：

（1）关于申请出具代理出口货物证明的报告。

（2）代理出口协议（合同）副本及复印件。

（3）出口货物报关单（出口退税联）。

（4）出口收汇核销单（出口退税专用）（协议约定由受托方收汇核销时需提供）。

（5）加盖受托方公章或财务专用章的“代理出口销售收入账”或“代购代销收入账”复印件。

（6）委托方营业执照复印件。

（7）主管退税部门要求提供的其他资料。

出口企业将代理出口的货物与其他出口货物一并报关出口或收汇核销的，还应附送出口货物报关单或出口收汇核销单原件和复印件各一份。

委托方在申请办理退（免）税时需提供的凭证资料有：

（1）代理出口货物证明。

（2）出口货物报关单（出口退税联）。

（3）出口收汇核销单（出口退税专用），协议规定由受托方收汇核销的除外。

（4）代出口协议（合同）副本。

（5）出口货物销售明细账。

受托方将代理出口的货物与其他货物一并报关或收汇核销的，委托方申请退税时必须提供经受托方主管退税机关签章后的出口货物报关单（出口退税联）或出口货物收汇核销单（出口退税专用）复印件。

受托方或委托方遗失代理出口货物证明需补办的，应由委托方先向其主管退税机关申请办理代理出口未退税证明。在申请办理代理出口未退税证明时，应提供以下资料：

（1）关于申请出具代理出口未退税证明的报告。

（2）受托方主管退税机关已加盖“已办理出口货物证明”戳记的出口货物报关单（出口退税联）。

（3）出口收汇核销单（出口退税专用）。

（4）代理出口协议（合同）副本及复印件。

（5）税务机关要求提供的其他资料。

2. 进料加工贸易申请表

进料加工贸易申请表是税务机关对出口企业销售“进料加工”进口料件的应纳增值税不计征入库的凭证。出口企业以“进料加工”贸易方式减税进口原材料、零部件转售给其他企业加工时，应先提交“进料加工贸易申报表”，报经主管出口退税的税务机关同意签章后再将此申报表报送主管其征税的税务机关。开具增值税专用发票时可按规定税率计算注明销售料件的税额，主管出口企业征税的税务机关据此对这部分销售料件的销售发票上所注明的应缴税额不计征入库，而由主管退税的税务机关在出口企业办理出口退税时凭此表在退税额中抵扣。

进料加工贸易申请表的申办程序为：

（1）企业持对外签订的贸易合同，到进出口主管部门办理加工贸易批准证。

（2）持进口料件清单、加工贸易批准证、海关核发的进料加工登记手册到其主管退税机关申报办理备案签章手续。

（3）主管退税机关将进口料件备案清单的资料录入计算机。

（4）在核实电子信息、审核申报的凭证资料准确无误后，出具证明。

申请开具进料加工贸易申请表时应提供的凭证资料有：

（1）进料加工登记手册复印件。

（2）进口货物报关单（进料加工专用）。

（3）进口合同。

（4）销售进口料件的增值税专用发票（抵扣联）复印件。

（5）海关代征进口料件增值税、消费税完税凭证复印件。

其中，生产企业申请开具进料加工贸易申请表时应提供的凭证为：

（1）进料加工登记手册复印件。

（2）进口货物报关单（进料加工专用）。

（3）进口合同。

（4）进口材料明细复印件。

（5）海关代征进口料件增值税、消费税完税凭证复印件。

其中，外商投资企业申请开具进料加工贸易申请表时应提供的凭证为：

（1）进料加工登记手册复印件。

（2）进口货物报关单（进料加工专用）。

（3）进口合同。

（4）海关代征增值税、消费税完税凭证复印件。

除了上述两种凭证资料外，还有出口退税货物进货凭证申报明细表、出口退税申报明细表、出口退税汇总申报表，以及主管出口退税的税务机关要求附送或提供的其他退税凭证资料。实行电子化管理且自行录入的出口企业，还需报送申报软盘。

（七）生产企业免、抵、退税申报应提供的资料

1. 办理增值税纳税及免、抵税应提供的资料

生产企业向主管征税的征税部门办理增值税纳税及免、抵税申报时，应提供以下资料：

（1）增值税纳税申报表及其规定的附表。

（2）退税部门确认的上期生产企业出口货物免、抵、退税申报汇总表。

（3）税务机关要求的其他资料。

2. 办理免、抵、退税申报应提供的资料

生产企业向主管退税的退税部门办理免、抵、退税申报时，应提供以下资料：

（1）生产企业出口货物免、抵、退税申报汇总表。

（2）生产企业出口货物免、抵、退税申报明细表。

（3）经征税部门审核签章的当期增值税纳税申报表。

（4）有进料加工出口业务的还应填报：生产企业进料加工登记申报表，生产企业进料加工进口料件申报明细表，生产企业进料加工海关登记手册核销申请表，生产企业进料加工贸易免税证明。

（5）装订成册的报表及原始凭证：生产企业出口货物免、抵、退税申报明细表，与进料加工业务有关的报表，加盖海关验讫章的出口货物报关单（出口退税专用），经外汇管理部门签章的出口收汇核销单（出口退税专用）或有关部门出具的中远期收汇证明，代理出口货物证明，企业签章的出口发票，主管退税部门要求提供的其他资料。

国内生产企业中标销售的机电产品申报免、抵、退税时，除提供上述申报表外，还应提供以下资料：

（1）招标单位所在地主管税务机关签发的中标证明通知书。

（2）由中国招标公司或其他国内招标组织签发的中标证明（正本）。

（3）中标人与中国招标公司或其他招标组织签订的供货合同（协议）。

（4）中标人按照标书规定及供货合同向用户发货的发货单。

（5）销售中标机电产品的普通发票或外销发票。

（6）中标机电产品用户收货清单。

（7）国外企业中标再分包给国内生产企业供应的机电产品，还应提供与中标人签署的分包合同（协议）。

七、出口退（免）税的日常管理

（一）出口企业退（免）税认定管理

对外贸易经营者按《中华人民共和国对外贸易法》和商务部《对外贸易经营者备案登记办法》的规定办理备案登记后，没有出口经营资格的生产企业委托出口自产货物（含视同自产产品），应分别在备案登记、代理出口协议签定之日起30日内持有关资料，填写《出口货物退（免）税认定表》，到所在地税务机关办理出口货物退（免）税认定手续。特定退（免）税的企业和人员办理出口货物退（免）税认定手续按国家有关规定执行。

已办理出口货物退（免）税认定的出口商，其认定内容发生变化的，须自有关管理机关批准变更之日起30日内，持相关证件向税务机关申请办理出口货物退（免）税认定变更手续。

出口商发生解散、破产、撤销以及其他依法应终止出口货物退（免）税事项的，应持相关证件、资料向税务机关办理出口货物退（免）税注销认定。

对申请注销认定的出口商，税务机关应先结清其出口货物退（免）税款，再按规定办理注销手续。

（二）出口退（免）税的申报期限

自2020年1月起，纳税人向主管税务机关申报办理出口货物增值税免抵退税及消费税退税不再受退税申报期限的限定。

纳税人出口货物劳务、发生跨境应税行为，未在规定期限内申报出口退（免）税或者开具《代理出口货物证明》的，在收齐退（免）税凭证及相关电子信息后，即可申报办理出口退（免）税；未在规定期限内收汇或者办理不能收汇手续的，在收汇或者办理不能收回手续后，即可申报办理退（免）税。

任务二　一般贸易出口货物退（免）税的核算

知识点一　商业、外贸进出口企业出口货物退（免）税的核算

一、应退增值税的核算

（一）从一般纳税人购入出口货物退税的核算

1. 库存商品成本和销售成本单独确认的核算

进出口企业的进出口货物凡单独设立库存账和销售账的，当其货物出口销售后，依其购入货物的增值税专用发票（抵扣联）和税收（出口货物专用）缴款书所注明的进项税额计算退税额，进项税额与退税额之差计入企业成本。计算公式为：

应退税额＝增值税发票货物价值 × 退税率

应计入成本税额＝增值税发票进项税额－应退税额

例5-1　某进出口公司于20×× 年11月出口美国管件一批，出口离岸价为10万美元，报关出口当日美元对人民币汇率为1∶6.2。从国内某管件厂购进该货物的增值税专用发票上列明不含税价格为50万元，增值税税率为13%，退税率为9%。购销款均已通过银行存款收付。编制的会计分录如下：

（1）购入管件时：

借：商品采购——出口管件　　　　500 000

应交税费——应交增值税（进项税额）　　65 000
　贷：银行存款　　565 000

（2）管件验收入库时：

借：库存商品——出口管件　　500 000
　贷：商品采购——出口管件　　500 000

（3）收到外销款时：

借：银行存款——美元户　　620 000（US\$100 000×6.2）
　贷：主营业务收入　　620 000

（4）结转销售成本时：

借：主营业务成本　　500 000
　贷：库存商品——出口管件　　500 000

（5）确认应退税款时：

应退税额 =50×9%=4.5（万元）

借：应收出口退税款　　45 000
　贷：应交税费——应交增值税（出口退税）　　45 000

（6）确认应计入成本的税额时：

应计入成本的税额 =50×13%−4.5=2（万元）

借：主营业务成本　　20 000
　贷：应交税费——应交增值税（进项税额转出）　　20 000

（7）收到出口退税款时：

借：银行存款　　45 000
　贷：应收出口退税款　　45 000

2. 库存商品成本和销售成本采用加权平均价格的核算

对出口货物采用加权平均价格核算的企业，应按出口货物的数量与加权平均购进单价计算应退税额，进项税额与退税额之差计入企业成本。计算公式为：

应退税额 = 出口货物数量 × 加权平均购进单价 × 退税率

例5-2　某进出口企业库存和销售均采用加权平均价格核算。该企业甲商品12月初结余500件，单价12元；5日购入200件，单价13元；20日购入300件，单价15元；25日出口800件。增值税税率为13%，假定退税率为9%。

甲商品平均单价 =（500×12+200×13+300×15）÷（500+200+300）=13.1（元）

应退税额 = 800×13.1×9%=943.2（元）

应计入成本的税额 = 800×13.1×（13%−9%）=419.2（元）

编制的会计分录如下：

（1）申报退税时：

借：应收出口退税款　　943.2

贷：应交税费——应交增值税（出口退税）　　943.2

（2）确认应计入成本的税额时：

借：主营业务成本　　419.2

贷：应交税费——应交增值税（进项税额转出）　　419.2

（3）收到出口退税款时：

借：银行存款　　943.2

贷：应收出口退税款　　943.2

（二）从小规模纳税人购入出口货物退税的核算

凡从小规模纳税人购进持普通发票特准退税出口货物（抽纱、工艺品等12类出口货物），同样实行出口免税并退税的办法。由于小规模纳税人使用的是普通发票，其销售额和应纳税额没有单独计价，小规模纳税人应纳的增值税也是价外计征的，因此，必须将合并定价的销售额先换算成不含税价格，然后据以计算出口货物退税额。其计算公式为：

应退税额＝普通发票所列销售金额（含增值税）÷（1+征收率）×退税率

凡从小规模纳税人购进税务机关代开的增值税专用发票的出口货物，按以下公式计算退税额：

应退税额＝增值税专用发票注明的金额×退税率

例5-3　某进出口公司20××年11月从小规模纳税人购进特准退税的出口货物全部出口，普通发票注明含税金额6 180元；购进另一小规模纳税人甲产品一批全部出口，取得税务机关代开的增值税专用发票，发票注明不含税金额5 000元。适用的退税率为3%。账务处理如下：

（1）申报退税时：

应退税额＝[6 180÷（1+3%）]×3%+5 000×3%=330（元）

借：应收出口退税款　　330

贷：应交税费——应交增值税（出口退税）　　330

（2）收到退税款时：

借：银行存款　　330

贷：应收出口退税款　　330

例5-4　某外贸企业为增值税一般纳税人。20××年10月在国内采购了相关设计研发服务，支付采购金额150万元，增值税9万元。在出口业务中提供了相应的设计研发服务，取得价款 180 万元（换算为人民币价格）。已知设计研发服务适用的退税率为 6%。账务处理如下：

（1）申报退税时：

借：应收出口退税款　　90 000

　　贷：应交税费——应交增值税（出口退税）　　90 000

（2）收到退税款时：

借：银行存款　　90 000

　　贷：应收出口退税款　　90 000

二、应退消费税的核算

进出口企业收购应税消费品出口，除退还其已缴纳的增值税外，还应退还其已缴纳的消费税，消费税的退税办法分别依据消费税的征税办法确定，即退还该消费品在生产环节实际缴纳的消费税，应退还的消费税款冲减企业的销售成本。计算公式分别为：

实行从价定率征收办法：

应退税额 = 购进出口货物的进货金额 × 消费税税率

实行从量定额征收办法：

应退税额 = 出口货物数量 × 单位税额

例 5-5 某进出口企业购入化妆品一批，增值税专用发票上注明价款为 200 000 元，消费税税率为 15%。该企业将其全部出口。账务处理如下：

（1）申请退税时：

应退消费税 =200 000×15%=30 000（元）

借：应收出口退税款　　30 000

　　贷：主营业务成本　　30 000

（2）收到退税款时：

借：银行存款　　30 000

　　贷：应收出口退税款　　30 000

三、将已申报退税的出口货物转内销时的出口退税处理

企业将已申报退税的出口货物转内销时，需在进货申报表上填写需转内销的购进货物的税收（出口货物专用）缴款书号码，用负数填写需转内销的数量、金额等，向主管退税机关申请办理出口货物转内销证明。主管退税机关根据出口退税审核系统中该笔货物进项结余情况和企业申请转内销的数量、金额等情况出具证明，同时，根据出口货物转内销证

明上的数据及时扣减出口退税审核系统中相应的进项结余。

知识点二 自营出口生产企业退（免）税的核算

一、应退增值税的核算

生产企业自营或委托外贸企业代理出口（以下简称生产企业出口）自产货物，除另有规定外，增值税实行免、抵、退税管理办法。小规模纳税人出口自产货物仍实行免征增值税的办法。

（一）免、抵、退税的计算方法

1. 当期应纳税额的计算

当期应纳税额的计算公式为：

当期应纳税额＝当期内销货物的销项税额－（当期进项税额－当期免、抵、退税不得免征和抵扣额）－上期留抵税额

其中：

当期免、抵、退税不得免征和抵扣额＝出口货物离岸价×外汇人民币牌价×（出口货物征税率－出口货物退税率）－免、抵、退税不得免征和抵扣额抵减额

出口货物离岸价以出口发票计算的离岸价为准。出口发票不能如实反映实际离岸价的，企业必须按照实际离岸价向主管税务机关申报，同时主管税务机关有权依照相关法规予以核定。计算公式为：

免、抵、退税不得免征和抵扣额抵减额＝免税购进原材料价格×（出口货物征税率－出口货物退税率）

免税购进原材料，包括从国内购进免税原材料和进料加工免税进口料件，其中进料加工免税进口料件的价格为组成计税价格。其计算公式为：

进料加工免税进口料件的组成计税价格＝货物到岸价＋海关实征关税和消费税

综合上述公式，我们可以得到：

当期免、抵、退税不得免征和抵扣额＝（出口货物离岸价×外汇人民币牌价－免税购进原材料价格）×（出口货物征税率－出口货物退税率）

从该公式可以看出，在免、抵、退税的计算过程中，之所以出现免、抵、退税不得免征和抵扣税额，根源在于出口货物的征税税率和退税税率是不一致的。

2. 免、抵、退税额的计算

免、抵、退税额的计算公式为：

免、抵、退税额 = 出口货物离岸价 × 外汇人民币牌价 × 出口货物退税率 − 免、抵、退税额抵减额

其中：

免、抵、退税额抵减额 = 免税购进原材料 × 出口货物退税率

公式中计算的“免、抵、退税额”就是名义应退税额或者免、抵、退制度下的可抵顶进项税额。公式中最后一个减项“免、抵、退税额抵减额”的含义是，免税购进的原材料本身是不含进项税额的，所以在计算免、抵、退税额时就不应该退还这部分原本不存在的税额，因此要通过计算剔除。

综合上述公式，我们可以得到：

免、抵、退税额 =（出口货物离岸价 × 外汇人民币牌价 − 免税购进原材料）× 出口货物退税率

如当期没有免税购进原料价格，“免、抵、退税不得免征和抵扣额”“免、抵、退税额抵减额”就不用计算。

3. 当期应退税额和免、抵、退税额的计算

（1）如果当期期末留抵税额≤当期免、抵、退税额，则：

当期应退税额 = 当期期末留抵税额

当期免抵税额 = 当期免、抵、退税额 − 当期应退税额

（2）如果当期期末留抵税额＞当期免、抵、退税额，则：

当期应退税额 = 当期免、抵、退税额

当期免抵税额 =0

当期期末留抵税额根据当期增值税纳税申报表中的“期末留抵税额”确定。

（二）免、抵、退税的账务处理

对于实行免、抵、退税办法的生产企业，应当在“应交税费——应交增值税”明细账下设置如下与退税有关的专栏：

（1）“出口抵减内销产品应纳税额”借方专栏，核算当期免抵税额。

（2）“出口退税”贷方专栏，核算企业应免抵和应退的税额。

另外，以“进项税额转出”贷方专栏核算“当期免、抵、退税不得免征和抵扣税额”；应收的增值税出口退税在“应收出口退税款”中核算，不计入企业的收入，不计入企业的应纳税所得额，不征收企业所得税。

具体核算步骤如下：

（1）货物出口并确认收入实现时，根据出口销售额（离岸价）做如下会计处理：

借：应收账款（或银行存款等）

　　贷：主营业务收入（或其他业务收入等）

（2）月末根据《免抵退税汇总申报表》中计算出的“当期免、抵、退税不予免征和抵

扣税额”做如下会计处理：

借：主营业务成本

　贷：应交税费——应交增值税（进项税额转出）

（3）月末根据《免抵退税汇总申报表》中计算出的“应退税额”做如下会计处理：

借：应收出口退税款

　贷：应交税费——应交增值税（出口退税）

（4）月末根据《免抵退税汇总申报表》中计算出的“免抵税额”做如下会计处理：

借：应交税费——应交增值税（出口抵减内销产品应纳税额）

　贷：应交税费——应交增值税（出口退税）

（5）收到出口退税款时，做如下会计处理：

借：银行存款

　贷：应收出口退税款

通过上述核算可知，“出口退税”贷方专栏核算的是“当期免、抵、税额”与“当期应退税额”之和，即税法中规定的“当期免、抵、退税额”（即出口销售额 × 退税率）。

例5-6 某自营出口生产企业为增值税一般纳税人，20×× 年 11 月的有关经营业务如下：

（1）购进原材料一批，取得的增值税专用发票注明的价款为 200 万元，外购货物准予抵扣的进项税额 26 万元通过认证。货款已付。

（2）内销货物不含税销售额为 100 万元，收款 113 万元存入银行。

（3）出口货物的销售额折合人民币 200 万元，款项已收到。

已知：10 月末留抵税款 3 万元；出口货物适用的增值税税率为 13%，退税率为 13%。账务处理如下：

（1）购进原材料时：

借：原材料	2 000 000	
应交税费——应交增值税（进项税额）	260 000	
贷：银行存款		2 260 000

（2）国内销售货物时：

借：银行存款	1 130 000	
贷：主营业务收入		1 000 000
应交税费——应交增值税（销项税额）		130 000

（3）收到出口销货款时：

借：银行存款	2 000 000	
贷：主营业务收入		2 000 000

（4）申报办理出口退税时：

出口货物的增值税税率和出口退税率均为 13%，11 月份免、抵、退税不得免征和抵扣税额为 0 万元。

11 月份应纳税额 =100×13%-（26-0）-3=13-26-3=-16（万元）

出口货物免、抵、退税额 =200×13%=26（万元）

按规定，如当期期末留抵税额≤当期免、抵、退税额：

当期应退税额 = 当期期末留抵税额

即该企业 11 月份应退税额为 16 万元。

当期免抵税额 = 当期免、抵、退税额 - 当期应退税额

11 月份免抵税额 =26-16=10（万元）

1）“应退税额”的账务处理：

借：应收出口退税款　　160 000

　　贷：应交税费——应交增值税（出口退税）　　160 000

2）“免抵税额”的账务处理：

借：应交税费——应交增值税（出口抵减内销产品应纳税额）　　100 000

　　贷：应交税费——应交增值税（出口退税）　　100 000

上述处理情况用 T 形账户表示，见图 5-1。

应交税费——应交增值税

月初进项税额	30 000	内销货物销项税额	130 000
本月进项税额	260 000		
借方余额	160 000		
出口抵减内销产品应纳税额	100 000	出口退税（实际）	160 000
		出口退税（免抵）	100 000
借方余额	0		

图 5-1　T 形账户

例 5-7　国内某设计公司为增值税一般纳税人。该公司在 20×× 年 10 月 5 日向境外机构提供一项设计服务，取得收入 400 万元（换算为人民币价格），另外取得国内设计服务收入 1 000 万元，当期国内业务销项税额为 60 万元。当月购进用于设计的材料、设备等 500 万元，进项税额 65 万元。已知设计服务适用的增值税税率为 6%，适用出口退税率为 6%。

账务处理如下：

（1）购进原材料、设备时：

借：原材料等　　5 000 000

　　应交税费——应交增值税（进项税额）　　650 000

　　贷：银行存款　　5 650 000

（2）国内销售货物时：

借：银行存款　　10 600 000

　贷：主营业务收入　　10 000 000

　　应交税费——应交增值税（销项税额）　　600 000

（3）收到出口销货款时：

借：银行存款　　4 000 000

　贷：主营业务收入　　4 000 000

（4）申报办理出口退税时：

该公司设计服务适用的增值税税率和出口退税率都是6%，所以10月份免、抵、退税不得免征和抵扣税额为0万元。

10月份应纳税额=1 000×6%−65=60−65=−5（万元）

出口货物免、抵、退税额=400×6%=24（万元）

因当期期末留抵税额5万元≤当期免、抵、退税额24万元，故当期应退税额=当期期末留抵税额，即该企业10月份应退税额5万元。

当期免抵税额=当期免、抵、退税额－当期应退税额

10月份免抵税额=24−5=19（万元）

1）"应退税额"的账务处理：

借：应收出口退税款　　50 000

　贷：应交税费——应交增值税（出口退税）　　50 000

2）"免抵税额"的账务处理：

借：应交税费——应交增值税（出口抵减内销产品应纳税额）　　190 000

　贷：应交税费——应交增值税（出口退税）　　190 000

二、应退消费税的核算

生产企业直接出口自产的属于应征消费税的产品，实行直接免征消费税办法的，可不计算应缴消费税。因而，也就无须进行消费税的会计处理。生产企业委托外贸企业代理出口应税消费品，应由生产企业先计算缴纳消费税，待外贸企业办理报关出口后再向税务机关申请退税，所退税款应由外贸企业退还给生产企业。

委托外贸企业代理出口应税消费品的生产企业，应在将应税消费品移交外贸企业时计算消费税，按应交消费税税额借记"应收账款"科目，贷记"应交税费——应交消费税"科目；实际向税务机关缴纳消费税时，借记"应交税费——应交消费税"科目，贷记"银行存款"科目。应税消费品出口后收到外贸企业退回的消费税金时，借记"银行存款"科目，贷记"应收账款"科目。

例5-8　某生产企业委托外贸企业代理出口摩托车，经计算应缴纳消费税30 000元。编制分录如下：

计算消费税时：

借：应收账款　　30 000

　贷：应交税费——应交消费税　　30 000

收到退税款时：

借：银行存款　　30 000

　贷：应收账款——应收出口退税　　30 000

如果小规模纳税人自营和委托出口货物，出口销售的本道环节一律免征增值税、消费税，不予办理抵扣或退税。

知识点三　生产企业代理出口退（免）税的规定

委托外贸企业代理出口的货物，一律在委托方退（免）税。生产企业（包括1993年12月31日以后批准设立的外商投资企业，下同）委托进出口企业代理出口的自产货物（含扩散产品、协作生产产品及国家规定的高税率、贵重产品）和进出口企业委托进出口企业代理出口的货物可给予退（免）税，其他企业委托出口的货物不予退（免）税。

委托方在申请办理退（免）税时，必须提供下列凭证资料：

（1）代理出口货物证明。

（2）受托方代理出口的出口货物报关单（出口退税联）。受托方将代理出口的货物与其他货物一笔报关出口的，委托方必须提供出口货物报关单（出口退税联）复印件。

（3）出口收汇核销单（出口退税专用）。代理出口协议约定由受托方收汇的，委托方必须提供受托方的出口收汇核销单（出口退税专用）。受托方将代理出口的货物与其他货物一笔销售给外商的，委托方必须提供出口收汇核销单（出口退税专用）复印件。

（4）代理出口协议副本。

生产企业委托进出口企业代理出口的自产货物，其出口退税的核算参见“自营出口生产企业退（免）税的核算”。

进出口企业委托其他进出口企业代理出口的货物，其出口退税的核算参见“商业、外贸进出口企业出口货物退（免）税的核算”。

复习思考题

一、单项选择题

1. 一般外贸企业出口退税产品适用的退税政策为（　　）。

A. 免税　　B. 免退税　　C. 免、抵、退　　D. 免抵不退

2. 对于出口消费税应税产品的生产性公司，可以享受的消费税退税政策为（　　）。

A. 免税　　B. 免退税　　C. 免、抵、退　　D. 免抵不退

3. 企业申报出口货物退（免）税的地点一般在（　　）。

A. 出口地税务机关　　B. 购货地税务机关

C. 就近的税务机关　　D. 企业所在地税务机关

4. 生产企业出口货物必须以（　　）为计税依据计算“免、抵、退”税额。

A. 离岸价　　B. 出厂价　　C. 到岸价　　D. 组成计税价格

二、多项选择题

1. 根据我国现行税制的规定，我国出口货物退（免）税的税种是（　　）。

A. 增值税　　B. 消费税　　C. 城市维护建设税　　D. 印花税

2. 出口货物退（免）税的原则包括（　　）。

A. 公平税负原则　　B. 属地管理原则

C. 零税率原则　　D. 宏观调控原则

三、判断题

1. “不得免征或抵扣税额”的产生是由出口货物的征退税率存在差异造成的。（　　）

2. 外贸企业和生产企业在计算出口退税时，都是根据进货的不含税价与退税率之积来求得。（　　）

3. 零税率就是对所有的出口货物免税。（　　）

四、简答题

1. 出口货物退（免）税的含义是什么？

2. 生产企业“免、抵、退”管理办法中的“免、抵、退”的含义是什么？

五、业务处理题

1. 某外贸出口企业20××年8月出口货物取得销售收入200万美元，在国内购进货物取得防伪税控开具的增值税专用发票，注明金额为175万元，增值税税额22.75万元，并通过主管税务机关认证。出口退税税率为13%。美元对人民币的汇率为1:6.2。

要求： 计算当期出口货物应退税额并进行相应的会计处理。

2. 某进出口公司购进粮食白酒 1 吨，不含税价 4 万元，全部出口。

要求： 试计算该公司应退的消费税税额（粮食白酒消费税比例税率为 20%，定额税率为 0.5 元 / 500 克），并进行相应的会计处理。

3. 某生产企业为增值税一般纳税人，20×× 年 8 月外购原材料取得防伪税控开具的增值税专用发票，注明进项税额 160 万元，并通过主管税务机关认证。当月内销货物取得不含税销售额 150 万元，外销货物取得销售收入 120 万美元（美元对人民币的汇率为 1∶6.2），假定该企业适用增值税税率为 13%，出口退税税率为 9%。

要求： 计算该企业 8 月免、抵、退税额（上期留抵税额 10 万元，出口单证已收齐）。

4. 某生产企业（增值税一般纳税人）有出口经营权，20×× 年 8 月外销货收入为 100 万美元，当月内销收入为 150 万元，当月进项税额为 70 万元，通过主管税务机关认证。美元对人民币的汇率为 1∶6.2，该企业适用的增值税税率为 13%，出口退税税率为 13%。

要求： 计算该企业当期应退税额并进行相应的会计处理。

模块六

进口业务的核算

学习目标

◆ 知识目标

◎ 理解进口业务程序。

◎ 理解进口业务的会计核算对象。

◎ 理解代理进口业务会计核算的特点。

◎ 掌握进口业务单证及付款方式、进口业务会计主要账户设置。

◆ 技能目标

◎ 掌握自营进口业务会计核算。

◎ 掌握代理进口业务会计核算。

◎ 掌握易货贸易业务会计核算。

◆ 素养目标

◎ 培养良好的职业判断能力。

◎ 强化严谨求实的职业素养。

案例导入

党的二十大报告指出，江山就是人民，人民就是江山。通过扩大优质产品和服务进口，满足人民多层次多样化消费需求，提升人民生活品质，不断增强人民群众的获得感和幸福感。甲进出口公司 20×× 年 6 月 20 日进口服装一批，到岸价格为 68 000 元，关税税率为 50%，另外支付国内运杂费 2 400 元，其中运费发票金额 2 000 元，保险费、装卸费等 400 元，款项均以银行存款支付。

思考：该进口商品采购成本是多少？如何进行相关的账务处理？

任务一 进口商品经营业务概述

知识点一 进口商品经营业务的意义

进口商品经营业务，简称进口业务或进口贸易，是指外贸企业以外汇在国际市场上采购国内生产和人民生活所需商品的业务。

进口业务也是外贸企业基本业务的重要组成部分。进口贸易与出口贸易两者是相辅相成、相互制约的。通过进口先进技术、先进的生产设备及国内紧缺的原材料和燃料，可以提升我国的科技水平、生产能力和国际竞争力；通过进口国内短缺的生活资料，可提高人民的生活水平；同时还可以促进我国出口贸易的增长，扩大我国与世界各国的经济往来范围，以达到互通有无、共同发展的目的。

知识点二 进口业务的种类

一、自营进口业务

（一）自营进口业务的含义

自营进口业务是指外贸企业自己经营进口贸易并自负进口盈亏的业务。

自营进口业务由外贸进出口公司和工贸公司或其他有经营进口业务权利的单位自行向国外购买货物，其盈亏分别列入中央或地方预算。凡商务部所属各进出口公司经营的商品，由该部归口办理；凡国务院各部委所属工贸进出口公司经营的商品，由各部委归口办理；属于地方经营的进口商品，其盈亏由地方负责办理。自营进口通常要进行盈亏核算。

（二）自营进口商品盈亏核算内容

自营进口商品盈亏核算的内容包括进口商品的进价成本、流通费用和进口销售收入的计算，从而求出进口盈亏。进口成本包括进价成本和流通费用，其计算公式为：

进口成本 = 进价成本 + 流通费用 = 进价外汇支出 × 外汇牌价 + 流通费用

对内结算的销售价格是按《中华人民共和国海关审定进口货物完税价格办法》（海关总署令第 213 号）的规定办理，即国家有统一牌价的进口商品按牌价作价；没有牌价的参考国内同类商品牌价，按质论价；没有牌价也没有同类商品牌价的，按进口成本加适当利润协商作价。

自营进口商品盈亏率核算的计算公式为：

进口盈亏率 = 进口盈亏额 ÷ 进口成本 ×100%

此外，还要计算进口美元赚（赔）额。它是指每使用 1 美元经营进口商品后，所赚得或亏损的人民币的金额，其计算公式为：

进口美元赚（赔）额 = 进口盈（亏）额（人民币）÷ 进口支付美元金额

= 人民币金额 /1 美元

二、代理进口业务

代理进口业务是指外贸企业代理国内委托单位与外商签订进口贸易合同，并负责对外履行合同的业务。对该项业务，外贸企业仅收取一定比例的手续费。

代理进口业务会计核算的最大特点是代理企业处于中介服务地位，它纯粹是接受其他企业委托，以订立代理合同形式进口。由于代理进口不垫付资金，代理进口所发生的费用，一般由委托方负担境内外直接费用，受托方承担包括开证费在内的间接费用，不承担盈亏，所以，代理进口业务一般用应收、应付处理。

三、易货贸易业务

易货贸易业务是指由贸易双方订立易货贸易合同或协议，在一定期限内，用一种或几种商品交换另一种或几种进口商品的业务。易货贸易业务是贸易双方将进口与出口结合起来进行商品交换并自负盈亏的业务。

易货贸易是指在买卖双方之间进行的货物或劳务等值或基本等值的直接交换，不涉及现金的收付，也没有第三者介入。在采用易货贸易方式交易时，买卖双方当事人以一份易货合同，确定交易商品的价值，以及作为交换的商品或劳务的种类、规格、数量等内容。在实际业务中，使用较多的是通过对开信用证的方式进行易货，即由交易双方先签订易货合同，规定各自的出口商品均按约定价格以信用证方式付款。先开立的信用证以收到、认可对方开出的等值或基本等值的信用证为生效条件。为了减少交易商品以及用于交换的商品和劳务可能的价格波动所造成的影响，一般的易货贸易均为一次性交易，并且合同履约期较短。

通过易货贸易，交易双方可以在不增加外汇支出的情况下，以商品或劳务换回本国所需的各种物资，从而促进本国经济的发展和改善本国的贸易平衡状态。另外，国家间签订的换货清算协定实际上也是扩大了的易货方式。根据协定规定，任何一方的进口或出口，由双方政府的指定银行将货值记账，在一定时期内互相抵冲结算，其差额有的规定结转下一年度，有的规定以现汇支付超过约定摆动额部分的差额。

任务二 自营进口业务

知识点一 自营进口业务的程序与单据的审核

一、自营进口业务的程序

（一）交易前的准备

（1）进口商品审批。我国规定，一切进口货物都须经过有关政府部门的审查批准。有关国计民生的大宗敏感性重要进口商品，以及限制进口的某些机电仪器产品，均须经国家级主管部门审批；国际市场上相对集中、价格敏感或国内紧缺的重要物质，由中央分配各地方一定的进口额度，由地方主管部门审批；一般商品均由地方主管部门审批。进口商品的单位根据国家的进口计划或经省、自治区、直辖市政府主管部门批准的进口计划提出订货申请书，即填写进口订货卡片。

（2）制定进口商品经营方案或价格方案。

（3）在对国外市场和外商资信情况调查研究的基础上，经过货比三家，选择适当的采购市场和供货对象。

（二）进口交易磋商和合同订立

进口交易的磋商是签订和履行进口合同的基础，是国际购买货物的完整交易程序的不可缺少的重要组成部分。进口交易的磋商包括磋商的方式、内容和程序三个方面。

1. 进口交易磋商的方式

进口交易磋商的方式：一是书面洽谈方式，如采用信件、电报、电传、传真等通信方式来洽谈交易；二是口头洽谈方式，如请外商来国内面谈或参加广交会、国际博览会等，另外还包括双方通过国际长途电话进行的交易磋商；三是行为表示的方式，如在拍卖市场上的拍卖、购进活动等。

2. 进口交易磋商的内容

进口交易磋商的内容，主要是就购进某种商品的各项交易条件，如针对商品的品质、数量、包装、价格、装运、支付、索赔、仲裁等进行协商。由于许多老客户之间事先已就“一般交易条件”达成协议或形成了一些习惯做法，或者已签订长期的贸易协议等原因，每笔交易就不一定需要对各项条款一一重新协商。

3. 进口交易磋商的程序

进口交易磋商的一般程序包括询盘、发盘、还盘和接受四个环节。其中，发盘和接受是达成交易的必备环节和法律步骤。

（1）询盘。

询盘是交易的一方向另一方询问买或卖某种商品或某几种商品的各项交易条件，这种口头或书面的表示，即为询盘。询盘对询盘人没有约束力，但外贸企业在询盘时仍要注意策略。一是询盘的对象既不能过窄，也不能过宽。过窄难以了解国外市场情况，过宽则会引起市场价格波动。二是询盘的内容既要能使客户进行工作，提供报盘资料，又要防止过早透露采购数量、价格等意图，被客户摸到底细。在书面洽谈的交易方式中，询盘还应注明编号以加速国外复电、复函的传递，并说明应报货价的种类和价格条件，并且对于商品的品种、规格、型号、技术要求务尽其详，以免进口商品不符合要求。

（2）发盘。

发盘是指交易的一方向另一方提出购买或出售某种商品的各项交易条件，并表示愿意按这些条件与对方达成交易、订立合同的行为。根据《联合国国际货物销售合同公约》（以下简称《公约》）的解释，构成一项发盘应具备以下三个条件：

第一，向一个或一个以上的特定人发出。比如出口商为招揽用货单位而向一些国外客户寄发的商品目录、报价单、价目表或刊登的商品广告等，都不是发盘。

第二，表明发盘人的订约意图和受其约束。这是指发盘人向受盘人表示，在得到有效接受时，双方即可按发盘的内容订立合同。发盘中通常都规定有效期，作为发盘人受约束和受盘人接受的有效时限。在有效期内，一般不得反悔或更改发盘条件。但发盘亦可因撤回而未能生效或因拒绝、还盘、撤销、法律实施、过期等失效。

第三，内容必须十分确定。发盘内容应该是完整的、明确的和终局的。“完整”是指货物的各种主要交易条件完备。“明确”是指主要交易条件不能用含糊不清、模棱两可的词句。“终局”是指发盘人只能按发盘条件与受盘人订立合同，而无其他保留或限制性条款。

在经过对数个发盘的审核和比价之后，就可以有针对性地还盘。

（3）还盘。

还盘是指受盘人收到发盘后，经过比价，对发盘的内容不同意或不完全同意，为了进一步洽商交易，向发盘人提出修改建议或新的限制性条件的口头或书面表示。在我国的进口业务中，外贸企业一经还盘，原发盘即失去效力，发盘人不再受其约束，一项还盘等于是受盘人向发盘人提出的一项新的发盘。

还盘可以是还价，也可以是改变其他交易条件，如改变支付条件、改变贸易术语、提高佣金和折扣等，使各种交易条件对外贸企业更有利。

（4）接受。

接受是指受盘人无条件地同意发盘人在发盘中提出的各项交易条件，并同意按照这些条件订立合同的一种肯定表示。这在我国法律上称为承诺。根据《公约》的规定，一项有效的接受必须具备下列条件：

第一，接受必须由受盘人做出。

第二，接受的内容必须与发盘相符。

第三，接受必须以一定的方式表示出来。《公约》规定："受盘人声明或做出其行为表示同意一项发盘，即为接受；沉默或不行为本身不等于接受。"

第四，接受通知必须在发盘有效期内送达发盘人。

在磋商成功的基础上，外贸企业就可以与国外出口商正式签订书面合同。

（三）进口合同的履行

履行进口合同的主要环节是：开立信用证、租船订舱和装运、保险、审单和付汇、报关和接货、验收和拨交、进口索赔。

1. 开立信用证

进口合同签订后，按照合同规定填写开立信用证申请书，向中国银行办理开证手续。信用证的内容应与合同条款一致，例如品质、规格、数量、价格、交货期、装货期、装运条件及装运单据等，应以合同为依据，并在信用证中做出规定。

信用证的开证时间，应按合同规定办理。如合同规定在卖方确定交货期后开证，买方应在接到卖方上述通知后开证；如合同规定在卖方领到出口许可证并支付履约保证金后开证，应在收到对方已领到许可证的通知，或银行转知保证金已照收后开证。

2. 租船订舱和装运

FOB 价格条件下的进口合同，租船订舱应由买方负责。目前，买方进口货物的租船订舱工作统一委托外运公司办理。如合同规定，卖方在交货前一定时期内应将预计装船日期通知买方。买方在接到上述通知后，应及时向外运公司办理租船订舱手续。在办妥租船订舱手续后，买方应按规定的期限通知对方船名及船期，以便对方备货装船。同时，买方还应随时了解和掌握卖方备货和装船前的准备工作情况，注意催促对方按时装运。对数量大的物资的进口，如有必要亦可请买方驻外机构就地了解、督促，或派员前往出口地点检验监督。

国外装船后，卖方应按合同规定的内容，用电报通知买方以便买方办理保险和接货等手续。

3. 保险

FOB 或 CFR 价格条件下的进口合同，保险由买方办理。凡是进口货物由买方进出口公司委托中国对外贸易运输公司办理，并由外运公司同中国人民保险公司签订预约保险合同，其中对各种货物应保的险别做了具体规定。按照预约保险合同的规定，所有按 FOB 及 CFR 条件进口货物的保险，都由中国人民保险公司承保。因此，每批进口货物，在收到国外装船通知后，将船名、提单号、开船日期、商品名称、数量、装运港、目的港等项内容通知保险公司，即已办妥保险手续。

4. 审单和付汇

中国银行收到国外寄来的汇票及单据后，对照信用证的规定，核对单据的份数和内容。如内容无误，由中国银行对国外付款。同时，进出口公司用人民币按照国家规定的有关折算的牌价向中国银行买汇赎单。进出口公司凭中国银行出具的“付款通知书”向用货部门进行结算。如审核国外单据发现证单不符，要立即处理，要求对方改正，或停止对外付款。

审单要点包括以下几项：

（1）审核单据的品名、规格、数量、金额、签字等内容是否符合要求。

（2）审核单据的种类和份数是否齐全。

（3）审核单据上的装运港、卸货港、目的港、装运期等是否与规定相符。

对“不符点”的处理：

不符性质严重：可拒绝接受单据并拒付全部货款。

不符性质不太严重：部分付款、部分拒付；货到检验合格付款；凭担保付款；更正单据后付款。

5. 报关和接货

进口货物到货后，由进出口公司或委托外运公司根据进口单据填写“进口货物报关单”向海关申报，并随附发票、提单及保险单。如属于法定检验的进口商品，还须随附商品检验证书。货、证经海关查验无误，才能放行。

进口货物运达港口卸货时，港务局要进行卸货核对。如发现短缺，应及时填制“短卸报告”交由船方签认，并根据短缺情况向船方留索赔权的书面声明。卸货时如发现残损，货物应存放于海关指定仓库，待保险公司会同商检局检验后做出处理。

6. 验收和拨交

进口货物须经商检局进行检验。如有残损、短缺，凭商检局出具的证书对外索赔。对于合同规定在卸货港检验的货物，或已发现残损、短缺、有异状的货物，或合同规定的索赔期即将期满的货物等，都需要在港口进行检验。

在办完上述手续后，进出口公司委托中国对外贸易运输公司提取货物并拨交给订货部门，外运公司以“进口物资代运发货通知书”通知订货部门在目的地办理收货手续。同时通知进出口公司代运手续已办理完毕。如订货部门不在港口，所有关税及运往内地费用由外运公司向进出口公司结算后，进出口公司再向订货部门结算货款。

7. 进口索赔

买方常因进口商品品质、数量、包装等不符合合同的规定，而需向有关方面提出索赔。根据造成损失原因的不同，进口索赔的对象主要有三个方面：

（1）向卖方索赔。

凡属下列情况者，均可向卖方索赔：原装数量不足；货物的品质、规格与合同规定不符；包装不良致使货物受损；未按期交货或拒不交货等。

（2）向轮船公司索赔。

凡属下列情况者，均可向轮船公司索赔：原装数量少于提单所载数量；提单是清洁提单，而货物有残缺情况，且属于船方过失所致；货物所受的损失，根据租船合约，有关款项应由船方负责等。

（3）向保险公司索赔。

凡属下列情况者，均可向保险公司索赔：由于自然灾害、意外事故或运输中其他事故的发生致使货物受损，并且属于承保险别范围以内的；凡轮船公司不予赔偿或赔偿金额不足抵补损失的部分，并且属于承保范围内的。

（四）对内销售与结算

外贸企业收到运输公司船舶到港通知及全套单据后，应根据合同向国内客户开出发票，办理结算。

二、进口单据的审核

在国际贸易中，主要是采取信用证结算方式。外贸企业进口商品往往是凭单付款的，即外贸企业收到银行转来出口商的全套结算单据后，就要付款赎单，这就形成了一种单据买卖。因此外贸企业收到银行转来的全套结算单据时，先要根据进口合同和信用证的有关条款检查单据的种类、份数是否完整，然后审核单据的内容。审核的单据主要有商业发票、提货单、保险单、商检证书、装箱单、产地证书。

知识点二 自营进口业务的核算

一、自营进口商品采购成本的构成

自营进口商品采购成本以到岸价为基础。

自营进口商品的采购成本由国外进价、进口税金和国内运费三部分构成。用公式表示为：

自营进口商品的采购成本＝CIF价（到岸价）＋税金（进口关税、进口消费税）
－收到的进口佣金＋国内运费

或　自营进口商品的采购成本＝（FOB价＋国外运、保费－收到的进口佣金＋税金）
＋国内运费

自营进口商品的采购成本＝（CFR价＋国外保费－收到的进口佣金＋税金）
＋国内运费

（一）国外进价

国外进价一律以 CIF 价格为基础，如果以 FOB 价格或 CFR 价格成交的，应由外贸企业负担的国外运费和保险费或保险费均应作为商品的国外进价入账。外贸企业收到的能够直接认定的进口商品佣金，应冲减商品的国外进价。对于难以按商品直接认定的佣金，如累计佣金，则只能冲减“销售费用”账户。

（二）进口税金

计入进口商品采购成本的进口税金包括关税和消费税，不包括增值税。计算公式如下：

进口关税 = 关税完税价格（CIF）× 适用税率

消费税 =（CIF 价 + 关税）÷（1− 消费税税率）× 消费税税率

增值税 =（CIF 价 + 关税 + 消费税）× 税率

如果报关前收到进口商品佣金，进口关税完税价格要减进口商品佣金。计算公式如下：

进口关税 = 关税完税价格（CIF 价 − 佣金）× 适用税率

消费税 =（CIF 价 − 佣金 + 关税）÷（1− 消费税税率）× 消费税税率

增值税 =（CIF 价 − 佣金 + 关税 + 消费税）× 税率

（三）国内运费

根据现行会计准则的要求，可以将在采购过程中发生的运输费、装卸费等费用按照合理的分配办法计入存货成本。

二、自营进口商品购进的核算

（一）开设账户

进行自营进口商品购进的核算应开设的账户包括“商品采购——进口商品采购”账户、“库存商品——库存进口商品”账户、“应交税费”账户。

（二）核算举例

例 6–1　甲进出口公司从日本进口彩电 200 台，国外进价为 160 000 美元（FOB）。

（1）接到银行转来的国外单据，经审核无误支付国外货款，当日美元对人民币牌价为 1∶6.18。做会计分录为：

借：商品采购——进口商品采购　　988 800

　贷：银行存款——美元户　　988 800（US$160 000 × 6.18）

（2）根据有关运保费结算清单和付款凭证支付上批进口彩电国外运保费 10 000 美元。当日美元对人民币牌价为 1∶6.19。做会计分录为：

借：商品采购——进口商品采购　　61 900

　贷：银行存款——美元户　　61 900（US$10 000×6.19）

（3）收到进口佣金 8 200 美元，当日美元对人民币牌价为 1∶6.19。做会计分录为：

借：银行存款——美元户　　50 758（US$8 200×6.19）

借：商品采购——进口商品采购　　[50 758]

（4）计算确定缴纳进口关税 199 988.40 元，消费税 133 325.60 元（关税税率为 20%，消费税税率为 10%）。相关计算及会计分录为：

进口关税＝关税完税价格 × 适用税率＝（988 800+61 900−50 758）×20%

＝199 988.40（元）

消费税＝（关税完税价格＋关税）÷（1− 消费税税率）× 消费税税率

＝（988 800+61 900−50 758+199 988.40）÷（1−10%）×10%

＝133 325.60（元）

借：商品采购——进口商品采购　　333 314

　贷：应交税费——应交进口关税　　199 988.40

　　　　　　——应交进口消费税　　133 325.60

（5）缴纳税款（关税、消费税及增值税）时，做会计分录为：

增值税＝（关税完税价格＋关税＋消费税）× 税率

＝（988 800+61 900−50 758+199 988.40+133 325.60）×13%

＝1 333 256×13%

＝173 323.28（元）

借：应交税费——应交进口关税　　199 988.40

　　　　　——应交进口消费税　　133 325.60

　　　　　——应交增值税（进项税额）　　173 323.28

　贷：银行存款——人民币户　　506 637.28

（6）支付进口彩电港务费 12 000 元，外运劳务费 8 700 元。做会计分录为：

借：商品采购——进口商品采购　　20 700

　贷：银行存款——人民币户　　20 700

（7）进口彩电到货，验收入库。做会计分录为：

借：库存商品——库存进口商品　　1 353 956

　贷：商品采购——进口商品采购　　1 353 956

三、自营进口商品销售的核算

（一）自营进口商品销售的结算方式

自营进口商品销售是指从国外进口的商品在国内进行销售的经济业务。根据货款结算时间的不同，可分为单到结算、货到结算和出库结算三种方式。

1. 购销合一（单到结算、货到结算）

（1）单到结算。

单到结算是以收到国外进口单据的时间作为向订货单位办理货款结算的时间的结算方式。若购销合同规定实行单到结算的，销售方凭国外账单向订货单位开出的结算凭证确认收入的实现。单到结算具有以下两个特点：第一，进口商品的采购和销售几乎同时进行，进口商品一般不需要入库，因而，在核算上不用“库存商品”账户来反映进口商品的进销存情况。第二，以收到国外进口单据的时间确认销售收入的实现。

1）当销售方对外支付进口商品货款时，做如下会计分录：

借：商品采购——进口商品采购

　贷：银行存款——外币存款

2）当销售方与国内订货单位办理国内货款结算，体现销售收入时，做如下会计分录：

借：应收账款——国内某订货单位

　贷：主营业务收入——自营进口销售收入

　　　应交税费——应交增值税（销项税额）

3）向海关申报应纳进口关税时，做如下会计分录：

借：商品采购——进口商品采购

　贷：应交税费——应交进口关税

4）结转进口商品的销售成本时，做如下会计分录：

借：主营业务成本——自营进口销售成本

　贷：商品采购——进口商品采购

5）收到销售款项时，做如下会计分录：

借：银行存款——人民币户

　贷：应收账款——国内某订货单位

6）缴纳进口关税和增值税时，做如下会计分录：

借：应交税费——应交进口关税

　　　　　　——应交增值税（进项税额）

　贷：银行存款——人民币户

（2）货到结算。

货到结算是指由海运进口的商品，当货船到达我国港口，取得外运公司的船舶到港通知后，凭船舶到港通知单按国内同类产品的价格开出进口销售发票，向订货单位办理货款结算的方式。货到结算具有以下两个特点：第一，进口商品的采购和销售几乎同时进行，进口商品一般不需要入库，因而，在核算上不用“库存商品”账户来反映进口商品的进销存情况。第二，以货物到达港口并取得到港通知的时间确认销售收入的实现。

具体的账务处理方法与单到结算的方法相同。

2. 购销分离（出库结算）

出库结算是指外贸企业的进口商品到货后，先验收入库，出库销售时，根据销售发票办理结算，以确定销售收入的实现。

（1）当销售方对外支付进口商品货款时，做如下会计分录：

借：商品采购——进口商品采购

　贷：银行存款——外币存款

（2）向海关申报应纳进口关税时，做如下会计分录：

借：商品采购——进口商品采购

　贷：应交税费——应交进口关税

（3）进口商品验收入库时，做如下会计分录：

借：库存商品——库存进口商品

　贷：商品采购——进口商品采购

（4）当销售方与国内订货单位办理国内货款结算，体现销售收入时，做如下会计分录：

借：应收账款——国内某订货单位

　贷：主营业务收入——自营进口销售收入

　　应交税费——应交增值税（销项税额）

同时结转进口商品的销售成本，做如下会计分录：

借：主营业务成本——自营进口销售成本

　贷：库存商品——库存进口商品

（5）收到销售款项时，做如下会计分录：

借：银行存款——人民币户

　贷：应收账款——国内某订货单位

（6）缴纳进口关税和增值税时，做如下会计分录：

借：应交税费——应交进口关税

　　　　——应交增值税（进项税额）

　贷：银行存款——人民币户

（二）开设账户

进行自营进口商品销售的核算应开设的账户包括“主营业务收入——自营进口销售收入”账户、“主营业务成本——自营进口销售成本”账户。

（三）核算举例

例6-2　甲进出口公司从纽约进口材料一批，共100吨，合同规定FOB价纽约港口每吨50美元，关税税率为10%，增值税税率为13%，对内销售每吨800元（不含税），国外运费和保险费共计100美元，美元对人民币的汇率为1∶6.18。

单到结算的核算方法如下：

（1）接到银行转来的国外单据，支付货款。做会计分录为：

借：商品采购——进口商品采购　　30 900

　贷：银行存款——美元户　　30 900（US\$50×100×6.18）

（2）同时向国内用户办理货款结算。做会计分录为：

借：应收账款——某单位　　90 400

　贷：主营业务收入——自营进口销售收入　　80 000

　　　应交税费——应交增值税（销项税额）　　10 400

（3）支付国外运保费。做会计分录为：

借：商品采购——进口商品采购　　618

　贷：银行存款——美元户　　618（US\$100×6.18）

（4）货到口岸，计算应纳进口税金。做会计分录为：

借：商品采购——进口商品采购　　3 151.80

　贷：应交税费——应交进口关税　　3 151.80

借：应交税费——应交增值税（进项税额）　　4 507.07

　　　　　　——应交进口关税　　3 151.80

　贷：银行存款——人民币户　　7 658.87

其中：4 507.07=（30 900+618+3 151.80）×13%=34 669.80×13%。

（5）结转进口成本。做会计分录为：

借：主营业务成本——自营进口销售成本　　34 669.80

　贷：商品采购——进口商品采购　　34 669.80

货到结算的核算方法同上。

出库结算的核算方法如下：

（1）收到银行转来的国外单据，支付货款。做会计分录为：

借：商品采购——进口商品采购　　30 900

　贷：银行存款——美元户　　30 900（US\$50×100×6.18）

（2）支付国外运保费。做会计分录为：

借：商品采购——进口商品采购　　618

　贷：银行存款——美元户　　618（US\$100×6.18）

（3）货到口岸，计算应纳进口税金。做会计分录为：

借：商品采购——进口商品采购　　3 151.80
　贷：应交税费——应交进口关税　　3 151.80
借：应交税费——应交增值税（进项税额）　　4 507.07
　　　　　　——应交进口关税　　3 151.80
　贷：银行存款——人民币户　　7 658.87

（4）商品验收入库。做会计分录为：
借：库存商品——库存进口商品　　34 669.80
　贷：商品采购——进口商品采购　　34 669.80

（5）向国内用户办理货款结算。做会计分录为：
借：应收账款——某单位　　90 400
　贷：主营业务收入——自营进口销售收入　　80 000
　　　应交税费——应交增值税（销项税额）　　10 400

（6）结转进口成本。做会计分录为：
借：主营业务成本——自营进口销售成本　　34 669.80
　贷：库存商品——库存进口商品　　34 669.80

四、自营进口商品销售其他业务的核算

（一）销售退回的核算

自营进口商品销售采取单到结算方式。在银行转来国外全套结算单据时，在进行商品购进核算的同时，又进行了商品销售的核算。然后，在商品运达我国港口后，若发现商品的质量与合同规定严重不符，外贸企业可根据商检部门出具的商品检验证明书，按照合同规定与国外出口商联系，将商品退回给进口商，收回货款及进口费用和退货费用，然后向国内客户办理退货手续。

例6-3 承例6-2，甲进出口公司从纽约进口材料一批，共100吨，运到时，商检局出具了商品检验证明书，证明该批材料为不合格产品，经与出口商联系后，对方同意退货。

（1）9月10日，购汇垫付退还100吨进口材料国外运费、保险费100美元，当日美元对人民币汇率为1∶6.18。会计分录如下：

借：应收外汇账款——美元户　　618（US$100×6.18）
　贷：银行存款——美元户　　618（US$100×6.18）

（2）9月10日，将100吨进口材料做进货退出处理，并向税务部门申请退还已支付的进口关税。会计分录如下：

借：应收外汇账款——美元户　　31 518（US$5 100×6.18）
　　应交税费——应交进口关税　　3 151.80
　贷：主营业务成本——自营进口销售成本　　34 669.80

（3）9月10日，同时做销货退回处理，开出红字专用发票，应退回对内销售货款80 000元，增值税税额10 400元。会计分录如下：

借：主营业务收入——自营进口销售收入　　80 000
　　应交税费——应交增值税（销项税额）　　10 400
　贷：应收账款——某单位　　90 400

（4）9月24日，收到纽约××公司退回的货款及垫付费用5 200美元，当日美元对人民币汇率为1 : 6.17，收到银行转来结汇水单。会计分录如下：

借：银行存款——美元户　　32 084（US$5 200×6.17）
　贷：应收外汇账款——美元户　　32 084（US$5 200×6.17）

（5）9月30日，收到税务机关退还进口关税3 151.80元和增值税4 507.07元。会计分录如下：

借：银行存款——人民币户　　7 658.87
　贷：应交税费——应交进口关税　　3 151.80
　　　　　　——应交增值税（进项税额）　　4 507.07

（二）索赔和理赔的核算

（1）向国内用户理赔，冲减销售收入。做会计分录为：

借：主营业务收入——自营进口销售收入
　　应交税费——应交增值税（销项税额）
　贷：银行存款——人民币户

（2）对外索赔，冲减原销售成本。做会计分录为：

借：应收外汇账款——进口索赔
　贷：主营业务成本——自营进口销售成本

（3）已对内理赔，但对外无索赔权，记入“营业外支出”科目。做会计分录为：

借：营业外支出
　贷：主营业务成本——自营进口销售成本

例6-4 甲进出口公司7月从美国达拉斯公司购进黑豆250吨，以CIF价格计价，每吨400美元，佣金2 000美元，当日美元对人民币汇率为1 : 6.19，进口缴纳关税18 570元人民币，缴纳增值税57 381.3元人民币。这批黑豆采用单到结算方式，以每吨4 000元价格出售给泰康食油厂，货款1 000 000元，增值税90 000元，款已收妥入账。8月5日，黑豆到达港口，检验时发现其中25吨已霉烂变质。

（1）8月7日，经查，黑豆霉烂变质为出口商责任，向外商提出索赔，经协商，外商同意赔偿9 800美元，当日美元对人民币汇率为1 : 6.19。做会计分录为：

借：应收外汇账款——美元户　　60 662（US$9 800×6.19）
　贷：主营业务成本——自营进口销售成本　　60 662

（2）8月7日，同时做销货退回处理。做会计分录为：

借：主营业务收入——自营进口销售收入　　100 000
　　应交税费——应交增值税（销项税额）　　9 000
　贷：应付账款——泰康食油厂　　109 000

（3）8月8日，申请退还进口关税。做会计分录为：

借：应交税费——应交进口关税　　1 857
　贷：主营业务成本——自营进口销售成本　　1 857

（4）8月20日，收到美国达拉斯公司付来的赔偿款9 800美元，当日美元对人民币汇率为1 : 6.17。做会计分录为：

借：银行存款——美元户　　60 466（US$9 800×6.17）
　贷：应收外汇账款——美元户　　60 466

（5）8月31日，收到税务机关退还25吨变质黑豆的关税和增值税。做会计分录为：

借：银行存款——人民币户　　7 595.13
　贷：应交税费——应交进口关税　　1 857
　　　　　　——应交增值税（进项税额）　　5 738.13

任务三　代理进口业务

知识点一　代理进口业务概述

一、代理进口业务的特点

代理进口业务会计核算的最大特点是代理企业处于中介服务地位，它纯粹是接受其他企业委托，以订立代理合同形式进口。代理方应负责对外洽谈价格条款、技术条款、交货期及签订合同并办理运输、开证、付汇等全过程，仅负责对外成交，不负责开证付款的，均不属于代理进口。代理进口业务的特点有：

（1）不垫付资金。

（2）代理进口所发生费用，一般由委托方负担境内外直接费用，包括海外运输费、保险费、银行手续费、代理手续费。受托方承担间接费用，包括开证费、电信费等。

（3）以所收取的手续费作为代理开支及盈利，手续费率为 1% ～ 3%，但目前远远低于这个比例，一般按 CIF 价计算。代理方所收取的手续费应缴纳 6% 的增值税。

（4）不承担盈亏，外方付来的佣金、索赔款全部退给委托方。

（5）代理进口所需外汇原则上由委托方解决，如需受托方代为购汇，则手续费由委托方负担。

二、代理进口业务结算内容

代理进口业务结算内容主要包括国外和国内两方面。

国外结算主要有国外货款和国外运保费的核算；国内结算主要有进口税金、银行财务费、外运劳务费和代理手续费的核算。

知识点二　代理进口业务的核算

一、开设账户

（一）“其他业务收入——代购代销收入”账户

“其他业务收入——代购代销收入”账户用来核算外贸企业发生代理业务手续费收入。发生代理业务手续费收入时，借记“预收账款——委托单位”账户，贷记“其他业务收入——代购代销收入”账户。

（二）“应交税费”账户

“应交税费”账户用来核算外贸企业发生代理业务手续费收入相关的税费。发生相关的税费时，借记“预收账款”账户，贷记“应交税费——应交增值税”账户等。

（三）“预收账款”账户

“预收账款”账户用来核算外贸企业与委托方之间的款项结算。外贸企业收到委托方的预付款项时，借记“银行存款”账户，贷记“预收账款——委托单位”账户；外贸企业向国外出口商承付货款时，借记“预收账款——委托单位”账户，贷记“银行存款”账户。

二、核算举例

例6-5 甲进出口公司接受国内新华工厂委托代理进口材料一批，合同价FOB纽约10 000美元，国外运输费、保险费共计100美元，关税税率为10%，增值税税率为13%，银行手续费50元，外运劳务费950元，手续费率为2%，美元对人民币汇率为1∶6.2。

（1）收到委托单位预付进口外汇10 000美元。做会计分录为：

借：银行存款——美元户　　62 000（US$10 000×6.2）

　贷：预收账款——委托单位　　62 000

（2）收到进口单证后向国外公司支付货款。做会计分录为：

借：预收账款——委托单位　　62 000

　贷：银行存款——美元户　　62 000（US$10 000×6.2）

（3）支付代理进口商品的国外运输费、保险费。做会计分录为：

借：预收账款——委托单位　　620

　贷：银行存款——美元户　　620（US$100×6.2）

（4）计交代理进口商品关税。做会计分录为：

借：应交税费——应交进口关税　　6 262［（62 000+620）×10%］

　贷：银行存款——人民币户　　6 262

借：预收账款——委托单位　　6 262

　贷：应交税费——应交进口关税　　6 262

（5）计交代理进口商品的增值税。做会计分录为：

借：应交税费——应交增值税（进项税额）

　　8 954.66［（62 000+620+6 262）×13%］

　贷：银行存款——人民币户　　8 954.66

借：预收账款——委托单位　　8 954.66

　贷：应交税费——应交增值税（进项税额）　　8 954.66

（6）支付代理进口商品的银行手续费、外运劳务费。做会计分录为：

借：预收账款——委托单位　　1 000

　贷：银行存款——人民币户　　1 000

（7）向委托单位结算代理费。做会计分录为：

借：预收账款——委托单位　　1 327.54

　贷：其他业务收入——代购代销收入　　1 252.40

　　应交税费——应交增值税　　75.14

其中：1 252.40=（62 000+620）×2%；75.14=1 252.40×6%。

（8）收到委托单位的结欠款。做会计分录为：

借：银行存款——人民币户　　18 164.20

　贷：预收账款——委托单位　　18 164.20

任务四　易货贸易业务

知识点一　易货贸易业务概述

一、易货贸易业务的概念

易货贸易是指由贸易双方订立易货贸易合同或协议，规定在一定期限内，用一种或几种商品交换另一种或几种进口商品的业务。此种方式比较适用于那些外汇不足，或因其他各种原因无法以自由结汇方式进行相互交易的国家。

二、易货贸易业务的表现形式

易货在国际贸易实践中主要表现为下述两种形式。

（一）直接易货

直接易货又称为一般易货。从严格的法律意义上来讲，易货就是指以货换货。这种直接易货形式，往往要求进口和出口同时成交，一笔交易一般只签订一个包括双方交付相互抵偿货物的合同，而且不涉及第三方。它是最普遍也是目前应用最广泛的易货形式。对于需要通过运输运送货物的交易方来说，由于这种易货形式一般要求进出口同时进行，因此，应用中存在困难。于是在实际业务中，就产生了一些变通的做法，最常见的即通过对开信用证的方式进行易货贸易。

（二）综合易货

除直接易货外，还可进行技术、劳务等综合易货。综合易货多用于两国之间根据记账或支付（清算）协定而进行的交易。由两国政府根据签订的支付协定，在双方银行互设账户，双方政府各自提出在一定时期（通常为一年）提供给对方的商品种类、进出口金额（基本相等），经双方协商同意后签订易货协定书，然后根据协定书的有关规定，由各自的对外贸易专业公司签订具体的进出口合同，分别交货。商品出口后，由双方银行凭装运单证进行结汇并在对方国家在本行开立的账户进行记账，然后由银行按约定的期限结算。综合易货通过记账结算的方式进行易货贸易。

三、易货贸易业务的结算方式

易货贸易业务的结算方式主要表现为下述两种形式。

（一）对开信用证结算方式

对开信用证（Reciprocal L/C）是指两张信用证的开证申请人互以对方为受益人而开立的信用证。对开信用证的特点是：第一张信用证的受益人（出口人）和开证申请人（进口人）就是第二张信用证的开证申请人和受益人；第一张信用证的通知行通常就是第二张信用证的开证行；两张信用证的金额相等或是大致相等，两证可同时互开，也可先后开立。

对开信用证多用于易货贸易或来料加工和补偿贸易业务，交易的双方都担心凭第一张信用证出口或进口后，另一方不履行进口或出口的义务，于是采用这种互相联系、互为条件的开证办法，用以彼此约束。

对开信用证是易货贸易业务中广泛采用的一种结算方式，在易货贸易中，由银行控制信用证生效比较稳妥。

（二）记账结算方式

记账结算是根据两国政府间签订的贸易支付协定，由双方国家银行或其他指定的银行相互开立“清算账户”进行的结算。记账结算使用的货币，根据不同情况，或使用对方国家货币，或使用第三国货币。这种账户有计算利息的，也有不计算利息的；有定期进行结算的，也有为保证贸易顺差一方的利益，规定在协定执行中双方账户所能保有的最高差额，即信用摆动额，当超过时，超额部分即需要计收利息，或以可兑换货币或商品进行偿付。偿付的办法可以是经一方提出要求立即偿付，个别的也可以经双方商定，分期或延期偿付。

四、易货贸易业务的特点

由于易货贸易是在换货的基础上，把出口和进口直接结合起来，以商品的出口换取等值商品的进口的一种贸易方式，也就是一种国际性的物资变换。这种属性决定了易货贸易业务具有以下特点：

（1）易货贸易由出口业务和进口业务两个部分组成。

（2）易货贸易的核算应将出口业务和进口业务结合起来进行核算。

知识点二 易货贸易业务的核算

一、易货贸易出口业务核算的账户设置

有外贸经营许可权的企业经营易货出口业务应根据易货贸易合同或协议的规定采购出

口商品，将商品验收入库、出口商品出库发运，向银行办理交单收汇、支付国内外直接费用、向税务部门申请退税和取得收汇通知或结汇水单等业务的核算方法与自营出口销售业务基本相同。主要区别在于“主营业务收入”“主营业务成本”账户与“易货贸易”二级账户的核算。

二、核算举例

例6-6 甲进出口公司与日本太平公司签订易货贸易合同，合同规定甲进出口公司出口4 000吨生姜，每吨120美元（CIF价格），货款480 000美元；甲进出口公司进口鱼子酱5 000件，每件96美元（CIF价格），货款480 000美元。采用对开信用证结算方式。

（1）3月1日，向国内某生姜产地购进生姜4 000吨，每吨650元，计货款2 600 000元，增值税税率9%，价税款通过银行存款结算。做会计分录为：

借：商品采购——国产商品采购　　2 600 000
　　应交税费——应交增值税（进项税额）　　234 000
　贷：银行存款——人民币户　　2 834 000

（2）3月2日，生姜验收入库。做会计分录为：

借：库存商品——库存出口商品　　2 600 000
　贷：商品采购——国产商品采购　　2 600 000

（3）3月3日，生姜已装船厂。做会计分录为：

借：发出商品　　2 600 000
　贷：库存商品——库存出口商品　　2 600 000

（4）3月5日，收到业务部门转来易货贸易销售生姜的发票副本和银行回单，开列生姜4 000吨，每吨120美元（CIF价格），当日美元对人民币的中间价为6.2元。做会计分录为：

借：应收外汇账款——美元户　　2 976 000（US$480 000×6.2）
　贷：主营业务收入——易货贸易　　2 976 000

（5）3月5日，同时结转易货贸易成本。做会计分录为：

借：主营业务成本——易货贸易　　2 600 000
　贷：发出商品　　2 600 000

（6）3月6日，支付易货贸易国外运费1 500美元、保险费300美元，当日美元对人民币的中间价为6.18元，以外币美元存款户支付。做会计分录为：

借：主营业务收入——易货贸易　　11 124
　贷：银行存款——美元户　　11 124（US$1 800×6.18）

（7）3月7日，向税务机关申请退税，增值税税率为9%。做会计分录为：

借：其他应收款——应收出口退税　　234 000
　贷：应交税费——应交增值税（出口退税）　　234 000

（8）3月18日，收到银行转来结汇水单，480 000美元收妥结汇，银行扣除100美元收汇手续费，其余部分按当日美元买入价6.2元结汇。做会计分录为：

借：银行存款——美元户　　2 975 380
　　财务费用　　620
　贷：应收外汇账款——美元户　　2 976 000（US$480 000 × 6.2）

（9）3月18日，接银行转来日本太平公司全套结算单据，开列鱼子酱5 000件，每件96美元（CIF价格），货款480 000美元。审核无误后，购汇支付，当日美元卖出价为6.2元，做分录为：

借：商品采购——易货贸易　　2 976 000
　贷：银行存款——美元户　　2 976 000（US$480 000 × 6.2）

（10）3月25日，上述物资运达我国口岸，关税税率为10%，申报应纳关税297 600元，增值税税率为13%，应纳增值税425 568元。做分录如下：

借：商品采购——易货贸易　　297 600
　　应交税费——应交增值税（进项税额）　　425 568
　贷：银行存款——人民币户　　723 168

（11）3月28日，甲进出口公司将上述鱼子酱5 000件全部售给国内泰安公司，收到业务部门转来的有关单据，上列货款4 200 000元，增值税税率为13%，款项已收到转账支票，存入银行。做会计分录为：

借：银行存款——人民币户　　4 746 000
　贷：主营业务收入——易货贸易　　4 200 000
　　　应交税费——应交增值税（销项税额）　　546 000

同时结转销售成本：

借：主营业务成本——易货贸易　　3 273 600
　贷：商品采购——易货贸易　　3 273 600

任务五 进口付汇核销制

1997年1月17日，国家外汇管理局发布的《贸易进口付汇核销监管暂行办法》规定，经对外贸易经济合作部（现商务部）或其授权单位批准的经营进口业务的企业（包括外商投资企业）、事业单位（以下简称“进口单位”），以通过银行购汇或从现汇账户支付的方式，向境外支付有关进口商品的货款、预付款、尾款等（以下简称“进口付汇”），应当按照本办法办理核销手续。

国家外汇管理局及其分支局（以下简称“外汇局”）负责所有进口付汇的核销、检查和管理，并对进口单位和外汇指定银行进行监督、检查。外汇指定银行应当向所在地外汇局报送核销单及有关报表，对外付汇的进口单位应当向所在地外汇局办理进口付汇核销报审手续。

进口单位应当凭对外经贸部（委、厅）的批件、市场监督管理部门颁发的执照和技术监督部门颁发的企业代码证书到所在地外汇局办理列入“对外付汇进口单位名录”。不在名录上的进口单位不得直接到外汇指定银行办理进口付汇。

下列进口付汇应当在付汇或开立进口信用证前由进口单位逐笔向所在地外汇局申请并办理“进口付汇备案表”（以下简称“备案表”），外汇指定银行凭备案表按规定为其办理进口付汇：

（1）不在“对外付汇进口单位名录”上的。

（2）被列入“由外汇局审核真实性的进口单位名录”的。

（3）付汇后 90 天以内（不含 90 天）不能到货报关的。

（4）进口单位到其所在地外汇局管辖的市、县以外的外汇指定银行付汇的。

知识点一　进口付汇核销业务流程

进口付汇核销业务流程为：

（1）进口单位经商务部或其授权单位批准或备案取得进出口权，并取得中国电子口岸 IC 卡。

（2）进口单位持有关材料向注册所在地外汇局申请办理列入“对外付汇进口单位名录”。

（3）外汇局审核无误后，为进口单位办理“对外付汇进口单位名录”手续。

（4）进口单位付汇或开立信用证前，判断是否需要到外汇局办理“进口付汇备案表”手续。如需要持有关材料到外汇局办理进口付汇备案手续，领取“进口付汇备案表”；如不需要，进口单位持有关材料到外汇指定银行办理开证或购汇手续。

（5）进口单位在有关货物报关后一个月内到外汇局办理进口核销报审手续。

知识点二　进口付汇核销流程

进口付汇核销流程为：

（1）进口单位办理付汇时应当按规定如实填写核销单（一式三联），属于货到汇款的还应当填写有关“进口货物报关单”编号和报关币种金额，将核销单连同其他付汇单证一并送外汇指定银行审核。

（2）外汇指定银行在办理付汇手续后，应当将核销单第一联按货到汇款和其他结算方式分类，分别装订成册并按周向进口单位所在地外汇局报送；将第二联退进口单位，将第三联与其他付汇单证一并留存五年备查。

（3）外汇指定银行对凭备案表付汇的，应当将备案表第一联与核销单第三联一并留存备查；将第二联与核销单第二联退进口单位留存；将第三联与核销单第一联报送指定银行所在地外汇局。

（4）进口单位应当按月将核销表及所附核销单证报外汇局审查；应当在有关货物进口报关后一个月内向外汇局办理核销报审手续。在办理核销报审时，对已到货的，进口单位应当将正本进口货物报关单等核销单证附在相应核销单后（凭备案表付汇的，还应当将备案表附在有关核销单后），并如实填写“贸易进口付汇到货核销表”；对未到货的，填写“贸易进口付汇未到货核销表”。

（5）外汇局审查进口单位报送的核销表及所附单证后，应当在核销表及所附的各张报关单上加盖“已报审”章，留存核销表第一联，将第二联与所附单证退进口单位。进口单位应当将核销表及所附单证保存五年备查。

外汇局工作人员通过“中国电子口岸——进口付汇子系统”检验进口货物报关单的真伪，如纸质报关单与系统中的报关单电子底账无误，外汇局工作人员在到货核销表及进口报关单上加盖“已报审”章，进口货物报关单、结汇水单及收账通知书、IC 卡退进口单位；如系统中无此笔报关单底账或与纸制报关单不一致，则要求企业说明情况，如是海关原因，需由企业到海关申请补录或修改，如核查后认定是伪造报关单，则将有关材料及情况转检查部门调查、处罚。

在办理异地开证或付汇时，进口单位应事前持备案表到付汇地外汇局办理确认手续。付汇地外汇局确认无误并加盖“进口核销监管业务”章后，进口单位方可持经确认的备案表及上述单据到外汇指定银行开证或付汇。被外汇局列入“由外汇局审核真实性的进口单位名录”的进口单位，不予办理异地付汇备案。

知识点三 进口付汇核销操作规程

进口付汇核销操作规程为：

（1）进口单位应于每月底前到外汇局办理当月进口付汇的核销报审手续。

（2）进口单位办理核销报审手续时，需提供以下单据：

1）货到汇款：进口付汇核销表（一式两联），进口付汇核销单（企业留存联）。凭进口付汇备案表付汇的，还需要提供相应的进口付汇备案表。

2）信用证、托收、预付货款：进口付汇核销表（一式两联），进口付汇核销单（企业留存联），贴有防伪标签、加盖海关验讫章的正本海关进口货物报关单，企业 IC 卡。凭进口付汇备案表付汇的，还需要提供相应的进口付汇备案表。

3）进口报关单上的经营单位与付汇人不一致的，还需要提供正本代理进口协议。

（3）企业报送的核销单据中，核销表的填报人、核销单的付款人、进口报关单的经营单位或到货单位均应为同一单位，进口报关单经电脑核查系统核对，各要素与电子底账相符的，方可办理核销。

（4）外汇局在办理核销报审后，在核销表及所附进口报关单上加盖“已报审”章，将核销表第二联退报核销企业，作为企业已核销凭证，其他单据及打印的进口报关单电子底账由外汇局一并留存。

（5）下列情况由外汇局邮寄进口货物报关单进行二次核对，凭签发地海关的鉴别证明书办理核销手续：

1）进口报关单上的经营单位与付汇人不一致的。

2）暂时还没有领取企业 IC 卡的。

3）通过电脑核查系统无法查到的。

（6）属于 90 天以上远期付汇的，企业的进口报关单可先交外汇局进行二次核对，并打印出相应电子底账，付汇后凭以办理核销报审手续。

（7）企业核销的付汇金额不得大于进口报关单金额，否则不予核销。

知识点四　核销监管

外汇局按照总额或逐笔的方式交叉核查外汇指定银行和进口单位双向报送的核销单；根据外汇指定银行报送的核销单核查进口单位报送的核销表及所附单证；根据备案表核查进口单位和银行的付汇及核销情况。

外汇局根据核查情况对进口单位和外汇指定银行进行抽查；对有疑点的单证和进口单位及外汇指定银行进行重点核查，并按照有关规定随时向报关单签发地海关进行二次核对。货到汇款项下凭进口货物报关单办理付汇的，进口货物报关单的二次核对仍由外汇指定银行负责。

对有下列行为的进口单位，应当在接到通知后的五个工作日内向外汇局说明情况。逾期未说明情况或无正当理由的，外汇局应当按照有关规定将进口单位列入“由外汇局审核真实性的进口单位名录”：

（1）向外汇局或外汇指定银行报审伪造、假冒、涂改、重复使用等进口货物报关单（核销联）或其他凭证的。

（2）付汇后无法按时提供有效进口货物报关单或其他到货证明的。

（3）需要凭备案表付汇而没有备案表的。

（4）漏报、瞒报等不按规定向外汇局报送核销表及所附单证或丢失有关核销单证的。

（5）违反《贸易进口付汇核销监管暂行办法》其他规定的。

对违反规定的外汇指定银行和进口单位，外汇局按照《中华人民共和国外汇管理条例》的规定予以处罚。

概括来讲，贸易进口付汇核销监管有四个环节：一是数据报送环节。外汇指定银行向外汇局报送付汇数据，进口单位向外汇局报审到货信息及有关单据。二是外汇局的核对、核查环节。通过对进口单位的付汇及到货情况的核对，掌握整体的付汇到货情况。三是抽查及重点检查环节。通过日常核对审核发现问题，进行抽查及重点检查，并确定性质、执行处罚。四是根据核销监管情况反馈的信息对“对外付汇进口单位名录”和“由外汇局审核真实性的进口单位名录”进行调整。贸易进口付汇核销单 C 代申报单如表 6-1 所示。

表 6-1 贸易进口付汇核销单 C 代申报单

单位名称： 单位编码： 核销单编号：No

付汇银行名称		所在地分局	
进口合同号		进口发票号	
商品类别		进口批件号	
购汇付出币种金额：	现汇付出币种金额：		交易编码：
付汇性质：□正常付汇 □远期付汇 □异地付汇 □真实性审查付汇 备案表号：			
付汇方式：□信用证 □托收 □货到汇款（报关单编号： 币种金额： ） □其他			
付汇日期： / / 外汇账号： 人民币账号：			
应到货日期： / / 收款人国别： 折美元金额：			
外汇指定银行审核无误后填写此栏			
银行业务编号：申报号码 营业员签章： 业务公章： 审核日期： / /			

进口单位（签章） 年 月 日

注：（1）核销单编号为 8 位顺序号，由各印制本核销单的外汇局自行编制。

（2）核销单一式三联：第一联送所在地外汇局；第二联退进口单位；第三联送外汇指定银行存档。

（3）本核销单尺寸为 16 开。

复习思考题

一、单项选择题

1. 进出口企业代理进出口业务按进口（ ）的一定比例向委托方收取外汇代理手续费。

A. FOB 价 B. CIF 价 C. CFR 价 D. 商品国外进价

2. 商业外贸企业自营进口商品后在国内进行销售，当采用货到结算方式时，其财务部门会计核算应在（ ）时确认内销销售收入。

A. 收到企业储运部门开出进口商品出库单

B. 取得外运公司的船舶到港通知单

C. 收到进口商品进口发票

D. 收到银行转来国外提货单

二、多项选择题

1. 进口商品的采购成本应包括（ ）。

A. 国外售价 B. 进口运费、保险费

C. 佣金　　　　　　　　　　D. 进口税金

2.（　　）应计入进口商品采购成本的进口税金。

A. 印花税　　　B. 消费税　　　C. 进口关税　　　D. 增值税

三、判断题

1. 外贸企业进口后对内销售的方式有单到结算、货到结算和出库结算。（　　）

2. 进口商品的进口增值税应是商品采购成本的组成部分。（　　）

四、简答题

1. 代理进口与自营进口有何不同？在会计分录上有何特点？

2. 贸易进口付汇核销监管有哪些环节？

五、业务处理题

1. 甲进出口公司根据进口贸易合同从美国奥尔良公司进口卷烟一批，采用信用证结算。

（1）6 月 1 日，收到银行转来国外全套结算单据，开列卷烟 500 箱，每箱 96 美元（FOB 价格），其中货款 48 000 美元，审核无误后，购汇予以支付，当日美元对人民币市场汇率为 1∶6.2。

（2）6 月 2 日，购汇支付进口卷烟国外运费 1 891 美元，保险费 109 美元，当日美元对人民币市场汇率为 1∶6.2。

（3）6 月 19 日，卷烟运达我国口岸，向海关申报卷烟应纳进口关税、消费税和增值税，关税税率为 30%，消费税税率为 20%，增值税税率为 13%。当日美元对人民币市场汇率为 1∶6.2。

（4）6 月 20 日，美国奥尔良公司付来佣金 1 500 美元，当日美元对人民币市场汇率为 1∶6.18，银行已收。

（5）6 月 21 日，500 箱进口卷烟验收入库。

（6）6 月 26 日，以银行存款支付进口卷烟的进口关税、消费税和增值税。

要求：编制甲进出口公司 6 月份的会计分录。

2. 甲进出口公司受武宁公司委托代为进口法国香水。8 月份发生下列经济业务：

（1）8 月 1 日，收到武宁公司预付的香水货款 1 000 000 元。

（2）8 月 12 日，支付法国塞纳公司香水的国外运费 1 176 美元，保险费 424 美元，当日美元对人民币市场汇率为 1∶6.2。

（3）8 月 15 日，收到法国塞纳公司全套结算单，开列香水 200 箱，FOB 价格为每箱 400 美元，佣金 1 600 美元。审核无误，扣除佣金支付货款。当日美元对人民币市场汇率为 1∶6.2。

（4）8 月 15 日，按代理进口香水 CIF 价格的 2.5% 计手续费收入 2 000 美元。当日美元对人民币市场汇率为 1∶6.18。

（5）8 月 25 日，香水运达我国口岸，向海关申报香水应纳进口关税、消费税和增值税，关税税率为 30%，消费税税率为 20%，增值税税率为 13%。当日美元对人民币市场汇率为 1∶6.2。

（6）8 月 31 日，支付代理进口业务的进口关税、消费税和增值税。

（7）结算与委托公司的结欠款。

要求：编制甲进出口公司 8 月份的会计分录。

模块七

技术进出口业务的核算

学习目标

◆ 知识目标

◎ 理解技术进出口的概念。

◎ 理解我国技术进出口管理、我国税法对技术出口增值税的规定。

◎ 掌握技术进出口业务的主要方式。

◎ 掌握我国对技术进口所得税的征收办法。

◆ 技能目标

◎ 掌握技术进出口的账务处理。

◆ 素养目标

◎ 培养和提高分析问题与决策的能力。

◎ 强化职业道德。

案例导入

20×× 年 7 月，我国南方某制药厂（以下简称“受让方”）与美国某制药有限公司（以下简称“转让方”）签订了一份技术许可合同。合同中规定，转让方向受让方提供生产某一系列品种西药的配套技术，受让方从生产这一系列药品的净销售额中提取 10% 作为向转让方支付的技术使用费。合同生效之后，双方履行合约顺利，产品在国内和国际市场均打开了销路，但是关于受让方向转让方支付技术使用费出现了争议。按受让方对合同的理解，合同中所说的“产品净销售额”是指产品销售总额扣除销售退回、销售折让、包装费、运输费、保险费、销售费用以及税金后的余额；而转让方则称，合同规定的“产品净销售额”是指产品销售总额扣减掉销售退回和销售折让后的余额。双方对“产品净销售额”这一关键概念理解的争议导致双方对技术使用费的计算结果相去甚远。按受让方所理解的含义，其产品净销售额为500万美元，应支付转让方50万美元的使用费；而按转让方所下的定义，受让方的产品净销售额应为600万美元，受让方应支付的技术使用费应为60万美元。双方各持己见，为争议的10万美元进行了多次谈判交涉，最终采用折中的办法，签订了和解协议。受让方向转让方支付55万美元，并在提成期限的余下年度中也按此方法支付技术使用费，即采用双方因对“产品净销售额”不同理解而算出的不同数额技术使用费的中间数。

本案中的争议问题十分明确，即作为该技术许可合同计价基础的“产品净销售额”这一概念的具体含义不确定，这涉及技术许可合同的价格确定方式及相关概念的明确性问题。涉外技术许可合同中，除了一些重要条款外，关键词汇的定义往往也作为独立的一个部分列出，这是涉外技术许可合同条款要求高度明确性的表现。由于当事人双方语言、法律乃至文化背景各不相同，对同一个词的解释和使用存在差异是很常见的。因此，对合同中使用的一些关键词汇如“合同产品”“技术资料”“产品净销售额”“提成率”“滑动公式”等规定出明确的含义，可以避免在合同履行过程中为此而产生分歧，防止对方钻定义不明的空子，推卸责任。总之，合同双方应尽可能清楚地界定有可能发生歧义和争议的概念，并就此达成共识，以免日后陷入不必要的纠纷。

思考：对以上案例涉及的国际技术贸易（技术进出口业务）中的价格与税费的确定以及支付需要进行怎样的账务处理？

任务一 技术进出口业务概述

知识点一 技术进出口的概念与主要方式

一、技术进出口的概念

技术进出口也称为国际技术转让，有偿的国际技术转让也称为国际技术贸易。《中华人民共和国技术进出口管理条例》所称技术进出口，是指从中华人民共和国境外向中华人民共和国境内，或者从中华人民共和国境内向中华人民共和国境外，通过贸易、投资或者经济技术合作的方式转移技术的行为。

行为包括专利权转让、专利申请权转让、专利实施许可、技术秘密转让、技术服务和其他方式的技术转移。

判断是否具有国际性的技术进出口行为，并不以进出口双方是否属于不同国籍为标准，而是看该技术是否跨越国境。技术进出口行为的要件有：

（1）必须是一种跨境行为。

（2）必须是一种贸易行为。非贸易行为，譬如无偿赠予或转让的行为，则不属于技术进出口行为。

二、技术进出口与一般货物进出口的区别

技术进出口作为一种跨境行为和贸易行为，与一般货物进出口有明显区别，其具体表现在以下几个方面：

第一，交易的标的不同。技术进出口的交易对象是一种特殊的商品，是技术，而技术是一种无形的商品，即无形的知识或称知识产品；而货物进出口指的是有形的物质产品，它具有明显可见的形状，可以计量。

第二，转让权限不同。技术进出口转让的只是技术的使用权；而货物进出口的标的一经售出，卖方即失去了对商品的所有权。

第三，受法律调整和政府管制程度不同。许多国家在有关技术进出口的法律中规定，凡重要的技术引进决议必须呈报政府主管部门审查、批准或登记后才能生效；而一般货物进出口合同没有这样的要求。

技术进出口业务中涉及的多是专利权及非专利技术。专利权是指国家授予发明创造的专利申请人，对其发明创造在法律规定的有效期间内可享有的专有权利，包括实用新型专利权和外观设计专利权。非专利技术也称专有技术或称技术诀窍、技术秘密，它是指不为外界所知的在生产经营活动中已采用的技术、经验和技能等。非专利技术不受法律保护，而依靠严格的保密手段以维护自己的权利，它可以通过各种设计资料、图纸、配方、工艺流传等，或经营管理方面的具体技术资料表现出来，也可以通过对方派遣人员以给予或接受指导培训等手段实现。

三、技术进出口业务的主要方式

技术进出口业务的方式很多，主要有技术许可、特许专营、技术咨询服务、合作生产、承包工程、合资经营、合作经营以及含有工业产权或专有技术转让的设备买卖。

（一）技术许可

技术许可是技术转让交易中使用最广泛和最普遍的一种贸易方式。专利权所有人或商标所有人或专有技术所有人作为许可方向被许可方授予某项权利，允许其按许可方拥有的技术实施、制造、销售该技术项下的产品，并由被许可方支付一定数额的报酬。

许可贸易有三种基本类型：专利许可、商标许可和专有技术转让（许可）。在技术贸易中，三种方式有时单独出现，如单纯的专利许可或单纯的商标许可或单纯的专有技术转

让，但多数情况下是以其中两种或三种类型的混合方式出现。

（二）特许专营

特许专营是指由一家已经取得成功经验的企业，将其商标、商号名称、服务标志、专利、专有技术以及经营管理的方法或经验转让给另一家企业的一项技术转让合同，后者有权使用前者的商标、商号名称、服务标志、专利、专有技术及经营管理经验，但须向前者支付一定金额的特许费。

特许专营的双方，一方称为专营许可方，另一方称为专营接受方。许可方可以通过提供技术援助，提供工程和管理咨询服务获取收入，并可能获得接受方反馈的技术；对于接受方而言，相对于独立发展技术，支付特许费用显得既经济又容易。特许专营的形式一般有产品专销、服务专营和商品格式专营。

（三）技术咨询服务

技术咨询服务是技术提供方或服务方受另一方委托，通过签订技术服务合同，为委托方提供技术劳务，完成某项服务任务，并由委托方支付一定技术服务费的活动。技术咨询服务的范围和内容是相当广泛的，包括产品开发、成果推广、技术改造、工程建设、科技管理等各个方面和多种多样的形式。

咨询费一般可以按工作量计算，也可以采用技术课题包干定价。一般所付的咨询费相当于项目总投资的 5% 左右。

（四）承包工程

承包工程又称“交钥匙”工程，是供方为建成整个工厂与自成体系的整个车间向受方提供全部设备、技术、经营管理方法，包括工程项目的设计、施工，设备的提供与安装，受方人员的培训，试车，直接把一个能够开工生产的工厂或车间交给受方。承包工程的特点有：与技术直接关联，大部分是新工艺、新技术；内容复杂，包括工程设计、土建施工、提供机器设备、施工安装、原材料供应、提供技术、培训人员、投产试车、质量管理等全部过程，涉及商品、技术、劳务的进出口，是一种综合性的贸易活动。

知识点二 我国技术进出口管理

技术进出口应当符合国家的产业政策、科技政策和社会发展政策，有利于促进我国科技进步和对外经济技术合作的发展，有利于维护我国经济技术权益。因此，国家对技术进出口实行统一的管理制度，依法维护公平、自由的技术进出口秩序。

国务院对外经济贸易主管部门（以下简称“国务院外经贸主管部门”）依照《中华人民共和国对外贸易法》（以下简称《对外贸易法》）和《中华人民共和国技术进出口管理条例》的规定，负责全国的技术进出口管理工作。省、自治区、直辖市人民政府外经贸主管部门根据国务院外经贸主管部门的授权，负责本行政区域内的技术进出口管理工作。

国务院有关部门按照国务院的规定，履行技术进出口项目的有关管理职责。

国家主管部门对技术进出口实行统一管理，采取三种技术、两类合同、登记加审批制度。三种技术是指将技术分为禁止进出口技术、限制进出口技术以及自由进出口技术，由国务院外经贸主管部门会同国务院有关部门，制定、调整并公布禁止或者限制进出口的技术目录。两类合同是指技术进口合同及技术出口合同。登记加审批制度是指对属于禁止进出口的技术（有《对外贸易法》第十六条、第十七条规定情形之一的技术），不得进口或出口；对属于限制进出口的技术，实行许可证审批管理；对属于自由进出口的技术，实行合同登记管理制度。

一、技术进口管理

国家鼓励先进、适用的技术进口。有《对外贸易法》第十六条、第十七条规定情形之一的技术，禁止或者限制进口。国务院外经贸主管部门会同国务院有关部门，制定、调整并公布禁止或者限制进口的技术目录。属于禁止进口的技术，不得进口。属于限制进口的技术，实行许可证管理；未经许可，不得进口。

（一）限制类技术进口的申请步骤

（1）属于限制类进口的技术，应当向国务院外经贸主管部门提出技术进口申请并附有关文件。技术进口项目需经有关部门批准的，还应当提交有关部门的批准文件。

（2）国务院外经贸主管部门收到技术进口申请后，应当会同国务院有关部门对申请进行审查，并自收到申请之日起 30 个工作日内做出批准或者不批准的决定。

（3）技术进口申请经批准的，由国务院外经贸主管部门发给技术进口许可意向书。

（4）进口经营者取得技术进口许可意向书后，可以对外签订技术进口合同。

（5）进口经营者签订技术进口合同后，应当向国务院外经贸主管部门提交技术进口合同副本及有关文件，申请技术进口许可证。

（6）国务院外经贸主管部门对技术进口合同的真实性进行审查，并自收到上述规定的文件之日起 10 个工作日内，对技术进口做出许可或者不许可的决定。

（7）技术进口经许可的，由国务院外经贸主管部门颁发技术进口许可证。技术进口合同自技术进口许可证颁发之日起生效。

（二）自由进口技术的登记管理

对属于自由进口的技术，实行合同登记管理。合同自依法成立时生效，不以登记为合同生效的条件。

进口技术方应当向国务院外经贸主管部门办理登记，并提交下列文件：

（1）技术进口合同登记申请书。

（2）技术进口合同副本。

（3）签约双方法律地位的证明文件。

国务院外经贸主管部门应当自收到文件之日起 3 个工作日内，对技术进口合同进行登记，颁发技术进口合同登记证。

进口技术方凭许可证或者合同登记证，办理外汇、银行、税务、海关等相关手续。但合同的主要内容发生变更的，应当重新办理许可或者登记手续。

经许可或者登记的技术进口合同终止的，应当及时向国务院外经贸主管部门备案。设立外商投资企业，外方以技术作为投资的，该技术的进口，应当按照外商投资企业设立审批的程序进行审查或者办理登记。

（三）技术进口管理的其他规定

（1）国务院外经贸主管部门和有关部门及其工作人员在履行技术进口管理职责中，对所知悉的商业秘密负有保密义务。

（2）技术进口合同的让与人应当保证自己是所提供技术的合法拥有者或者有权转让、许可者。

技术进口合同的受让人按照合同约定使用让与人提供的技术，被第三方指控侵权的，受让人应当立即通知让与人；让与人接到通知后，应当协助受让人排除妨碍。

技术进口合同的受让人按照合同约定使用让与人提供的技术，侵害他人合法权益的，由让与人承担责任。

（3）技术进口合同的让与人应当保证所提供的技术完整、无误、有效，能够达到约定的技术目标。

（4）技术进口合同的受让人、让与人应当在合同约定的保密范围和保密期限内，对让与人提供的技术中尚未公开的秘密部分承担保密义务。在保密期内，承担保密义务的一方在保密技术非因自己的原因被公开后，其承担的保密义务即予以终止。

（5）在技术进口合同有效期内，改进技术的成果属于改进方。

（6）技术进口合同期满后，技术让与人和受让人可以依照公平合理的原则，就技术的继续使用进行协商。

（7）技术进口合同中，不得含有下列限制性条款：

1）要求受让人接受并非技术进口必不可少的附带条件，包括购买非必需的技术、原材料、产品、设备或者服务。

2）要求受让人为专利权有效期限届满或者专利被宣布无效的技术支付使用费或者承担相关义务。

3）限制受让人改进让与人提供的技术或者限制受让人使用所改进的技术。

4）限制受让人从其他来源获得与让与人提供的技术类似的技术或者与其竞争的技术。

5）不合理地限制受让人购买原材料、零部件、产品或者设备的渠道或者来源。

6）不合理地限制受让人产品的生产数量、品种或者销售价格。

7）不合理地限制受让人利用进口的技术生产产品的出口渠道。

二、技术出口管理

国家鼓励成熟的产业化技术出口。有《对外贸易法》第十六条、第十七条规定情形之一的技术，禁止或者限制出口。国务院外经贸主管部门会同国务院有关部门，制定、调整并公布禁止或者限制出口的技术目录。属于禁止出口的技术，不得出口。属于限制出口的技术，实行许可证管理；未经许可，不得出口。

（一）限制类技术出口的申请步骤

（1）属于限制类技术出口的技术，应当向国务院外经贸主管部门提出技术出口申请并附有关文件。技术出口项目需经有关部门批准的，还应当提交有关部门的批准文件。

（2）国务院外经贸主管部门收到技术出口申请后，应当会同国务院有关部门对申请进行审查，并自收到申请之日起 30 个工作日内做出批准或者不批准的决定。

（3）技术出口申请经批准的，由国务院外经贸主管部门发给技术出口许可意向书。

（4）出口经营者取得技术出口许可意向书后，可以对外签订技术出口合同。

（5）出口经营者签订技术出口合同后，应当向国务院外经贸主管部门提交下列文件，申请技术出口许可证：

1）技术出口许可意向书。

2）技术出口合同副本。

3）技术资料出口清单。

4）签约双方法律地位的证明文件。

（6）国务院外经贸主管部门对技术出口合同的真实性进行审查，并自收到上述规定的文件之日起 15 个工作日内，对技术出口做出许可或者不许可的决定。

（7）技术出口经许可的，由国务院外经贸主管部门颁发技术出口许可证。技术出口合同自技术出口许可证颁发之日起生效。

（二）自由出口技术的登记管理

对属于自由出口的技术，实行合同登记管理。合同自依法成立时生效，不以登记为合同生效的条件。

出口技术方应当向国务院外经贸主管部门办理登记，并提交下列文件：

（1）技术出口合同登记申请书。

（2）技术出口合同副本。

（3）签约双方法律地位的证明文件。

国务院外经贸主管部门应当自收到文件之日起 3 个工作日内，对技术出口合同进行登记，颁发技术出口合同登记证。

出口技术方凭许可证或者合同登记证，办理外汇、银行、税务、海关等相关手续。但合同的主要内容发生变更的，应当重新办理许可或者登记手续。

经许可或者登记的技术出口合同终止的，应当及时向国务院外经贸主管部门备案。设立外商投资企业，外方以技术作为投资的，该技术的出口，应当按照外商投资企业设立审批的程序进行审查或者办理登记。

（三）技术出口管理的其他规定

（1）国务院外经贸主管部门和有关部门及其工作人员在履行技术出口管理职责中，对国家秘密和所知悉的商业秘密负有保密义务。

（2）出口核技术、核两用品相关技术、监控化学品生产技术、军事技术等出口管制技术的，依照有关行政法规的规定办理。

三、法律责任

《中华人民共和国技术进出口管理条例》对技术进出口违反本条例的行为规定了相应的法律责任。

（1）进口或者出口属于禁止进出口的技术的，或者未经许可擅自进口或者出口属于限制进出口的技术的，依照《中华人民共和国刑法》（以下简称《刑法》）关于走私罪、非法经营罪、泄露国家秘密罪或者其他罪的规定，依法追究刑事责任；尚不够刑事处罚的，区别不同情况，依照《中华人民共和国海关法》（以下简称《海关法》）的有关规定处罚，或者由国务院外经贸主管部门给予警告，没收违法所得，处违法所得 1 倍以上 5 倍以下的罚款；国务院外经贸主管部门并可以撤销其对外贸易经营许可。

（2）擅自超出许可的范围进口或者出口属于限制进出口的技术的，依照《刑法》关于非法经营罪或者其他罪的规定，依法追究刑事责任；尚不够刑事处罚的，区别不同情况，依照《海关法》的有关规定处罚，或者由国务院外经贸主管部门给予警告，没收违法所得，处违法所得 1 倍以上 3 倍以下的罚款；国务院外经贸主管部门并可以暂停直至撤销其对外贸易经营许可。

（3）伪造、变造或者买卖技术进出口许可证或者技术进出口合同登记证的，依照《刑法》关于非法经营罪或者伪造、变造、买卖国家机关公文、证件、印章罪的规定，依法追究刑事责任；尚不够刑事处罚的，依照《海关法》的有关规定处罚；国务院外经贸主管部门并可以撤销其对外贸易经营许可。

（4）以欺骗或者其他不正当手段获取技术进出口许可的，由国务院外经贸主管部门吊销其技术进出口许可证，暂停直至撤销其对外贸易经营许可。

（5）以欺骗或者其他不正当手段获取技术进出口合同登记的，由国务院外经贸主管部门吊销其技术进出口合同登记证，暂停直至撤销其对外贸易经营许可。

（6）技术进出口管理工作人员违反本条例的规定，泄露国家秘密或者所知悉的商业秘密的，依照《刑法》关于泄露国家秘密罪或者侵犯商业秘密罪的规定，依法追究刑事责任；尚不够刑事处罚的，依法给予行政处分。

（7）技术进出口管理工作人员滥用职权、玩忽职守或者利用职务上的便利收受、索取他人财物的，依照《刑法》关于滥用职权罪、玩忽职守罪、受贿罪或者其他罪的规定，依法追究刑事责任；尚不够刑事处罚的，依法给予行政处分。

任务二 技术进出口的税务处理

与技术贸易有关的税种主要有所得税、增值税等。所得税是国家对自然人或法人的一切所得征收的一种税，是技术贸易的主要税费，纳税人为供方，征税国为供方、受方双方所在国；增值税是对许可出售的技术使用费征收的税，纳税人为供方，征税国为供方、受方双方所在国。

知识点一 技术进口所得税的征收办法

技术进口是指从中国境外向中国境内通过贸易、投资或者经济技术合作的方式转移技术的行为。

一、避免双重征税的方法

（一）办理增值税及预提所得税的纳税申报

企业取得技术进出口合同许可证或技术合同进口登记证后，应办理税务、外汇、银行、海关等登记手续。技术进口企业凭上述许可证或登记证及技术合同副本向其主管税务机关办理增值税及预提所得税的纳税申报，按对外支付金额的6%缴纳增值税，并按扣除增值税后的10%缴纳预提所得税，凭已缴纳税款凭证向其主管税务部门取得完税凭证。该完税凭证交技术出口方作为技术进口企业本国抵免所得税的凭证。

（二）避免双重征税

1. 双重征税

双重征税是指一个纳税人的同一笔所得，由两个以上的国家同时征收同一或类似的税。这主要是由税收管辖权的重叠造成的。各国对税收的管辖权有属地主义和属人主义两种。属地主义是指对一国境内取得的所得征税，不管其取得者是本国居民还是外国居民，同时对本国居民取得的境外所得不再征税。属人主义是指对本国居民取得的来自国内外的所得都要征税。由于国际技术贸易是一种跨国界的经济活动，各国对跨国所得平行行使征税权，以致一笔使用费收入被两次征税，就会造成双重征税问题。

2. 避免双重征税采用的方法

为避免双重征税，通常采用的方法有免税法、抵免法和饶让法。

（1）免税法亦称豁免法，是指居住国一方对本国居民来源于来源地国的已在来源地国纳税的跨国所得，在一定条件下放弃居民税收管辖权。由于居住国放弃了对其居民纳税人来源于境外的那部分所得的征税权，从而避免了这部分跨国所得在居住国的居民税收管辖权与所得来源地国的来源地税收管辖权的冲突，有效地防止了国际重复征税的发生。在来源地国税率低于居住国税率的情况下，居民纳税人能实际享受到来源地国政府给予的低税负或减免税优惠，从而有利于鼓励和促进跨国投资。但在有境外收入和财产的纳税人税负轻于仅有境内收入和财产的纳税人的情况下，容易违反税负公平的原则，造成为跨国纳税人提供利用各国税负差异进行逃税和避税的机会。

（2）抵免法是目前大多数国家采用的避免国际重复征税的方法。采用抵免法，就是居住国按照居民纳税人的境内外所得或一般财产价值的全额为基数计算其应纳税额，但对居民纳税人已在来源地国缴纳的所得税或财产税额，允许从居住国应纳的税额中扣除。即以纳税人在来源地国已缴纳的税额来抵免其应汇总计算缴纳居住国相应税额的一部分，从而达到避免产生对居民纳税人的境外所得或财产价值的双重征税问题。

（3）饶让法是指处于资本输入国地位的来源国，为使其减免税优惠能发挥实际效用，往往在与资本输出国签订的双重征税协定中要求对方实行税收饶让抵免，即居住国对其居民因来源地国实行减免税优惠而未实际缴纳的那部分税额，应视同已经缴纳同样给予抵免。由于在税收饶让法下，居住国给予抵免的是居民纳税人并未实际缴纳的来源地国税收，所以又称为“虚拟抵免”或“影子税收抵免”。税收饶让抵免的主要意义并不在于避免和消除国际重复征税，而是为了配合所得来源地国吸引外资的税收优惠政策的实施。

二、我国对技术进口所得税的征收办法

（一）纳税范围

依据《中华人民共和国企业所得税法》（以下简称《企业所得税法》）及其实施条例的规定，从国外引进技术时，国外许可方有来源于我国的技术使用费收入，根据我国“从源管辖权”原则，要求供方就该项收入依照我国法律向税务机关缴纳所得税。外国企业在中国境内未设立机构、场所，而有取得的来源于中国境内的特许权使用费（转让专利权、专有技术、商标权、著作权等而取得的使用费），应当缴纳20%的所得税。

特许权使用费的范围包括：

（1）对于同外商签订技术引进合同，只受让专利使用权或专有技术使用权，外商为提供该项技术的使用权所收取的图纸资料费、技术服务费（包括技术指导和技术咨询）和人员培训费，是整个技术贸易合同价格的组成部分，应列为特许权使用费收入一并计算征收

所得税。

（2）引进技术，附带引进设备的，外商为设备的安装、使用提供土建设计和工艺设计所收取的设计费和外商为设备的制造维修提供图纸资料所收取的费用，可以不列入特许权使用费，不征收所得税。

（3）对于为专利技术或专有技术使用权提供图纸资料所收取的费用与为设备的安装使用和制造维修提供图纸资料所收取的费用，不能正确划分清楚时，应全部并入特许权使用费收入，征收所得税。

（二）纳税、扣缴义务

以实际受益人为纳税义务人，以支付人为扣缴义务人。税款由支付人在每次支付的款项中扣缴，所扣的税款应当于 5 日内缴入国库，并向当地税务机关报送扣缴所得税报告表。扣缴义务人不履行法规规定的扣缴义务，不扣或者少扣应扣税款的，由税收机关限期追缴应扣税款，并处以应扣未扣税款 1 倍以下的罚款。

（三）减免税规定

为鼓励技术进口，对于符合规定的技术进口合同，《企业所得税法》规定，非居民企业取得该法第二十七条第四项规定的所得，减按 10% 的税率征收企业所得税。

（四）审批程序

为规范税收减免程序，技术进口所涉及的特许权使用费企业所得税减免审批程序应分别不同情况进行。

外商申请办理所得税减免的，可委托技术进口受让方办理有关手续。受让方首先应向为其登记技术进口合同主管部门申请办理《关于建议减免企业所得税的函》。建议函分为 A 类、B 类两种。申请时应提供以下资料：

（1）进口合同副本。

（2）技术进口合同登记证书。

（3）技术进口合同数据表。

（4）外国企业所得税减免申请函。

（5）外国企业委托受让方办理减免税手续的委托书。

（6）受让方提出的减免税申请函。

但对于技术进口合同中有进口限制类技术的、合同条款中存在严惩限制性条款等违背《中华人民共和国技术进出口管理条例》内容的、以提成费方式支付特许权使用费且提成率超过 5% 这三种情形之一的，均不视为税法规定的“条件优惠”，原则上不得出具建议函。

对外商提供属于《企业所得税法》及其实施条例所列举的专有技术所取得的特许权使用费，且技术先进或者条件优惠的，需减免所得税的，均应报国家税务总局批准。

（五）税收优惠

我国与国外签订的避免双重征税协定，大都根据对等原则签订，即我国行使从源管辖权，将使用费所得税税率降至10%，许可方纳税后所得额汇回居住国，再按当地税法进行税收抵免。

知识点二 技术出口的税务处理

一、技术出口所得税的计算

《企业所得税法》规定企业取得的下列所得已在境外缴纳的所得税额，可以从其当期应纳税额中抵免，抵免限额为该项所得依所得税法规定计算的应纳税额；超过抵免限额的部分，可以在以后五个年度内，用每年度抵免限额抵免当年应抵税额后的余额进行抵补：

（1）居民企业来源于中国境外的应税所得。

（2）非居民企业在中国境内设立机构、场所，取得发生在中国境外但与该机构、场所有实际联系的应税所得。

例7-1 甲进出口公司某年应纳税所得额为8 000万元，其中1 000万元为该公司技术出口到A国的技术使用费，我国企业所得税税率为25%，A国的企业所得税税率为20%，在A国已实际缴纳200万元预提所得税，该公司在国内应缴纳所得税中扣除：

A国的扣除限额=8 000×25%×（1 000÷8 000）=250（万元）

在A国缴纳的所得税200万元低于限额250万元，可全额扣除。如A国企业所得税税率为40%，该公司在A国缴纳的所得税额为400万元，高于扣除限额250万元，其超过扣除限额部分的150万元在本年度不能扣除，用以后年度税额扣除的余额续扣。

二、我国税法对技术出口增值税的规定

按我国税法规定，对从事技术出口业务取得的收入免征增值税。

任务三　技术进口的账务处理

知识点一　技术进口的成本构成

一、账户设置

技术进出口业务一般均通过“无形资产”会计科目进行记录，并按无形资产的类别设置明细账。无形资产是指企业拥有或者控制的没有实物形态的可辨认的非货币性资产。无形资产确认时必须同时满足下列条件：

（1）符合无形资产的定义。

（2）与该资产相关的预计未来经济利益很可能流入企业。

（3）该资产的成本能够可靠计量。

二、成本构成

企业购进技术发生的成本，包括购买价款、相关税费以及直接归属于使该项资产达到预定用途所发生的其他支出。购买价款超过正常信用条件延期支付的，成本为其等值现金价格。实际支付的价款与确认的成本之间的差额，除按照《企业会计准则第17号——借款费用》应予以资本化的以外，还应当在信用期间内确认为利息费用。投资者投入的技术，应当按照投资合同或协议约定的价值作为成本，但合同或协议约定价值不公允的除外。

知识点二　支付技术使用费的方式与会计核算

一、支付技术使用费的方式

在国际技术贸易中，采用的使用费支付方式主要有总付、提成支付和入门费加提成费支付三种。

（一）总付

1. 总付的概念

总付是指合同当事人双方在订立合同时，将所有合同价格一次清算，在合同中规定一个总金额，由引进方一次或分期付清。如一次付清，支付时间通常在许可方全部交付技术资料后，并在引进方核对验收后进行；如分期支付，双方应在合同中明确规定分期支付的时间和支付的比例。

总付亦称总包价格，是指许可合同中规定一个固定的数额，作为全部的技术转让费，由被许可方向许可方支付。

总付这类合同价格的确定方式有两个区别于其他合同价格确定方式的明显特点：其一，合同价格的数额是固定不变的，不受合同产品的产量或销售额或利润的影响；其二，该固定数额的合同价格所表示的是全部的技术转让费。

在实践中，根据总付方式确定合同价格的具体支付，可以是一次全部支付，也可以是多次分期分批支付，由当事人双方商定。

因为总付这类确定合同价格的方式主要有利于许可方，而较不利于被许可方，所以，一些国家在法律上对总付加以禁止或限制。“禁止”即不得采用总付方式，“限制”即对采用总付方式设定一定的条件，只有符合法定条件的才被允许。

采用总付方式时，在合同中除写明应付的总金额外，还应具体订明费用所包括的细目，如专利使用费、专有技术使用费、商标使用费、技术资料费、培训费以及其他服务费。对上述各项费用的具体内容都应具体订明，以免事后发生纠纷。

2. 总付方式的使用条件

（1）技术可以立即全部转移，而且技术受方能够立即全部予以吸收。

（2）用在较不尖端的技术或专有技术的转让方面，技术受方不需要技术供方不断提供有关技术进步或产品推销方面的技术情报，也不需要不断提供技术服务与协助。

（3）技术受方有较充足的资金，并打算尽快摆脱对技术供方的依赖。

如果具备上述条件，采用总付方式比较稳妥。

3. 总付方式的利弊

总付的金额是双方达成协议时商定的，不随技术受方收益多寡而变动，不论其利用引进技术的效果如何，规定的金额都得照付。因此，技术受方承担了引进技术是否适用的全部风险，而技术供方的收益有较确定的保证。

总付方式对技术转让的双方来说都各有利弊，但总的来说，对技术供方利多弊少，对技术受方利少弊多。

（1）对技术供方的利弊。

1）有利的方面包括：由于事先定价，供方收入稳定，不受技术受方生产和销售量变化的影响；由于技术价格与生产量、销售量无关，技术供方可以避免大量查账计算等烦琐工作。

2）不利的方面是不能分享技术受方生产或销售量增加的额外利益。

（2）对技术受方的利弊。

1）有利的方面包括：可以较快地摆脱对技术供方的依赖；价格固定，不受协议期内通货膨胀和汇率变动的影响。

2）不利的方面包括：一般在实际生产前技术受方就要支付大笔资金，对受方构成较重的财务负担；承担引进技术是否适用、效益好坏及市场变动的全部风险；技术供方一般不再承担提供技术改进和传授技术情报的义务，即使合同规定技术供方必须承担此项义务，但由于供方的利益与受方的生产销售不再有直接联系，因此，无法用支付费用来制约供方必须及时提供改进技术；一般来说，一次总付的价格应低于入门费加提成费形式的技术价格，但若在签协议时高估了该引进技术产品的产量或销售量，会使总付价格高出实际入门费加提成费的价格；如果由于供方的技术原因，使受方生产的产品达不到协议规定的技术指标，不能变动技术价格，那么一般只能从未付款项中要求赔偿，但金额有限。

4. 国际上对总付方式的限制

（1）总付金额必须是事先根据预定的产品销售额确定的，并且销售额应当是在该部门或该产品所规定的最高金额以内，而且应分期支付许可费。如印度政府就有这样的规定。

（2）有条件地采用总付方式。如新西兰政府规定，一次总付的合同通常不予批准，除非它能表明这种支付方式是完全合理的。

（3）限定一次总付的适用范围。有的国家规定，只有取得专利权以及某些特定类型的技术服务与协助时，才允许采用总付方式。对于用于消费品和一般原料的生产，或用于机器、设备和其他资本货物的专利、商标许可或专有技术许可，则不允许采用总付方式。

（4）完全拒绝采用一次总付的方式。如斯里兰卡政府明文规定，列有总付方式的合同不予批准。

5. 一次总付方式的运用

（1）在短期内能一揽子转让技术，并且技术受方有能力全部吸收利用。

（2）技术转让所涉及的技术服务或技术协助数量有限，或不需要技术供方不断提供有关技术改进方面的指导和建议。

（3）技术受方资金雄厚，可一次或分期付清，不会给自己造成财务上的困难，并力求尽早摆脱对供方的依赖。

（二）提成支付

1. 提成支付的概念

在技术贸易中，提成支付方式是指被许可方利用许可技术开始生产之后，以经济上的使用效果（产量、销售额、利润等）作为计算的基础，按约定的比率，逐步连续性的一种支付办法。这种支付方式的特点是：在签订许可合同时，只规定提成的基础和提成的比例，不限定整个合同有效期内被许可方支付技术使用费的总额。只有当被许可方取得利用技术的实际效果时，才按事先规定的提成基础和提成比例计算出应支付的费用，但并不是一次提取，而是在合同有效期内，分期按上述方法计算并提取，直到合同有效期届满为止。这种方式对许可方和被许可方都较为合理，所以为国际上大多数技术贸易所应用，成为一种主要的支付方式。

提成支付仅规定提成的年限、提成的比例、提成的基础以及提成的方式，并不规定技术费用的具体数额，许可方的实际所得由引进方实施技术所产生的经济效益决定。

2. 提成支付的种类

（1）最低提成与最高提成。

（2）固定提成与滑动提成。

（三）入门费加提成费支付

在国际许可交易中，入门费亦称初付费，是指许可合同中规定的在合同生效后若干天内，由被许可方向许可方支付的作为合同总价格中一部分的固定金额。

所谓入门费加提成费，是指将许可合同的总价格分作入门费和提成费两个部分，由被许可方先支付固定金额的入门费，然后，再按提成期间分期支付提成费的确定合同价格的方式。

入门费与总付的相似之处在于，两者都是以固定的金额来表示合同价格。但是，入门费与总付的不同之处则在于两者所表示的合同价格不同：入门费所表示的仅是合同价格的一部分，而总付所表示的却是合同总价格。

入门费加提成费这种确定合同价格的方式往往是许可方和被许可方都比较容易接受的。

二、支付技术使用费的会计核算

（一）总付的会计核算

1. 总付一次付清的情况

例7-2 甲进出口公司以100万美元从B国企业购入一项专利权，对方负担预提所得税及增值税，美元对人民币的中间价为6.18元，卖出价为6.19元，该企业有美元现汇账户，无须购汇。增值税税率为6%，预提10%的所得税。

（1）预提应交所得税及增值税。做会计分录为：

借：应交税费——应交增值税　　370 800（US$1 000 000×6.18×6%）

　　　　　　——应交预提所得税

　　　　　　　　580 920［（US$1 000 000×6.18−370 800）×10%］

　贷：银行存款——美元户　　951 720

（2）按合同金额计入无形资产成本。做会计分录为：

借：无形资产——专利权　　6 180 000（US$1 000 000×6.18）

贷：应付外汇账款——B 国企业——美元户　6 180 000（US$1 000 000×6.18）

同时结转代扣税金：

借：应付外汇账款——B 国企业——美元户　951 720

贷：应交税费——应交增值税　370 800

——应交预提所得税　580 920

（3）支付扣税后的净价款。做会计分录为：

借：应付外汇账款——B 国企业——美元户　5 228 280

贷：银行存款——美元户　5 228 280

2. 总付分次付清的情况

对于分期支付无形资产价款的会计核算，可另设“未完引进技术”账户。

例 7-3　例 7-2 中，假设 100 万美元分三次付清。第一年、第二年各付 40 万美元，第三年付 20 万美元，合同规定该项专利权可使用 5 年。

第一次付款：

（1）代缴增值税和预提所得税。做会计分录为：

借：应交税费——应交增值税　148 320（US$400 000×6.18×6%）

——应交预提所得税

232 368［（US$400 000×6.18−148 320）×10%］

贷：银行存款——美元户　380 688

（2）合同规定的第一次应付价款记入“未完引进技术”账户。做会计分录为：

借：未完引进技术　2 472 000（US$400 000×6.18）

贷：应付外汇账款——B 国企业——美元户　2 472 000（US$400 000×6.18）

（3）结转代扣税金。做会计分录为：

借：应付外汇账款——B 国企业——美元户　380 688

贷：应交税费——应交增值税　148 320

——应交预提所得税　232 368

（4）支付进口技术款。做会计分录为：

借：应付外汇账款——B 国企业——美元户　2 091 312

贷：银行存款——美元户　2 091 312

第二次付款：

分录同第一次付款。

第三次付款：

（1）代缴增值税和预提所得税。做会计分录为：

借：应交税费——应交增值税　　74 160（US$200 000 × 6.18 × 6%）
　　　　　　——应交预提所得税
　　　　　　　　116 184［（US$200 000 × 6.18−74 160）× 10%］
　贷：银行存款——美元户　　190 344

（2）合同规定的第三次应付价款记入“未完引进技术”账户。做会计分录为：

借：未完引进技术　　1 236 000（US$200 000 × 6.18）
　贷：应付外汇账款——B 国企业——美元户　　1 236 000（US$200 000 × 6.18）

（3）结转代扣税金。做会计分录为：

借：应付外汇账款——B 国企业——美元户　　190 344
　贷：应交税费——应交增值税　　74 160
　　　　　　——应交预提所得税　　116 184

（4）支付进口技术款。做会计分录为：

借：应付外汇账款——B 国企业——美元户　　1 045 656
　贷：银行存款——美元户　　1 045 656

（5）结转未完引进技术的资产价值。做会计分录为：

借：无形资产——专利权　　6 180 000（US$1 000 000 × 6.18）
　贷：未完引进技术　　6 180 000（US$1 000 000 × 6.18）

（6）摊销当月无形资产使用成本。做会计分录为：

借：管理费用——无形资产摊销　　103 000
　贷：累计摊销　　103 000

（二）提成支付方式下的会计核算

例7-4 甲进出口公司从丙国乙企业进口其商品的商标使用权，合同规定每年按年销售收入的 10% 支付乙企业使用费，使用期 10 年。假定第一年甲进出口公司销售收入为 10 万美元，第二年销售收入为 16 万美元，这两年的使用费按期支付。对方负担预提所得税及增值税，美元对人民币的中间价为 6.18 元，该企业有美元现汇账户，无须购汇。增值税税率为 6%，预提 10% 的所得税。

甲进出口公司第一年年底付款：

（1）代缴增值税和预提所得税。做会计分录为：

借：应交税费——应交增值税　　3 708（US$100 000 × 10% × 6.18 × 6%）
　　　　　　——应交预提所得税
　　　　　　　　5 809.2［（US$100 000 × 10% × 6.18−3 708）× 10%］
　贷：银行存款——美元户　　9 517.2

（2）合同规定的第一次应付价款记入“未完引进技术”账户。做会计分录为：

借：未完引进技术 （US$100 000 × 10% × 6.18）61 800
　贷：应付外汇账款——丙国乙企业——美元户 61 800
（US$100 000 × 10% × 6.18）

（3）结转代扣税金。做会计分录为：

借：应付外汇账款——丙国乙企业——美元户 9 517.2
　贷：应交税费——应交增值税 3 708
　　　　　　——应交预提所得税 5 809.2

甲进出口公司第二年年底付款：

（1）代缴增值税和预提所得税。做会计分录为：

借：应交税费——应交增值税 5 932.8（US$160 000 × 10% × 6.18 × 6%）
　　　　　——应交预提所得税 9 294.72
[（US$160 000 × 10% × 6.18−5 932.8）× 10%]
　贷：银行存款——美元户 15 227.52

（2）合同规定的第二次应付价款记入“未完引进技术”账户。做会计分录为：

借：未完引进技术 98 880（US$160 000 × 10% × 6.18）
　贷：应付外汇账款——丙国乙企业——美元户 98 880（US$160 000 × 10% × 6.18）

（3）结转代扣税金。做会计分录为：

借：应付外汇账款——丙国乙企业——美元户 15 227.52
　贷：应交税费——应交增值税 5 932.8
　　　　　　——应交预提所得税 9 294.72

以后每年会计分录同上。

（三）入门费加提成费方式下的会计核算

入门费加提成费方式下的会计核算与提成支付方式下的会计核算类似，此处不再赘述。

知识点三 以产品补偿引进国外技术的会计核算

技术出口国提供专利和非专利技术的所有权或使用权，我国企业利用该技术生产的产品来偿还该技术的使用费，此类业务属于补偿贸易，带有融资性质。引进技术无须立即付汇，按我国税法规定需要缴纳增值税和预提所得税。

（1）引进技术按合同价值记账。做会计分录为：

借：无形资产——专利权使用权
　贷：长期应付款——应付国外专利权使用费

（2）第一次向国外交货偿还技术使用费。做会计分录为：

借：长期应付款——应付国外专利权使用费
　　贷：主营业务收入

结转成本时：

借：主营业务成本
　　贷：库存商品

（3）同时代扣应缴增值税和预提所得税。做会计分录为：

借：长期应付款——应付国外专利权使用费
　　贷：应交税费——应交增值税
　　　　　　　　——应交预提所得税

（4）缴纳增值税和预提所得税。做会计分录为：

借：应交税费——应交增值税
　　　　　　——应交预提所得税
　　贷：银行存款

（5）每月摊销无形资产。做会计分录为：

借：管理费用——无形资产摊销
　　贷：累计摊销

以后每次向国外交货偿还技术使用费分录同上。

知识点四　外方以技术作为投资的会计核算

按《企业会计制度》的规定，投入的无形资产按投资各方确认的价值作为实际成本。会计分录为：

借：无形资产
　　应交税费——应交增值税
　　贷：实收资本（或股本）

任务四　技术出口的账务处理

知识点一　企业提供技术服务的账务处理

一、企业提供技术服务确定收入的条件

企业为技术进口国设计软件、开发新产品、培训技术人员、设计产品、建筑设计等均属于提供技术服务。

提供技术服务的交易结果必须同时满足下列条件，才能确定收入：

（1）收入的金额能够可靠地计量。

（2）相关的经济利益很可能流入企业。

（3）提供技术服务的完成进度能够可靠地确定。

（4）交易中已发生和将发生的成本能够可靠地计量。

提供技术服务收入的确认有三种情况：

第一，提供技术服务从开始到完成，处在同一会计年度内，应当在完成服务时确认收入。

第二，如果提供技术服务不能在一个会计年度内完成，而提供技术服务交易的结果能够可靠估计的，企业在资产负债表日应当采用完工百分比法确认提供劳务收入。完工百分比法是指按照劳务的完成进度确认收入和费用的方法。合同总收入一般在双方签订的合同或协议中确定。企业应当在资产负债表日按照提供劳务收入总额乘以完成进度扣除以前会计期间累计已确认提供劳务收入后的金额，确认当期提供劳务收入；同时，按照提供劳务估计总成本乘以完工进度扣除以前会计期间累计已确认劳务成本后的金额，结转当期劳务成本。

企业确定提供技术服务交易的完成程度，可以选用下列方法：已完工作的测量；已经提供的劳务占应提供劳务总量的比例；已经发生的成本占估计总成本的比例。

第三，企业在资产负债表日提供劳务交易结果不能够可靠估计的，应当分别按下列情况处理：已经发生的劳务成本预计能够得到补偿的，按照已经发生的劳务成本金额确认提供劳务收入，并按相同金额结转劳务成本；已经发生的劳务成本预计不能够得到补偿的，应当将已经发生的劳务成本计入当期损益，不确认提供劳务收入。

二、企业提供技术服务的会计核算

例7–5　甲进出口公司于20××年9月为A国企业设计工程项目，设计费为50万美元，期限为6个月，合同规定A国企业预付设计费5万美元，余款在设计完成后支付。至20××年12月31日已发生成本人民币200万元（假定为设计人员工资）。预计次年完成该设计项目还将发生成本人民币120万元。20××年12月31日经专业人员测评，设计工程已完成75%。美元对人民币的中间价为6.18元，假定期内无变动。A国征收的预提所得税税率为10%，则：

20××年确认收入＝劳务总收入×劳务的完成程度－以前年度已确认的收入

=500 000美元×75%×6.18−0

=2 317 500（元）

20××年确认费用＝劳务总成本×劳务的完成程度－以前年度已确认的成本

=（2 000 000+1 200 000）×75%−0

=2 400 000（元）

会计分录如下：

（1）收到预收款，已扣预提所得税：

借：银行存款——美元户　　278 100［US$50 000×（1−10%）×6.18］

　　应交税费——应交预提所得税　　30 900（US$50 000×10%×6.18）

　贷：预收外汇账款——A 国企业　　309 000（US$50 000×6.18）

（2）结转代缴预提所得税：

借：所得税费用　　30 900

　贷：应交税费——应交预提所得税　　30 900

（3）发生成本时：

借：劳务成本　　2 000 000

　贷：应付职工薪酬——应付工资　　2 000 000

（4）20×× 年 12 月 31 日，资产负债表日确认收入：

借：应收外汇账款——A 国企业　　2 317 500（US$500 000×75%×6.18）

　贷：主营业务收入　　2 317 500

同时结转成本：

借：主营业务成本　　2 400 000

　贷：劳务成本　　2 400 000

（5）次年发生成本时：

借：劳务成本　　1 200 000

　贷：应付职工薪酬——应付工资　　1 200 000

（6）设计工程完工时，确认余下 25% 工程的收入：

借：应收外汇账款——A 国企业　　772 500（US$500 000×25%×6.18）

　贷：主营业务收入　　772 500

同时结转成本：

借：主营业务成本　　800 000

　贷：劳务成本　　800 000

（7）收到 A 国企业设计费余款，已扣预提所得税：

借：银行存款——美元户　　2 502 900［US$450 000×（1−10%）×6.18］

　　应交税费——应交预提所得税　　278 100（US$450 000×10%×6.18）

　　预收外汇账款——A 国企业　　309 000（US$50 000×6.18）

　贷：应收外汇账款——A 国企业　　3 090 000（US$500 000×6.18）

（8）结转代缴预提所得税：

借：所得税费用　　278 100

　贷：应交税费——应交预提所得税　　278 100

企业在 A 国缴纳的预提所得税，在国内汇总缴纳企业所得税时予以抵扣。

知识点二　技术转让的账务处理

一、技术转让收入确定的条件

技术转让又称技术权益转让，是指转让者将其所拥有的专利或非专利技术的所有权或使用权有偿转让给他人使用的行为。它可以用图纸、技术资料等形式有偿转让技术所有权或使用权。这类交易属于企业让渡资产使用权，因而使用费的收入做收入处理。让渡资产使用权收入同时满足下列条件的，才能予以确认：

（1）相关的经济利益很可能流入企业。

（2）收入的金额能够可靠地计量。

使用费收入应按有关合同协议规定的收费时间和方法确认。不同的使用费收入，其收费时间和收费方法各不相同，有的一次收回一笔固定的金额，如一次收取10年的场地使用费；有的在协议规定的有效期内分期等额收回，如合同规定在使用期内每期收取一笔固定的金额；有的分期不等额收回，如合同规定按资产使用方每期销售额的百分比收取使用费等。

如果合同、协议规定使用费一次支付，且不提供后期服务的，应视同该项资产的销售一次确认收入；如提供后期服务的，应在合同、协议规定的有效期内分期确认收入。如合同规定分期支付使用费的，应按合同规定的收款时间和金额或合同规定的收费方法计算的金额分期确认收入。

二、技术转让的会计核算

例7-6　甲进出口公司将一项专利权转让给A国企业使用，合同规定使用期为4年，使用费为40万美元，分4次收取，并当即结汇。取得时的账面价值为40万美元，已摊销10万美元，余额为30万美元。A国不征收预提所得税，美元对人民币的买入价为6.18元。会计分录如下：

（1）每次收取使用费时：

借：银行存款——人民币户　　618 000

　贷：其他业务收入　　618 000

（2）按4年的期限，每月摊销无形资产：

借：其他业务成本——无形资产摊销　　6 250（300 000 ÷ 4 ÷ 12）

　贷：累计摊销　　6 250

复习思考题

一、单项选择题

1. 属于自由进出口的技术，应当向国务院外经贸主管部门办理登记，国务院外经贸主管部门应当自收到规定的文件之日起（　　）个工作日内对技术进口合同进行登记，颁发技术进出口合同登记证。

A. 2　　B. 3　　C. 5　　D. 7

2. 如果进口的技术作为无形资产进行核算，其以后使用该项技术期间内应以（　　）。

A. 成本减去累计摊销额和本期减值损失后的余额计量

B. 成本减去本期摊销额和累计减值损失后的余额计量

C. 成本减去累计摊销额和累计减值损失后的余额计量

D. 成本减去本期摊销额和本期减值损失后的余额计量

二、多项选择题

1. 技术进出口和一般货物进出口的区别为（　　）。

A. 交易对象不同　　B. 转让权限不同

C. 受法律调整和政府管制程度不同　　D. 交易方式不同

2. 在国际技术贸易中所采用的使用费支付方式主要有（　　）。

A. 总付　　B. 提成支付　　C. 预付　　D. 延期付款

E. 信用证付款

三、判断题

1. 限制进出口技术实行目录管理，对于目录范围内的限制进出口技术，实行许可证管理，未经国家许可，不得进出口。（　　）

2. 我国国家主管部门对技术进出口实行统一管理，采取三种技术、两类合同、登记加审批制度。（　　）

四、简答题

1. 技术进出口与一般货物进出口的区别是什么？

2. 如何理解技术进出口管理的三种技术、两类合同、登记加审批制度？

五、业务处理题

1. 我国甲企业以 200 万美元从乙国企业购入一项专利权，对方负担预提所得税及增值税，美元对人民币的中间价为 6.1 元，卖出价为 6.2 元，该企业有美元现汇账户，无须购汇。增值税税率为 6%，预提 10% 的所得税。

要求：按总付一次付清的情况编制预提应交所得税及增值税、按合同金额计入无形资产成本、结转代扣税金、支付扣税后的净价款的相关会计分录。

2. 我国 A 公司于 20×× 年 8 月为 B 国企业设计工程项目，设计费为 100 万美元，期限为 6 个月，合同规定 B 国企业预付设计费 10 万美元，余款在设计完成后支付。至当年 12 月 31 日已发生成本人民币 400 万元（假定为设计人员工资）。预计完成该设计项目还将发生成本人民币 240 万元。20×× 年 12 月 31 日经专业人员测评，设计工程已完成 80%。美元对人民币的中间价为 6.1 元，假定期内无变动。B 国征收的预提所得税税率为 10%。

要求：（1）确认 A 公司 20×× 年的收入、费用。

（2）编制 A 公司收到预收款、已扣预提所得税、结转代缴预提所得税、发生成本时、确认收入结转成本的相关会计分录。

模块八

资产的核算

学习目标

◆ **知识目标**

◎ 理解资产核算的要求。

◎ 掌握资产核算的方法。

◆ **技能目标**

◎ 能正确核算各类资产。

◆ **素养目标**

◎ 树立自觉遵守财经法规和资产管理制度的观念。

◎ 养成良好的职业意识和习惯，履行各类资产核算岗位职责。

案例导入

某外贸企业某年12月发生如下业务：10日，从银行提取现金16万元，准备发放职工工资；12日，购买商品100件，增值税专用发票上注明价款100万元，增值税税款13万元，企业以银行存款支付；15日，销售商品50件，增值税专用发票上注明价款80万元，增值税税款10.4万元，款项已收并存入银行；20日，以现金购买办公用品，普通发票上注明价款为200元。

思考：2022年12月，习近平总书记在中央经济工作会议上提出要继续发挥出口对经济的支撑作用。外贸企业应遵循上述理念进行经营，如何对上述业务进行正确核算？

任务一 货币资金的管理与核算

知识点一 现金的管理与核算

一、现金管理的主要内容

现金又称库存现金，是指存放在企业并由出纳人员保管的现钞，包括库存的人民币和各种外币。现金是流动性最强的一种货币资金，它可以随时用以购买所需物资、支付日常零星开支、偿还债务等。企业应当严格遵守国家有关现金管理制度，保证现金使用的合法性和合理性。

（一）现金的使用范围

按照《现金管理暂行条例》的规定，开户单位可在下列范围内使用现金：

（1）职工工资、津贴。

（2）个人劳务报酬。

（3）根据国家规定颁发给个人的科学技术、文化艺术、体育等方面的各种奖金。

（4）各种劳保、福利费用以及国家规定的对个人的其他支出。

（5）向个人收购农副产品和其他物资的价款。

（6）出差人员必须随身携带的差旅费。

（7）结算起点以下的零星支出。

（8）中国人民银行确定需要支付现金的其他支出。

不属于现金开支范围的支出，一律通过银行转账结算。

（二）现金限额的管理

现金的限额是指为了保证企业日常零星开支的需要，允许单位留存现金的最高数额。这一限额由开户银行根据单位的实际需要核定，一般按照单位 3 ～ 5 天日常零星开支的需要确定，边远地区和交通不便地区开户单位的库存现金限额，可按多于 5 天但不超过 15 天的日常零星开支的需要确定。需要增加或减少库存现金限额的，应当向开户银行提出申请，由开户银行核定。

（三）现金收支的管理

开户单位支付现金，可以从本单位库存现金限额中支付或者从开户银行提取，不得从本单位的现金收入中直接支付，即实行收支两条线，不准坐支现金。所谓坐支现金，是指将本单位的现金收入直接用于现金支出。各单位现金收入应于当日送存银行，如当日送存确有困难，由开户单位确定送存时间，因特殊情况需要坐支现金的，应当事先报经开户银行审查批准，由开户银行核定坐支范围和限额。坐支单位必须在现金账上如实反映坐支金额，并按月向开户银行报送坐支金额和使用情况。

此外，开户单位必须建立健全现金账目，逐笔记载现金收付，账目要日清月结，做到账款相符。不准用不符合财务制度的凭证顶替库存现金，即不得“白条抵库”；不准谎报用途套取现金；不准利用银行账户代其他单位和个人存入或支取现金；不准将单位收入的现金以个人名义存入银行；不准保留账外公款，即不得“公款私存”、不得设置“小金库”等。银行对违反上述规定的单位，将根据情节轻重给予警告或罚款。

二、现金的核算

企业应设置“库存现金”账户，反映企业现金的收入、支出和结存情况，借方登记收到的现金，贷方登记支出的现金，余额在借方，表示库存现金实有数。

企业应当设置现金总账和现金日记账，分别进行总分类核算和明细分类核算。企业内部各部门周转使用的备用金，可以单独设置“备用金”科目，也可以通过“其他应收款”科目核算。现金总账由不从事出纳工作的会计人员登记，现金日记账由出纳人员逐日逐笔登记，每日终了，应将现金结余数额与实际库存现金进行核对，保证账实相符。月末，现金日记账的余额应当与现金总账的余额核对，做到账账相符。

企业收到现金时，借记“库存现金”科目，贷记“银行存款”“其他业务收入”“其他应收款”等科目。

例8-1　甲进出口公司出售废料收到现金113元，增值税专用发票列示价款100元，增值税税额13元。账务处理如下：

借：库存现金　　113

　贷：其他业务收入　　100

　　　应交税费——应交增值税（销项税额）　　13

企业支付现金时，借记“管理费用”“其他应收款”等科目，贷记“库存现金”科目。

例8-2　甲进出口公司用现金为厂部购买办公用品，取得的普通发票所列含税价款共计70元。账务处理如下：

借：管理费用　　70

　贷：库存现金　　70

三、现金清查

现金清查是指对库存现金的盘点与核对。各单位应建立库存现金清查制度，由有关领导和专业人员组成清查小组，定期或不定期地按规定进行现金的清查，一般采用实地盘点法，并根据清查的结果编制“现金盘点报告单”。如果账款不符，应区分短缺和溢余两种情况处理。

（一）现金短缺

当现金短缺时，按短缺的金额，借记“待处理财产损溢——待处理流动资产损溢”科目，贷记“库存现金”科目。查明原因，报经批准后，属于应由责任人或保险公司赔偿的部分，记入“其他应收款”科目；属于无法查明的其他原因，记入“管理费用”科目。

例8-3 甲进出口公司进行现金清查时发现现金短缺500元，账务处理如下：

借：待处理财产损溢——待处理流动资产损溢　　500
　贷：库存现金　　500

经查，其中400元属于出纳人员工作失误造成，责令其赔款；另100元原因不明，经领导批准予以转销。账务处理如下：

借：其他应收款——出纳员××　　400
　　管理费用　　100
　贷：待处理财产损溢——待处理流动资产损溢　　500

（二）现金溢余

当现金溢余时，按溢余的金额，借记“库存现金”科目，贷记“待处理财产损溢——待处理流动资产损溢”科目。查明原因，报经批准后，属于应支付给有关人员或单位的，应借记“待处理财产损溢——待处理流动资产损溢”科目，贷记“其他应付款”或“库存现金”科目；属于无法查明原因的，应记入“营业外收入”科目。

例8-4 甲进出口公司进行现金清查时发现现金溢余500元，账务处理如下：

借：库存现金　　500
　贷：待处理财产损溢——待处理流动资产损溢　　500

经查，发现出纳人员在支付工资时，少支付员工于娜200元，其余300元无法查明原因。经领导批准后，做如下账务处理：

借：待处理财产损溢——待处理流动资产损溢　　500
　贷：其他应付款——于娜　　200
　　　营业外收入　　300

知识点二　银行存款的管理与核算

一、银行存款管理的主要内容

银行存款是指企业存放在银行或其他金融机构的各种款项。企业应当根据业务需要，按照规定在其所在地银行开设账户，进行存款、取款以及各种收支转账业务的结算。银行存款的收付应严格执行银行结算制度的规定。

（一）银行账户管理

凡独立核算的企业都必须在当地银行开立账户，用来办理货币资金的存取及各种收支的转账结算业务。银行存款账户分为四类：

（1）基本存款账户，是存款人办理日常转账结算和现金收付的账户。存款人的工资、资金等现金的支取，只能通过本账户办理。存款人只能在一家银行的一个营业机构开立一个基本存款账户。

（2）一般存款账户，是存款人在基本存款账户以外的银行借款转存、与基本存款账户的存款人不在同一地点的附属非独立核算单位开立的账户。存款人可以通过本账户办理转账结算和现金缴存，但不能办理现金支取。

（3）临时存款账户，是存款人因临时经营活动需要开立的账户。存款人可以通过本账户办理转账结算，也可按规定办理现金收付。如企业在外地设临时机构，可以申请开立该账户。

（4）专用存款账户，是存款人因特定用途需要开立的账户。如基本建设项目专项资金、更新改造资金等。

存款人的账户只能办理存款人本身的业务活动，不得出租和转让账户，不得公款私存。有外币收付的企业，应开立有关外币存款账户，与人民币存款分别管理与核算。

（二）银行结算纪律

银行结算纪律是指通过银行办理转账结算的各单位或个人，在办理具体结算业务过程中，应当遵守的行为规范。企业应当严格遵守以下银行结算纪律：

（1）不准签发没有资金保证的票据或远期支票，套取银行信用。

（2）不准签发、取得和转让没有真实交易和债权债务的票据，套取银行和他人资金。

（3）不准无理由拒绝付款，任意占用他人资金。

（4）不准违反规定开立和使用银行账户。

（三）银行结算方式

按照货币资金支付方式的不同，结算分为现金结算和银行结算（亦称转账结算）。银行结算方式主要有以下几种。

1. 支票

支票结算是由付款单位签发支票，委托办理支票存款业务的银行在见票时无条件支付确定的金额给收款人或者持票人的一种结算方式。

2. 银行汇票

银行汇票结算是汇款人将款项交存银行，由出票银行签发汇票，由其在见票时按照实际结算金额无条件支付给收款人或者持票人的一种结算方式。

3. 银行本票

银行本票结算是申请人将款项交存银行，由银行签发本票，承诺自己在见票时无条件支付确定的金额给收款人或者持票人的一种结算方式。

4. 商业汇票

商业汇票结算是由出票人（收款人或付款人）签发商业汇票，由承兑人承兑，委托付款人在指定日期无条件支付确定的金额给收款人或者持票人的一种结算方式。

5. 汇兑

汇兑是汇款人委托银行将款项汇往异地收款人的一种结算方式。

6. 委托收款

委托收款是收款人委托银行向付款人收取款项的一种结算方式。

7. 托收承付

托收承付结算是根据购销合同的约定，由收款人发货后委托银行向异地付款人收取款项，由付款人向银行承认付款的一种结算方式。

8. 信用卡

信用卡结算是指商业银行向个人和单位发行信用卡，凭以向特约单位购物、消费和向银行存取现金的一种结算方式。

9. 信用证

信用证结算是银行根据开证申请人的请求和指示，向受益人开具有一定金额的信用证，并在一定期限内凭规定的单据承诺付款的一种结算方式。

外贸企业面临着国内和国外两个市场，在购销结算中，既有人民币资金的收付业务，又有外币资金的收付业务。根据我国外汇管理的有关规定，外贸企业出口业务实现的销售收入，一部分可以保留现汇，另一部分必须在国家指定的专业银行结汇。外贸企业进口业务所需要的外汇，有现汇的企业可以直接用现汇支付；没有现汇或现汇不足的企业，可以按照有关规定在国家的外汇指定银行购汇支付。

二、银行存款的核算

（一）银行存款的账务处理

企业应设置“银行存款”账户，反映企业存入银行或其他金融机构的存款。借方登记存款的增加，贷方登记存款的减少，余额在借方，表示企业银行存款实有数额。

企业应设置银行存款总账和银行存款日记账，分别进行银行存款的总分类核算和明细分类核算。银行存款总账由不从事出纳工作的会计人员登记。银行存款日记账由出纳人员逐日逐笔登记，每日终了应结出余额。银行存款日记账应当按银行和其他金融机构、存款种类等开设，对于有外币存款的企业，还应按不同币种和开户银行分别设置日记账。

例8-5 甲进出口公司从银行提取现金18万元，准备发放工资。账务处理如下：

借：库存现金　　180 000

　贷：银行存款　　180 000

例8-6 甲进出口公司收回上月销售的货款15万元存入银行。账务处理如下：

借：银行存款　　150 000

　贷：应收账款　　150 000

例8-7 甲进出口公司用银行存款支付前欠的货款10万元。账务处理如下：

借：应付账款　　100 000

　贷：银行存款　　100 000

（二）银行存款的核对

企业银行存款日记账的账面余额应定期与其开户银行转来的银行对账单的余额核对相符，至少每月核对一次。企业银行存款日记账的账面余额与银行对账单余额之间不一致的原因除记账错误外，还存在未达账项。所谓未达账项，是指由于企业和银行双方记账时间不一致而发生的一方已经入账，另一方因尚未接到有关凭证而未记账的账项。发生未达账项的具体情况有四种：一是企业已收款入账，银行尚未收款入账；二是企业已付款入账，银行尚未付款入账；三是银行已收款入账，企业尚未收款入账；四是银行已付款入账，企业尚未付款入账。

对于未达账项，应通过编制“银行存款余额调节表”进行检查核对，如没有记账错误，调节后的双方余额应相等。

例8-8 甲进出口公司某年12月31日银行存款日记账的余额为5 400 000元，银行存款对账单的余额为8 300 000元。经逐笔核对，发现以下未达账项：

（1）公司送存转账支票6 000 000元，并已登记银行存款增加，但银行尚未记账。

（2）公司开出转账支票4 500 000元，并已登记银行存款减少，但持票单位尚未到银行办理转账，银行尚未记账。

（3）公司委托银行代收某公司购货款4 800 000元，银行已收妥并登记入账，但公司尚未收到收款通知，尚未记账。

（4）银行代公司支付电话费400 000元，银行已登记公司银行存款减少，但公司未收到银行付款通知，尚未记账。

甲进出口公司根据上述资料编制的“银行存款余额调节表”如表8-1所示。

表8-1 银行存款余额调节表

单位：元

项目	金额	项目	金额
企业银行存款日记账余额	5 400 000	银行对账单余额	8 300 000
加：银行已收，企业未收款	4 800 000	加：企业已收，银行未收款	6 000 000
减：银行已付，企业未付款	400 000	减：企业已付，银行未付款	4 500 000
调节后的存款余额	9 800 000	调节后的存款余额	9 800 000

任务二 应收款项的核算

知识点一 应收票据的内容与核算

一、应收票据的内容

应收票据是指企业因销售商品、提供劳务等而收到的商业汇票。商业汇票是一种由出票人签发的，委托付款人在指定日期无条件支付确定金额给收款人或者持票人的票据。

根据承兑人不同，商业汇票分为商业承兑汇票和银行承兑汇票。商业承兑汇票是指由付款人签发并承兑，或由收款人签发交由付款人承兑的汇票。银行承兑汇票是指由在承兑银行开立存款账户的存款人（这里也是出票人）签发，由承兑银行承兑的票据。

应收票据按是否带息，分为不带息应收票据和带息应收票据。不带息商业汇票到期时，承兑人只按商业汇票的票面金额向收款人（或票据被背书人）支付款项。而带息商业汇票到期时，还需按票面规定的利率向收款人（或票据被背书人）支付利息。

二、应收票据的核算

（一）取得应收票据和收回到期票款

应收票据取得的原因不同，其会计处理亦有所区别。因债务人抵偿前欠货款而取得的应收票据，借记“应收票据”科目，贷记“应收账款”科目；因企业销售商品、提供劳务等而收到、开出承兑的商业汇票，借记“应收票据”科目，贷记“主营业务收入”和“应交税费——应交增值税（销项税额）”等科目。

商业汇票到期收回款项时，应按实际收到的金额，借记“银行存款”科目，贷记“应收票据”科目。

例8-9　甲进出口公司某年5月5日向乙公司销售一批商品，货款为1 500 000元，尚未收到，已办妥托收手续，适用的增值税税率为13%。甲进出口公司账务处理如下：

借：应收账款　　1 695 000

　贷：主营业务收入　　1 500 000

　　　应交税费——应交增值税（销项税额）　　195 000

5月15日，甲进出口公司收到乙公司寄来的一张3个月到期的商业承兑汇票，面值为1 695 000元，抵付商品货款。甲进出口公司账务处理如下：

借：应收票据　　1 695 000

　贷：应收账款　　1 695 000

7月15日，甲进出口公司上述应收票据到期，收回票面金额1 695 000元存入银行。账务处理如下：

借：银行存款　　1 695 000

　贷：应收票据　　1 695 000

（二）转让应收票据

企业将持有的商业汇票背书转让以取得所需物资时，按应计入取得物资成本的金额，借记“材料采购”“原材料”“库存商品”等科目；按增值税专用发票上注明的可抵扣的增值税税额，借记“应交税费——应交增值税（进项税额）”科目；按商业汇票的票面金额，贷记“应收票据”科目；如有差额，借记或贷记“银行存款”等科目。

例8-10　承例8-9，假定甲进出口公司于6月15日将上述应收票据背书转让，以取得生产经营所需的甲商品，该商品价款为1 500 000元，适用的增值税税率为13%，甲进出口公司账务处理如下：

借：库存商品　　1 500 000
　　应交税费——应交增值税（进项税额）　　195 000
　贷：应收票据　　1 695 000

知识点二 应收账款的内容与核算

一、应收账款的内容

应收账款是指企业因销售商品、提供劳务等经营活动，应向购货单位或接受劳务单位收取的款项，应收账款的入账价值包括销售商品或提供劳务从购货方或接受劳务方应收的合同或协议价款（应收的合同或协议价款不公允的除外）、增值税销项税额，以及代购货单位垫付的包装费、运杂费等。

应收账款的入账价值，是指企业计量应收账款的金额。通常情况下，按照历史成本计价，即根据交易实际发生时的金额入账。但在商业活动中，经常会存在商业折扣、现金折扣条件，所以在确定应收账款的入账价值时，还应正确考虑这两个因素。

商业折扣是指销售商品或提供劳务时，从货品价目单上规定的价格中扣减一定数额。商业折扣在交易成立时即已确定，对应收账款和营业收入的金额均不产生影响，应按扣除商业折扣以后的价格进行货款的结算，不需要对商业折扣进行单独的账务处理。通常，商业折扣用百分比来表示。

现金折扣是指债权人为鼓励债务人在规定的期限内早日付款，而给予的债务扣除。现金折扣通常发生在以赊销方式销售商品及提供劳务的交易中。企业为鼓励客户提前偿付货款，通常与债务人达成协议，债务人在不同期限内付款可享受不同的现金折扣。现金折扣一般用“折扣 / 付款期”表示。如“2/10，1/20，n/30”，含义为允许客户购货后延期付款天数为 30 天；2/10 表示在 10 天内付款，给予 2% 的折扣；1/20 表示超过 10 天而在 20 天内付款，给予 1% 的折扣；n/30 表示超过 20 天而在 30 天内付款，则应付全价，无折扣。

由于现金折扣发生在交易成立之后，因而企业应收账款的实收数额随着购货单位付款的时间不同而有所差异。我国会计核算采用的是总价法核算，即按未减去现金折扣的金额确定应收账款的入账价值。

二、应收账款的核算

企业应设置“应收账款”账户，反映企业因销售商品和产品、提供劳务等，应向购货单位或接受劳务单位收取的款项。借方登记赊销时应收账款的增加额，贷方登记应收账款的收回额和转为应收票据的款项，以及实际确认的坏账损失额。期末余额一般在借方，表示尚未收回的应收账款数额。

（一）应收账款的一般核算

企业销售商品等发生应收款项时，借记“应收账款”科目，贷记“主营业务收入”“应交税费——应交增值税（销项税额）”等科目；收回应收账款时，借记“银行存款”等科目，贷记“应收账款”科目。

企业代购货单位垫付包装费、运杂费时，借记“应收账款”科目，贷记“银行存款”等科目；收回代垫费用时，借记“银行存款”科目，贷记“应收账款”科目。

例8-11 甲进出口公司采用托收承付结算方式向乙公司销售商品一批，货款300 000元，增值税税额39 000元，以银行存款代垫运杂费6 000元，已办理托收手续。甲进出口公司账务处理如下：

借：应收账款——乙公司	345 000	
贷：主营业务收入		300 000
应交税费——应交增值税（销项税额）		39 000
银行存款		6 000

甲进出口公司实际收到款项时，账务处理如下：

借：银行存款	345 000	
贷：应收账款——乙公司		345 000

（二）商业折扣的核算

在存在商业折扣的情况下，企业应按扣除价格折扣后的实际售价确认收入。

例8-12 甲进出口公司销售给丙公司一批商品，按价目表价格计算的金额为300 000元，适用的增值税税率为13%，因是成批销售，甲进出口公司给购货方10%的商业折扣。甲进出口公司账务处理如下：

（1）销售实现时：

借：应收账款——丙公司	305 100	
贷：主营业务收入		270 000
应交税费——应交增值税（销项税额）		35 100

（2）收到货款时：

借：银行存款	305 100	
贷：应收账款——丙公司		305 100

（三）现金折扣的核算

企业发生赊销业务时，按未扣减现金折扣的销售额，借记“应收账款”科目，贷记“主营业务收入”“应交税费——应交增值税（销项税额）”科目。折扣期内收到款项，按实际收到的金额，借记“银行存款”科目，按发生的现金折扣，借记“财务费用”科目；按应收账款的账面价值，贷记“应收账款”科目。

例8-13 甲进出口公司于20××年6月1日售给丁公司一批价值为200 000元的商品，适用的增值税税率为13%，规定的现金折扣条件为“2/10，1/20”，商品已经交付并办妥托收手续。甲进出口公司账务处理如下：

借：应收账款——丁公司　　226 000
　贷：主营业务收入　　200 000
　　　应交税费——应交增值税（销项税额）　　26 000

如果上述货款在6月8日收到，假定计算现金折扣时不考虑增值税。则：

现金折扣 =200 000×2%=4 000（元）

借：银行存款　　222 000
　　财务费用　　4 000
　贷：应收账款——丁公司　　226 000

知识点三 其他应收款的内容与核算

一、其他应收款的内容

其他应收款是指企业除应收票据、应收账款、预付账款、应收股利、应收利息等以外的其他各种应收及暂付款项。主要包括：

（1）应收的各种赔款、罚款，如因企业财产等遭受意外损失而应向有关保险公司收取的赔款等。

（2）应收的出租包装物租金。

（3）应向职工收取的各种垫付款项，如为职工垫付的水电费，应由职工负担的医药费、房租费等。

（4）存出保证金，如租入包装物支付的押金。

（5）其他各种应收、暂付款项。

二、其他应收款的核算

其他应收款应当按实际发生的金额入账。

为了反映其他应收账款的增减变动及结存情况，企业应当设置“其他应收款”科目进行核算。“其他应收款”科目的借方登记其他应收款的增加，贷方登记其他应收款的收回，期末余额一般在借方，反映企业尚未收回的其他应收款项。

企业发生其他应收款时，借记“其他应收款”科目，贷记“库存现金”“银行存款”“营业外收入”等科目；收回或转销其他应收款时，借记“库存现金”“银行存款”“应付职工薪酬”等科目，贷记“其他应收款”科目。

例8–14 甲进出口公司在采购过程中发生材料毁损，按保险合同规定，应由保险公司赔偿损失30 000元，赔款尚未收到，应做如下账务处理：

借：其他应收款——保险公司　　30 000

　贷：材料采购　　30 000

若上述保险公司赔款如数收到，应做如下账务处理：

借：银行存款　　30 000

　贷：其他应收款——保险公司　　30 000

例8–15 甲进出口公司租入包装物一批，以银行存款向出租方支付押金10 000元，应做如下账务处理：

借：其他应收款——存出保证金　　10 000

　贷：银行存款　　10 000

若上述租入包装物按期如数退回，甲进出口公司收到出租方退还的押金10 000元，已存入银行，应做如下账务处理：

借：银行存款　　10 000

　贷：其他应收款——存出保证金　　10 000

知识点四 应收款项减值损失的确认与核算

一、应收款项减值损失的确认

企业应当在资产负债表日对应收款项的账面价值进行检查，若有客观证据表明该应收款项发生减值的，应当将该应收款项的账面价值减记至预计未来现金流量现值，减记的金额确认为减值损失，计提坏账准备。

对于单项金额重大的应收款项，应当单独进行减值测试。对于单项金额非重大的应收款项可以单独进行减值测试，也可以与经单独测试后未减值的应收款项进行组合，再按这些应收款项组合在资产负债表日余额的一定比例计算确定减值损失，计提坏账准备。

二、应收款项减值损失的核算

（一）账户设置

企业对应收款项减值损失的核算，应采用备抵法。备抵法是指采用一定的方法按期（至少每年末）估计坏账损失，提取坏账准备并转作当期费用，实际发生坏账时，直接冲减已计提的坏账准备，同时转销相应的应收款项余额的一种处理方法。

在备抵法下，企业应设置“坏账准备”和“信用减值损失”账户。

“坏账准备”账户用于核算企业提取的坏账准备，可按应收款项的类别进行明细核算。该账户是应收款项账户的抵减调整账户，贷方登记坏账准备的提取额和已确认并转销的坏账损失重新收回的金额；借方登记已确认坏账损失的转销额及冲销的坏账损失多计提数；期末余额在贷方，表示企业为期末应收款项所提取的坏账准备数。

“信用减值损失”账户核算企业计提的各项资产减值准备所形成的损失。该账户借方登记资产发生减值而应计提的减值准备的金额，贷方登记资产价值得以恢复的金额。

企业提取坏账准备时，借记“信用减值损失”科目，贷记“坏账准备”科目。实际发生坏账时，借记“坏账准备”科目，贷记“应收账款”等科目；如果已确认并转销的坏账以后又收回，则应按实际收到的金额增加坏账准备的账面余额，借记“应收账款”等科目，贷记“坏账准备”科目；同时，借记“银行存款”科目，贷记“应收账款”等科目；也可以按照实际收回的金额，借记“银行存款”科目，贷记“坏账准备”科目。

（二）估计坏账损失的方法

在会计实务中，估计坏账损失的方法有应收款项余额百分比法、账龄分析法、赊销百分比法和个别认定法。

1. 应收款项余额百分比法

在应收款项余额百分比法下，企业每期期末按应收款项余额的一定比例估计坏账损失，计提坏账准备。

第一次提取坏账准备时，计提坏账准备的数额，应根据会计期末应收款项的余额，按规定的比例计算，即：

当期应提取的坏账准备 = 当期应收款项期末余额 × 坏账准备提取率

以后，计提的坏账准备数额，应根据期末按应收款项余额的一定比例估计的坏账准备与“坏账准备”科目的余额进行调整。具体有以下三种情况：

（1）调整前“坏账准备”科目为贷方余额，且该余额小于本期估计的坏账数额，这时应以贷方余额小于本期估计坏账数额的差额作为计提坏账准备的数额。

（2）调整前“坏账准备”科目为贷方余额，且该余额大于本期估计的坏账数额，这时应以贷方余额大于本期估计的坏账数额的差额冲减多计提的坏账准备数额。

（3）调整前“坏账准备”科目为借方余额，该余额表明本期实际发生的坏账大于上期估计的坏账的差额，这时应以本期估计的坏账加上调整前的借方余额作为计提坏账准备的数额。

例8-16 甲进出口公司于2020年开始建立坏账准备金制度，2020年年末的应收账款余额为1 000 000元，坏账损失估计比例为4‰。账务处理如下：

2020年末应计提的坏账准备 =1 000 000×4‰ =4 000（元）

借：信用减值损失——计提的坏账准备 4 000

贷：坏账准备 4 000

2021年10月，甲进出口公司应收乙公司的货款6 000元因故不能收回，经批准确认为坏账损失，账务处理如下：

借：坏账准备 6 000

贷：应收账款——乙公司 6 000

2021年年末，甲进出口公司应收账款余额为1 200 000元，坏账损失估计比例仍为4‰，则应估计的坏账损失为1 200 000×4‰ =4 800（元），即本期坏账准备余额为贷方4 800元。但在期末提取坏账准备前，"坏账准备"科目有借方余额2 000（4 000−6 000）元，所以2021年年末实际应提取的坏账准备为6 800（2 000+4 800）元，账务处理如下：

借：信用减值损失——计提的坏账准备 6 800

贷：坏账准备 6 800

2022年9月，甲进出口公司又收到已确认为坏账的应收乙公司的货款1 500元，账务处理如下：

借：银行存款 1 500

贷：坏账准备 1 500

2022年年末，甲进出口公司应收账款余额为1 800 000元，坏账损失估计比例仍为4‰，则应估计的坏账损失为1 800 000×4‰ =7 200（元），即本期"坏账准备"科目的余额为贷方7 200元，但在提取坏账准备前，"坏账准备"科目已有贷方余额6 300（4 800+1 500）元，所以2022年年末应按其差额补提900（7 200−6 300）元，账务处理如下：

借：信用减值损失——计提的坏账准备 900

贷：坏账准备 900

2023年，甲进出口公司没有发生坏账也没有收回坏账，2023年年末应收账款余额为1 300 000元，坏账损失估计比例为4‰，则2023年年末应估计的坏账损失为1 300 000×4‰ =5 200（元），即本期"坏账准备"科目的余额为贷方5 200元。但在期末提取坏账准备前，"坏账准备"科目已有贷方余额7 200元，所以本期应按其差额冲减2 000（7 200−5 200）元，账务处理如下：

借：坏账准备　　2 000
　贷：信用减值损失——计提的坏账准备　　2 000

应收款项余额百分比法具有简便易行的优点。但它假设所有的应收账款产生的坏账风险是相同的，不考虑应收账款被拖欠时间的长短，这显然与现实不符。

2. 账龄分析法

账龄分析法是根据应收款项账龄的长短来估计坏账的一种方法。其中，账龄是指客户所欠账款的时间。一般来说，账龄越长，发生坏账的可能性就越大。

例8-17 某公司12月31日应收账款账龄及估计坏账损失资料如表8-2所示。

表8-2　应收账款账龄及估计坏账损失的资料

应收账款账龄	应收账款余额（元）	估计坏账率（%）	估计坏账损失金额（元）
1年以内	400 000	0.5	2 000
1～2年	300 000	1	3 000
2～3年	500 000	3	15 000
3年以上	100 000	5	5 000
合计	1 300 000		25 000

假设该公司在该年12月31日估计坏账损失时，“坏账准备”科目有贷方余额20 000元，则该公司本年年末应计提5 000（25 000−20 000）元坏账准备，账务处理为：

借：信用减值损失　　5 000
　贷：坏账准备　　5 000

3. 赊销百分比法

赊销百分比法是按本期赊销金额的一定比例计算坏账准备计提数的方法。此方法主要是根据以前年度实际发生的坏账与赊销净额的关系，估计一个平均坏账百分比。

在赊销百分比法下，企业每个会计期间所提取的坏账准备，应当根据当期企业赊销收入的一定百分比来确定，即：

各期计提的坏账准备＝当期赊销净额×估计坏账百分比

4. 个别认定法

个别认定法是根据每一项应收款项的具体情况来估计坏账损失的方法。

在采用账龄分析法和应收款项余额百分比法等方法的情况下，如果某项应收款项的可收回性与其他各项应收款项存在明显的差别（如债务单位处于特定地区），导致该项应收款项如果按照与其他应收款项同样的方法计提坏账准备，将无法真实地反映其可收回金额，则可对该项应收款项采用个别认定法计提坏账准备。

任务三　样品、展品和周转材料的核算

知识点一　样品、展品的核算

一、样展品的范围和管理

（一）样展品的范围

样展品通常是指从一批商品中抽取出来的或由生产、使用部门设计、加工出来的，足以反映和代表整批货物品质的少量实物。提供商品样品是外贸企业经营进出口交易不可缺少的环节，也是与客商洽谈交易的依据。样展品经常通过定期的国际博览会、综合商品展览会、高新技术展览会等展会展出。

（二）样展品的管理

外贸企业进出口交易的商品品种多样，规格复杂，形成样展品的来源渠道不一。有的样展品来自国外，有的来自国内；有的由客商无偿提供，有的是自行采购。因此外贸企业一般应建立专职的样展品管理部门，负责样展品的收入、发出与保管工作，并建立相关管理制度，设立账簿或卡片登记，根据审核批准的凭证收发样展品。采购样展品，应由业务部门负责；进口样展品应按批准的进口计划及单证验收；发出样展品应由业务部门办理必要的手续，对发出不明去向的样展品，应先做借样，然后再按规定手续报账；向商品交易会、博览会等发送样展品，应根据业务部门编制的样展品发送清单发给经办人员，待会期结束，再按规定办理退回与报销清算工作。

二、样展品的核算

外贸企业应在“库存商品”账户下设样展品专户进行样展品的总分类核算，按出口样品、进口样品、出国展品、国内陈列展品、交易会样展品、借用样品等，并按品名进行明细分类核算，同时登记其数量和金额。“库存商品——样展品”账户属于资产类账户，借方反映因验收入库和其他原因导致的样展品增加数，贷方反映因销售、赠送和其他原因导致的样展品减少数，余额在借方，反映样展品的结存数。

（一）购进样展品的核算

外贸企业购进样展品时，按采购成本借记“库存商品——样展品”科目，贷记“银行存款”等科目。

例8-18 甲进出口公司由业务部门购进样展品，价值5万元，交样展品管理部门验收入库，款项以银行存款支付。账务处理为：

借：库存商品——样展品　　50 000

　　应交税费——应交增值税（进项税额）　　6 500

　贷：银行存款　　56 500

（二）接受捐赠样展品的核算

外贸企业接受捐赠的样展品，应按市场价格或同类样展品价格估价入账，并作为营业外收入处理。

例8-19 甲进出口公司接受国外客商无偿捐赠的样品，该样品的市场估价为5 000元，则账务处理为：

借：库存商品——样展品　　5 000

　　应交税费——应交增值税（进项税额）　　650

　贷：营业外收入　　5 650

（三）销售样展品的核算

外贸企业向国外客商销售样展品，应确认为销售收入，记入“主营业务收入”科目；并结转销售成本，记入“主营业务成本”科目。

例8-20 甲进出口公司向国外客商销售一批样品，其成本为50 000元人民币，收入10 000美元存入银行，美元对人民币的汇率为1 : 6.2，则账务处理为：

借：银行存款　　62 000

　贷：主营业务收入　　62 000

同时结转销售成本：

借：主营业务成本　　50 000

　贷：库存商品——样展品　　50 000

外贸企业向组织单位提供样展品，收取销货价款，作为内销处理。

例8-21 甲进出口公司发送给经办单位组织到国外展览的样展品成本为60 000元，市场估价为80 000元，作为内销收到货款，则账务处理为：

借：银行存款　　90 400

　贷：主营业务收入　　80 000

　　应交税费——应交增值税（销项税额）　　10 400

同时结转销售成本：

借：主营业务成本　　60 000

　贷：库存商品——样展品　　60 000

（四）捐赠样展品的核算

外贸企业无偿赠送给国外客商的样展品，应记入“销售费用”科目。

例8-22 甲进出口公司无偿赠送给国外客商样展品一批，其成本为20 000元，则账务处理为：

借：销售费用　　20 000

　贷：库存商品——样展品　　20 000

外贸企业发出的在国内陈列展览的样展品，如数量少、价值较低，可作为销售费用支出，待收回样展品处理价款时冲减销售费用。

例8-23 甲进出口公司给国内展览馆提供陈列展览的少量低价样展品共计1 000元，则账务处理为：

借：销售费用　　1 000

　贷：库存商品——样展品　　1 000

收回样展品作价款500元，账务处理为：

借：银行存款　　500

　贷：销售费用　　500

知识点二 周转材料的核算

一、包装物的内容与核算

（一）包装物的内容

包装物是指为了包装本企业商品而储备的各种包装容器，如桶、箱、瓶、坛、袋等。

其核算内容包括：

（1）生产过程中用于包装产品作为产品组成部分的包装物。

（2）随同商品出售而不单独计价的包装物。

（3）随同商品出售单独计价的包装物。

（4）出租或出借给购买单位使用的包装物。

（二）包装物的核算

为了反映和监督包装物的增减变动及价值损耗、结存等情况，企业应当设置“周转材料——包装物”科目进行包装物的核算。

1. 购进包装物

企业单独购进的包装物成本包括包装物的价格和运杂费等，价款记入“周转材料——包装物”科目，对于运杂费，除了可以认定属于某特定包装物的大宗运杂费，一般不计入包装物成本，而作为销售费用处理。随同货物购进的包装物无论是否单独计价，都应以进货成本作为增加库存商品入账。

例8-24 甲进出口公司购进包装物一批，价款为200 000元，增值税为26 000元，支付运杂费1 000元，包装物已验收入库，上述款项以银行存款支付。账务处理如下：

借：周转材料——包装物	200 000	
应交税费——应交增值税（进项税额）	26 000	
销售费用	1 000	
贷：银行存款		227 000

2. 生产领用包装物

对于生产领用包装物，应根据领用包装物的实际成本或计划成本，借记“生产成本”科目，贷记“周转材料——包装物”“材料成本差异”等科目。

例8-25 甲进出口公司对包装物采用实际成本核算，某月生产产品领用包装物的成本为100 000元。甲进出口公司的账务处理为：

借：生产成本	100 000	
贷：周转材料——包装物		100 000

3. 随同商品出售不单独计价的包装物

随同商品出售而不单独计价的包装物，应于包装物发出时，按其实际成本计入销售费用。

例8-26 甲进出口公司某月销售商品领用不单独计价包装物的成本为50 000元。甲进出口公司的账务处理为：

借：销售费用　　50 000
　贷：周转材料——包装物　　50 000

4. 随同商品出售单独计价的包装物

随同商品出售单独计价的包装物，一方面应反映其销售收入，计入其他业务收入；另一方面应反映其实际销售成本，计入其他业务成本。

例8-27 甲进出口公司某月销售商品领用单独计价包装物的成本为80 000元，销售收入为100 000元，增值税税额为13 000元，款项已存入银行。甲进出口公司的账务处理为：

（1）出售单独计价包装物时：

借：银行存款　　113 000
　贷：其他业务收入　　100 000
　　　应交税费——应交增值税（销项税额）　　13 000

（2）结转所售单独计价包装物的成本时：

借：其他业务成本　　80 000
　贷：周转材料——包装物　　80 000

二、低值易耗品的内容与核算

（一）低值易耗品的内容

低值易耗品通常被视同存货，作为流动资产进行核算和管理，一般划分为一般工具、专用工具、替换设备、管理用具、劳动保护用品、其他用具等。

（二）低值易耗品的核算

为了反映和监督低值易耗品的增减变动及结存情况，企业应当设置“周转材料——低值易耗品”科目，借方登记低值易耗品的增加，贷方登记低值易耗品的减少，期末余额在借方，通常反映企业期末结存低值易耗品的金额。

低值易耗品等企业的周转材料符合存货定义和条件的，按照使用次数分次计入成本费用。金额较小的，可在领用时一次计入成本费用，以简化核算，但为加强实物管理，应当在备查簿上进行登记。

例8-28 甲进出口公司基本生产车间本月领用一般工具一批，实际成本为 50 000 元。本月还报废一批上月生产车间领用的专用工具，回收残料价值 100 元。采用一次转销法核算，账务处理如下：

（1）领用时：

借：制造费用——低值易耗品摊销　　50 000

　贷：周转材料——低值易耗品——一般工具　　50 000

（2）报废时：

借：原材料　　100

　贷：制造费用——低值易耗品摊销　　100

采用分次摊销法摊销低值易耗品，低值易耗品在领用时摊销其账面价值的单次平均摊销额。分次摊销法适用于可供多次反复使用的低值易耗品。在采用分次摊销法的情况下，需要设置“周转材料——低值易耗品——在用”“周转材料——低值易耗品——在库”“周转材料——低值易耗品——摊销”明细科目。

例8-29 甲进出口公司基本生产车间领用专用工具一批，实际成本为 100 000 元，该批工具不符合固定资产定义，采用分次摊销法进行摊销。该批专用工具的估计使用次数为 2 次。甲进出口公司的账务处理如下：

（1）领用专用工具：

借：周转材料——低值易耗品——在用　　100 000

　贷：周转材料——低值易耗品——在库　　100 000

（2）第一次领用时摊销其价值的一半：

借：制造费用　　50 000

　贷：周转材料——低值易耗品——摊销　　50 000

（3）第二次领用时摊销其价值的一半：

借：制造费用　　50 000

　贷：周转材料——低值易耗品——摊销　　50 000

同时：

借：周转材料——低值易耗品——摊销　　100 000

　贷：周转材料——低值易耗品——在用　　100 000

任务四　交易性金融资产的核算

知识点一　交易性金融资产概述

一、交易性金融资产的含义

交易性金融资产主要是指企业为了近期内出售而持有的金融资产，例如企业以赚取差价为目的从二级市场购入的股票、债券、基金等。

判断一项金融资产是否属于交易性金融资产，其主要标准是近期内是否为了出售而取得，如果企业取得一项金融资产是为了近期内出售，则可以将其划分为交易性金融资产。

二、账户设置

为了核算交易性金融资产的取得、收取现金股利或利息、处置等业务，企业应当设置“交易性金融资产”“公允价值变动损益”“投资收益”等账户。

企业持有的直接指定为以公允价值计量且其变动计入当期损益的金融资产也在“交易性金融资产”账户核算。

知识点二　交易性金融资产的核算

一、交易性金融资产的初始计量

企业取得交易性金融资产时，应当按照取得时的公允价值作为其初始确认金额，记入“交易性金融资产——成本”科目（借方）。取得交易性金融资产所支付价款中包含的已宣告但尚未发放的现金股利或已到付息期但尚未领取的债券利息，应当单独确认为应收项目，记入“应收股利”或“应收利息”科目（借方）。

为了取得交易性金融资产而发生的交易费用，记入“投资收益”科目（借方）。交易费用是指可直接归属于购买、发行或处置金融工具新增的外部费用，包括支付给代理机构、咨询公司、券商等的手续费和佣金及其他必要支出。发生交易费用取得增值税专用发票的，进项税额经认证后可按6%计算从当月销项税额中扣除，借记“应交税费——应交增值税（进项税额）”科目，按实际支付的金额贷记“银行存款”或“其他货币资金”

科目。

例8-30 2024年5月8日，甲进出口公司购入丙公司发行的公司债券，该笔债券于2020年7月1日发行，面值为2 500万元，票面利率为4%。上年债券利息于下年初支付。甲进出口公司将其划分为交易性金融资产，支付价款2 600万元（其中包含已宣告发放的债券利息50万元），另支付交易费用30万元。甲进出口公司的账务处理为：

借：交易性金融资产——成本	25 500 000	
应收利息	500 000	
贷：其他货币资金——存出投资款		26 000 000
借：投资收益	300 000	
应交税费——应交增值税（进项税额）	18 000	
贷：银行存款		318 000

二、交易性金融资产持有期间的核算

企业在持有交易性金融资产期间，对于被投资单位宣告发放的现金股利或企业在资产负债表日按分期付息、一次还本债券投资的票面利率计算的利息，应当确认为应收项目，记入“应收股利”或“应收利息”科目，并计入当期投资收益。收到股利或利息时，借记“银行存款”科目，贷记“应收股利”或“应收利息”科目。

例8-31 承例8-30，2024年6月5日，甲进出口公司收到购买价款中包含的已宣告发放的债券利息50万元，账务处理为：

借：银行存款	500 000	
贷：应收利息		500 000

2024年12月31日，甲进出口公司确认丙公司的公司债券利息收入时：

借：应收利息	1 000 000	
贷：投资收益		1 000 000

2025年年初，甲进出口公司收到债券利息100万元时：

借：银行存款	1 000 000	
贷：应收利息		1 000 000

三、交易性金融资产的期末计量

资产负债表日，交易性金融资产应当按照公允价值计量，公允价值与账面余额之间的差额计入当期损益（“公允价值变动损益”科目）。

例8-32 承例8-30，假定2024年6月30日，甲进出口公司购买的丙公司的债券的市价为2 580万元；2024年12月31日，甲进出口公司购买的丙公司的债券的市价为2 560万元。账务处理如下：

（1）2024年6月30日，确认该笔债券的公允价值变动损益时：

借：交易性金融资产——公允价值变动	300 000	
贷：公允价值变动损益		300 000

（2）2024年12月31日，确认该笔债券的公允价值变动损益时：

借：公允价值变动损益	200 000	
贷：交易性金融资产——公允价值变动		200 000

四、交易性金融资产的处置

出售交易性金融资产时，应当将该金融资产出售时的公允价值与其账面余额之间的差额确认为投资收益。

例8-33 承例8-32，假定2024年3月10日，甲进出口公司将持有的丙公司的债券全部出售，售价为2 570万元，款项已转存银行，则账务处理如下：

借：其他货币资金——存出投资款	25 700 000	
贷：交易性金融资产——成本		25 500 000
——公允价值变动		100 000
投资收益		100 000

任务五 固定资产和无形资产的核算

知识点一 固定资产的核算

一、固定资产的定义

固定资产是指同时具有以下特征的有形资产：

（1）为生产商品、提供劳务、出租或经营管理而持有的。

（2）使用寿命超过一个会计年度。

某一资产项目，如果要作为固定资产加以确认，首先要符合固定资产的上述特征。其次，还需要同时满足固定资产的确认条件：一是经济利益很可能流入企业；二是成本能够可靠计量。

二、固定资产的核算

（一）固定资产的初始计量

固定资产的初始计量，是指固定资产取得成本的确定。固定资产的成本是指企业购建某项固定资产并达到预定可使用状态前所发生的一切合理、必要的支出，包括直接发生的价款、运杂费、包装费和安装成本等，也包括间接承担的借款利息、外币借款汇兑差额及应分摊的其他辅助费用等。实务中，取得固定资产的方式不同，其成本的具体构成内容及确定方法也不尽相同。

固定资产初始计量涉及的主要会计科目有“固定资产”“工程物资”“在建工程”。

“固定资产”科目为资产类科目，用于核算企业固定资产的原价，借方登记企业增加的固定资产原价，贷方登记企业减少的固定资产原价，期末借方余额反映企业期末固定资产的账面原价。企业应当设置“固定资产登记簿”和“固定资产卡片”，按固定资产类别、使用部门和每项固定资产进行明细核算。

“工程物资”科目为资产类科目，用于核算企业为基建工程、更改工程而准备的各种物资的实际成本。借方登记企业购入工程物资的成本，贷方登记领用工程物资的成本，期末借方余额反映企业为在建工程准备的各种物资的成本。

“在建工程”科目为资产类科目，用于核算企业基建、安装、更新改造等工程发生的实际支出。借方登记企业各项在建工程发生的实际支出，贷方登记完工工程转出的成本，期末借方余额反映企业尚未达到预定可使用状态的在建工程的成本。

1. 外购固定资产

企业外购的固定资产，应将实际支付的购买价款、相关税费，以及使固定资产达到预定可使用状态前所发生的可归属于该项资产的运输费、装卸费、安装费和专业人员服务费等，作为固定资产的取得成本。一般纳税企业购入机器设备等固定资产的增值税应作为进项税额抵扣，不计入固定资产成本。具体账务处理分为不需要安装和需要安装两种情况：

（1）购入不需要安装的固定资产。

企业购入不需要安装的固定资产，按照确定的成本直接借记“固定资产”科目，贷记“银行存款”等科目。

例8-34 甲进出口公司购入一台不需要安装即可投入使用的生产设备，取得的增值税专用发票上注明的设备价款为 50 000 元，增值税税额为 6 500 元，另支付运杂费 600 元、包装费 200 元，款项均以银行存款支付。假设不考虑其他相关税费。甲进出口公司购置该设备的成本=50 000+600+200=50 800（元），账务处理如下：

借：固定资产　　50 800
　　应交税费——应交增值税（进项税额）　　6 500
　贷：银行存款　　57 300

（2）购入需要安装的固定资产。

企业购入需要安装的固定资产时，按实际支付的购买价款、运输费、装卸费和其他相关税费等，借记“在建工程”“应交税费——应交增值税（进项税额）”科目，贷记“银行存款”等科目；支付安装费用等时，借记“在建工程”科目，贷记“银行存款”等科目；安装完毕达到预定可使用状态时，按其实际成本，借记“固定资产”科目，贷记“在建工程”科目。

例8-35 甲进出口公司用银行存款购入一条需要安装的生产线，增值税专用发票上注明的生产线买价为500 000元，增值税税额为65 000元，支付运杂费30 000元，以银行存款支付安装费40 000元。甲进出口公司的账务处理如下：

（1）支付生产线价款、增值税及运杂费合计595 000元：

借：在建工程　　530 000
　　应交税费——应交增值税（进项税额）　　65 000
　贷：银行存款　　595 000

（2）支付安装费40 000元：

借：在建工程　　40 000
　　应交税费——应交增值税（进项税额）　　3 600
　贷：银行存款　　43 600

（3）生产线安装完毕达到预定可使用状态，确定总成本为570 000元：

借：固定资产　　570 000
　贷：在建工程　　570 000

2. 建造固定资产

企业自行建造固定资产，应将建造该项资产达到预定可使用状态前所发生的必要支出，作为固定资产的成本。

自建固定资产应先通过“在建工程”科目核算，工程达到预定可使用状态时，再从“在建工程”科目转入“固定资产”科目。企业自建固定资产，主要有自营和出包两种方式，由于采用的建设方式不同，其会计处理也不同。

（1）自营工程。

自营工程是指企业自行组织工程材料采购、自行组织施工人员施工的建筑工程和安装工程。购入工程物资时，借记“工程物资”科目，贷记“银行存款”等科目。领用工程物资时，借记“在建工程”科目，贷记“工程物资”科目。在建工程领用本企业原材料时，借记“在建工程”科目，贷记“原材料”等科目。在建工程领用本企业生产的商品时，借记“在建工程”科目，贷记“库存商品”等科目。自营工程发生的其他费用（如分配工程人员工资等），借记“在建工程”科目，贷记“银行存款”“应付职工薪酬”等科目。自营工程达到预定可使用状态时，按其成本，借记“固定资产”科目，贷记“在建工程”科目。

例8-36 甲进出口公司自建厂房一幢，购入为工程准备的各种物资500 000元，支付的增值税税额为65 000元，全部用于工程建设，领用本企业生产的水泥一批，实际成本为80 000元，税务部门确定的计税价格为100 000元，增值税税率为13%，工程人员应计工资100 000元，支付其他费用30 000元。工程完工并达到预定可使用状态，该公司的账务处理如下：

（1）购入工程物资时：

借：工程物资	500 000	
应交税费——应交增值税（进项税额）	65 000	
贷：银行存款		565 000

（2）领用购入的工程物资时：

借：在建工程	500 000	
贷：工程物资		500 000

（3）领用本企业生产的水泥，成本为80 000元：

借：在建工程	80 000	
贷：库存商品		80 000

（4）分配工程人员工资时：

借：在建工程	100 000	
贷：应付职工薪酬		100 000

（5）支付发生的其他费用时：

借：在建工程	30 000	
贷：银行存款		30 000

（6）工程完工，达到预定可使用状态时：

借：固定资产	710 000	
贷：在建工程		710 000

（2）出包工程。

出包工程是指企业通过招标等方式将工程项目发包给建造承包商，由建造承包商组织施工的建筑工程和安装工程。企业采用出包方式进行的固定资产工程，其工程的具体支出主要由建造承包商核算，在这种方式下，“在建工程”科目主要是企业与建造承包商办理工程价款的结算科目，企业支付给建造承包商的工程价款作为工程成本，通过“在建工程”科目核算。企业按合理估计的发包工程进度和合同规定向建造承包商结算的进度款，借记“在建工程”科目，贷记“银行存款”等科目；工程完成时按合同规定补付的工程款，借记“在建工程”科目，贷记“银行存款”等科目；工程达到预定可使用状态时，按其成本，借记“固定资产”科目，贷记“在建工程”科目。

例8-37 甲进出口公司将一幢厂房的建造工程出包给丙公司，按合理估计的发包工程进度和合同规定向丙公司结算进度款600 000元，工程完工后，收到丙公司有关工程结算单据，补付工程款400 000元，工程完工并达到预定可使用状态。甲进出口公司账务处理如下：

（1）按合理估计的发包工程进度和合同规定向丙公司结算进度款时：

借：在建工程	600 000	
应交税费——应交增值税（进项税额）	54 000	
贷：银行存款		654 000

（2）补付工程款时：

借：在建工程	400 000	
应交税费——应交增值税（进项税额）	36 000	
贷：银行存款		436 000

（3）工程完工并达到预定可使用状态时：

借：固定资产	1 000 000	
贷：在建工程		1 000 000

3. 投资者投入固定资产

投资者投入固定资产的成本，应当按照投资合同或协议约定的价值确定，但合同或协议约定价值不公允的除外。在合同或协议约定价值不公允的情况下，将该项固定资产的公允价值作为其成本。

例8-38 甲进出口公司收到其投资者投入的设备一台，原价300 000元，已提折旧50 000元，投资协议约定该设备的价值为280 000元。甲进出口公司的账务处理如下：

借：固定资产	280 000	
贷：实收资本（或股本）		280 000

（二）固定资产的后续计量

1. 固定资产折旧

固定资产折旧是指在固定资产使用寿命内，按照确定的方法对应计折旧额进行系统分摊。应计折旧额是指应当计提折旧的固定资产的原价扣除其预计净残值后的金额。已计提减值准备的固定资产，还应当扣除已计提的固定资产减值准备累计金额。

（1）影响固定资产折旧的因素。

影响固定资产折旧的因素主要有以下几个方面：

1）固定资产原价，是指固定资产的成本。

2）预计净残值，是指假定固定资产预计使用寿命已满并处于使用寿命终了时的预期状态，企业目前从该项资产处置中获得的扣除预计处置费用后的金额。

3）固定资产减值准备，是指固定资产已计提的固定资产减值准备累计金额。

4）固定资产的使用寿命，是指企业使用固定资产的预计期间，或者该固定资产所能生产产品或提供劳务的数量。

（2）计提折旧的范围。

除以下情况外，企业应当对所有固定资产计提折旧：已提足折旧仍继续使用的固定资产；单独计价入账的土地。

在确定计提折旧的范围时，还应注意以下几点：

第一，固定资产应当按月计提折旧，当月增加的固定资产，当月不计提折旧，从下月起计提折旧；当月减少的固定资产，当月仍计提折旧，从下月起停止计提折旧。

第二，固定资产提足折旧后，不论能否继续使用，均不再计提折旧；提前报废的固定资产，也不再补提折旧。所谓提足折旧，是指已经提足该项固定资产的应计折旧额。

第三，已达到预定可使用状态但尚未办理竣工决算的固定资产，应当按照估计价值确定其成本，并计提折旧；待办理竣工决算后，再按实际成本调整原来的暂估价值，但不需要调整原已计提的折旧额。

（3）固定资产的折旧方法。

企业应当根据与固定资产有关的经济利益的预期实现方式，合理选择固定资产折旧方法。可选用的折旧方法包括年限平均法、工作量法、双倍余额递减法和年数总和法等。

1）年限平均法。

年限平均法又称直线法，是指将固定资产的应计折旧额均衡地分摊于固定资产预计使用寿命内的一种方法。该方法主要适用于固定资产各期的负荷程度基本相同、各期应分摊的折旧费基本相同的情况。计算过程如下：

年折旧率＝（1－预计净残值率）÷预计使用年限 ×100%

预计净残值率＝（预计残值收入－预计清理费用）÷固定资产原价

月折旧率＝年折旧率 ÷12

固定资产月折旧额 = 固定资产原价 × 月折旧率

例8-39 甲进出口公司有一幢厂房，原价为5 000 000元，预计可使用20年，预计报废时的净残值率为2%。该厂房的折旧率和折旧额的计算如下：

年折旧率 =（1−2%）÷20=4.9%

月折旧率 =4.9%÷12=0.41%

月折旧额 =5 000 000×0.41%=20 500（元）

2）工作量法。

工作量法，是根据固定资产的实际工作量计提固定资产折旧的一种方法。计算过程如下：

单位工作量折旧额 = 固定资产原价 ×（1− 预计净残值率）÷ 预计工作总量

某项固定资产月折旧额 = 该固定资产当月工作量 × 单位工作量折旧额

例8-40 甲进出口公司的一辆运货卡车的原价为600 000元，预计总行驶里程为500 000千米，预计报废时的净残值率为5%，本月行驶4 000千米，该辆汽车的月折旧额计算如下：

$$单位里程折旧额 = \frac{600\,000\times(1-5\%)}{500\,000}=1.14（元/千米）$$

本月折旧额 =4 000×1.14=4 560（元）

3）双倍余额递减法。

双倍余额递减法，是在不考虑固定资产预计净残值的情况下，根据每期期初固定资产账面净值和双倍的直线折旧率计算固定资产折旧额的一种方法。固定资产账面净值为固定资产原价减去累计折旧后的余额。计算过程如下：

年折旧率 =2÷ 固定资产预计使用年限 ×100%

月折旧率 = 年折旧率 ÷12

年折旧额 = 年初固定资产账面净值 × 年折旧率

月折旧额 = 年折旧额 ÷12

由于采用双倍余额递减法时，每年年初固定资产净值没有扣除预计净残值，因此，计算折旧额时应注意不能使固定资产的账面价值降低到预计净残值以下。为操作方便，运用双倍余额递减法计提固定资产折旧时，应当在固定资产折旧年限到期前两年内，将固定资产账面净值扣除预计净残值后的余额平均摊销。

例8-41 甲进出口公司一项固定资产的原价为1 000 000元，预计使用年限为5年，预计净残值为4 000元，按双倍余额递减法计提折旧，每年的折旧额计算如下：

年折旧率 =2÷5×100%=40%

第一年应提的折旧额 =1 000 000×40%=400 000（元）

第二年应提的折旧额 =（1 000 000−400 000）×40%=240 000（元）

第三年应提的折旧额 =（600 000−240 000）×40%=144 000（元）

从第四年起改用年限平均法（直线法）计提折旧，即：

第四年、第五年的折旧额 =［（360 000−144 000）−4 000］÷2=106 000（元）

4）年数总和法。

年数总和法又称年限合计法，是以固定资产的原价减去预计净残值后的净额作为折旧基数，乘以一个逐年递减的分数计算每年折旧额的一种方法。这个分数是以固定资产尚可使用年限作为分子，以使用年限逐年数字之和作为分母，分母是固定的，分子是逐年递减的。计算过程如下：

年折旧率 = 尚可使用年限 ÷ 预计使用年限逐年数字之和 ×100%

年折旧额 =（固定资产原价 − 预计净残值）× 年折旧率

月折旧额 = 年折旧额 ÷12

已计提减值准备的固定资产，应当按照该项资产的账面价值（固定资产账面余额扣减累计折旧和累计减值准备后的金额）以及尚可使用寿命，重新计算确定折旧率和折旧额。

例8-42 承例 8-41，甲进出口公司若采用年数总和法，计算的各年折旧额如表 8-3 所示。

表 8-3　各年折旧额计算表　　金额单位：元

年份	尚可使用年限	原价 − 净残值	变动折旧率	年折旧额	累计折旧
1	5	996 000	5/15	332 000	332 000
2	4	996 000	4/15	265 600	597 600
3	3	996 000	3/15	199 200	796 800
4	2	996 000	2/15	132 800	929 600
5	1	996 000	1/15	66 400	996 000

（4）固定资产折旧的核算。

固定资产应当按月计提折旧，计提的折旧应当记入“累计折旧”科目，并根据用途计入相关资产的成本或者当期损益。企业自行建造固定资产过程中使用的固定资产，其计提的折旧应计入在建工程成本；基本生产车间所使用的固定资产，其计提的折旧应计入制造费用；管理部门所使用的固定资产，其计提的折旧应计入管理费用；销售部门所使用的固定资产，其计提的折旧应计入销售费用；经营租出的固定资产，其计提的折旧额应计入其他业务成本。企业计提固定资产折旧时，借记“制造费用”“销售费用”“管理费用”等科目，贷记“累计折旧”科目。

例8-43 甲进出口公司采用年限平均法对固定资产计提折旧，某年1月份根据固定资产折旧计算表确定的各车间及厂部管理部门应分配的折旧额为：一车间1 500 000元，二车间2 400 000元，三车间3 000 000元，厂管理部门600 000元。该公司应做如下账务处理：

借：制造费用——一车间 1 500 000
　　　　　　——二车间 2 400 000
　　　　　　——三车间 3 000 000
　　管理费用 600 000
　贷：累计折旧 7 500 000

企业至少应当于每年年度终了，对固定资产使用寿命、预计净残值以及折旧方法进行复核。如果使用寿命预计数与原估计数有差异，应当调整固定资产使用寿命；如果预计净残值的预计数与原估计数有差异，应当调整预计净残值；如果固定资产给企业带来经济利益的方式发生重大变化，应相应改变固定资产的折旧方法。

2. 固定资产后续支出

固定资产后续支出是指固定资产在使用过程中发生的更新改造支出、修理费用等。

固定资产后续支出的处理原则为：与固定资产有关的更新改造等后续支出，满足固定资产确认条件的，应当计入固定资产成本，同时将被替换部分的账面价值扣除；与固定资产有关的修理费用等后续支出，不满足固定资产确认条件的，应当在发生时计入当期损益。

（三）固定资产的处置

固定资产的处置包括固定资产的出售、报废、毁损、对外投资、非货币性资产交换、债务重组等。处置固定资产应通过“固定资产清理”科目核算。

企业出售、报废或者毁损的固定资产通过“固定资产清理”核算，清理的净损益依据固定资产处置方式不同来处理。具体如表8-4所示。

表8-4　处置类型、原因及账务处理

处置类型	处置原因	账务处理
被动处置	因已丧失使用功能（如正常报废清理）或因自然灾害发生毁损等原因而报废清理	利得或损失应计入营业外收支
主动处置	因出售、转让等原因产生的固定资产处置	利得或损失应计入资产处置损益

例8-44 甲进出口公司出售一座建筑物，原价为2 000 000元，已计提折旧1 000 000元，未计提减值准备，实际出售价格为1 200 000元，已通过银行收回价款，甲进出口公司应做如下账务处理：

（1）将出售固定资产转入清理时：

借：固定资产清理	1 000 000	
累计折旧	1 000 000	
贷：固定资产		2 000 000

（2）收回出售固定资产的价款时：

借：银行存款	1 308 000	
贷：固定资产清理		1 200 000
应交税费——应交增值税（销项税额）		108 000

（3）结转出售固定资产实现的利得时：

借：固定资产清理	200 000	
贷：资产处置损益		200 000

（四）固定资产的减值

固定资产在资产负债表日存在可能发生减值的迹象时，其可收回金额低于账面价值的，企业应当将该固定资产的账面价值减计至可收回金额，减计的金额确认为减值损失，计入当期损益，同时计提相应的资产减值准备。

企业计提固定资产减值准备，应当设置“固定资产减值准备”科目核算。企业按应减计的金额，借记“资产减值损失——计提的固定资产减值准备”科目，贷记“固定资产减值准备”科目。

固定资产减值损失一经确认，在以后会计期间不得转回。

知识点二 无形资产的核算

一、认识无形资产

无形资产是指企业拥有或者控制的没有实物形态的可辨认非货币性资产。无形资产具有三个主要特征：

（1）无形资产不具有实物形态。

（2）无形资产属于非货币性长期资产。

（3）无形资产具有可辨认性。

无形资产的主要内容包括专利权、非专利技术、商标权、著作权、土地使用权、特许权等。

二、无形资产的核算

为了核算无形资产的取得、摊销和处置等情况，企业应当设置“无形资产”“累计摊销”等科目。

（一）无形资产的取得

无形资产应当按照成本进行初始计量。企业取得无形资产的主要方式有外购、自行研究开发等。取得的方式不同，其会计处理也有所差别。

1. 外购的无形资产

外购的无形资产，其成本包括购买价款、相关税费以及直接归属于使该项资产达到预定用途所发生的其他支出。可直接归属于使该项资产达到预定用途所发生的其他支出是指使无形资产达到预定用途所发生的专业服务费用、测试费用等，但不包括为引入新产品进行宣传所发生的广告费用、管理费用及其他间接费用，也不包括无形资产达到预定用途以后发生的费用。

企业购入的无形资产，应按实际支付的成本，借记“无形资产”科目，贷记“银行存款”等科目。

例8-45 甲进出口公司某年1月15日以2 700万元购入一项专利权，另支付增值税费162万元。为推广由该专利权生产的产品，甲公司发生广告宣传费60万元。

甲进出口公司购入该专利权的成本为27 000 000元，账务处理为：

借：无形资产	27 000 000	
应交税费——应交增值税（进项税额）	1 620 000	
贷：银行存款		28 620 000

2. 自行研究开发的无形资产

企业内部研究开发项目所发生的支出应区分研究阶段支出和开发阶段支出。

研究是指为获取并理解新的科学或技术知识而进行的独创性有计划的调查；开发是指在进行商业性生产或使用前，将研究成果或其他知识应用于某项计划或设计，以生产出新的或具有实质性改进的材料、装置、产品等。

企业应当设置“研发支出”科目，核算企业进行研究与开发无形资产过程中发生的各项支出，按照研究开发项目，分别设置“费用化支出”与“资本化支出”明细科目进行明细核算。

企业自行开发无形资产发生的研发支出，不满足资本化条件的，借记“研发支出——

费用化支出”科目，满足资本化条件的，借记“研发支出——资本化支出”科目，贷记“原材料”“银行存款”“应付职工薪酬”等科目。

研究开发项目达到预定用途形成无形资产的，应按“研发支出——资本化支出”科目的余额，借记“无形资产”科目，贷记“研发支出——资本化支出”科目。

期末，应将“研发支出——费用化支出”科目归集的金额转入“管理费用”科目，借记“管理费用”科目，贷记“研发支出——费用化支出”科目。

例8-46 甲进出口公司自行研究开发一项技术，截至2023年12月31日，发生研发支出合计2 000 000元，经测试，该项研发活动完成了研究阶段，从2024年1月1日起开始进入开发阶段。2024年发生开发支出300 000元，假定符合无形资产开发支出资本化条件。2024年6月30日，该项研发活动结束，最终开发出一项非专利技术。甲进出口公司应做的账务处理如下：

（1）2023年发生研发支出：

借：研发支出——费用化支出　　2 000 000
　贷：银行存款　　2 000 000

（2）2023年12月31日，发生的研发支出全部属于研究阶段的支出：

借：管理费用　　2 000 000
　贷：研发支出——费用化支出　　2 000 000

（3）2024年，发生开发支出并满足资本化确认条件：

借：研发支出——资本化支出　　300 000
　贷：银行存款　　300 000

（4）2024年6月30日，该技术研发完成并形成无形资产：

借：无形资产　　300 000
　贷：研发支出——资本化支出　　300 000

（二）无形资产的摊销

1. 进行摊销处理的无形资产的范围

企业应当于取得无形资产时分析判断其使用寿命。使用寿命有限的无形资产应进行摊销，使用寿命不确定的无形资产不应摊销。

2. 无形资产的应摊销金额、摊销期和摊销方法

使用寿命有限的无形资产，其残值应当视为零，但下列情况除外：

（1）有第三方承诺在无形资产使用寿命结束时购买该无形资产。

（2）可以根据活跃市场得到预计残值信息，并且该市场在无形资产使用寿命结束时很可能存在。

无形资产的应摊销金额是指无形资产的成本扣除预计残值后的金额。已计提减值准备的无形资产，还应扣除已计提的无形资产减值准备累计金额。

对于使用寿命有限的无形资产应当自可供使用（即达到预定用途）当月起开始摊销，处置当月不再摊销。

无形资产摊销方法包括直线法、生产总量法等。企业选择的无形资产的摊销方法，应当反映与该项无形资产有关的经济利益的预期实现方式。无法可靠确定预期实现方式的，应当采用直线法摊销。

3. 无形资产摊销的会计处理

企业应当按月对无形资产进行摊销。无形资产的摊销额一般应当计入当期损益，并记入“累计摊销”科目。企业自用的无形资产，其摊销金额计入管理费用，借记“管理费用”科目，贷记“累计摊销”科目；出租的无形资产，其摊销金额计入其他业务成本，借记“其他业务成本”科目，贷记“累计摊销”科目。某项无形资产包含的经济利益通过所生产的产品或其他资产实现的，其摊销金额应当计入相关资产成本，借记“制造费用”等科目，贷记“累计摊销”科目。

例8-47 甲进出口公司购买了一项特许权，成本为 4 800 000 元，合同规定受益年限为 10 年，甲进出口公司每月应摊销 40 000 元。每月摊销时，账务处理如下：

借：管理费用　　40 000

　贷：累计摊销　　40 000

例8-48 某年 1 月 1 日，甲进出口公司将其自行开发完成的非专利技术出租给丁公司，该非专利技术成本为 3 600 000 元，双方约定的租赁期限为 10 年，甲进出口公司每月应摊销 30 000 元，每月摊销时，账务处理如下：

借：其他业务成本　　30 000

　贷：累计摊销　　30 000

（三）无形资产的处置

企业处置无形资产，应当将取得的价款扣除该无形资产账面价值以及出售相关税费后的差额计入资产处置损益。无形资产的账面价值是无形资产账面余额扣减累计摊销和累计减值准备后的金额。

企业处置无形资产时，应按实际收到的金额等，借记“银行存款”等科目；按已计提的累计摊销，借记“累计摊销”科目；按已计提的减值准备，借记“无形资产减值准备”科目；按应支付的相关税费及其他费用，贷记“银行存款”“应交税费”等科目；按无形资产账面余额，贷记“无形资产”科目；按借贷方差额，贷记或借记“资产处置损益”科目。

无形资产预期不能为企业带来未来经济利益时，应当将该无形资产的账面价值予以转销，计入当期损益（营业外支出）。

例8-49 甲进出口公司将其购买的一项专利权转让给W公司，该专利权的成本为600 000元，已摊销220 000元，实际取得的转让价款为500 000元，应交增值税30 000元，款项已存入银行。甲进出口公司的账务处理如下：

借：银行存款	530 000	
累计摊销	220 000	
贷：无形资产		600 000
应交税费——应交增值税		30 000
资产处置损益		120 000

（四）无形资产的减值

1. 无形资产减值金额的确定

无形资产在资产负债表日存在可能发生减值的迹象时，其可收回金额低于账面价值的，企业应当将该无形资产的账面价值减计至可收回金额，减计的金额确认为减值损失，计入当期损益，同时计提相应的资产减值准备。

2. 无形资产减值的会计处理

企业计提无形资产减值准备，应当设置“无形资产减值准备”科目核算。企业按应减计的金额，借记“资产减值损失——计提的无形资产减值准备”科目，贷记“无形资产减值准备”科目。

无形资产减值损失一经确认，在以后会计期间不得转回。

复习思考题

一、单项选择题

1. 根据《现金管理暂行条例》的规定，下列经济业务中，一般不应使用现金支付的是（　　）。

A. 支付职工奖金8 000元　　B. 支付零星办公用品购置费950元

C. 支付物资采购货款1 900元　　D. 支付职工差旅费500元

2. 企业一般不得从本单位的现金收入中直接支付现金，因特殊情况需要支付现金的，应事先报经（　　）审查批准。

A. 本企业单位负责人　　B. 上级主管部门
C. 开户银行　　D. 财税部门

3. 某企业销售商品一批，增值税专用发票上标明价款为 40 万元，适用的增值税税率为 13%。用银行存款为购买方代垫运杂费 2 万元，款项尚未收回，该企业确认的应收账款应该是（　　）万元。

A. 40　　B. 42　　C. 46.8　　D. 47.2

4. 某年年末，甲企业应收 A 公司的账款余额为 600 万元，已提坏账准备 80 万元，经单独减值测试，确定该应收账款的未来现金流量现值为 550 万元，则年末企业应确认的资产减值损失为（　　）万元。

A. 50　　B. −50　　C. 30　　D. −30

5. 企业对随同商品出售而不单独计价的包装物进行会计处理时，该包装物的实际成本应结转到（　　）。

A.“制造费用”科目　　B.“销售费用”科目
C.“管理费用”科目　　D.“其他业务成本”科目

6. 某企业购入 W 上市公司股票 180 万股，并划分为交易性金融资产，共支付款项 2 830 万元，其中包括已宣告但尚未发放的现金股利 126 万元。另外，支付相关交易费用 4 万元。该项交易性金融资产的入账价值为（　　）万元。

A. 2 700　　B. 2 704　　C. 2 830　　D. 2 834

7. 某企业转让一项专利权，该专利权的账面余额 50 万元，已摊销 20 万元，计提资产减值准备 5 万元，取得转让价款 28 万元，应交增值税 1.68 万元。假设不考虑其他因素，该企业应确认的转让无形资产净收益为（　　）万元。

A. −2　　B. 1.32　　C. 3　　D. 8

8. 某企业属于增值税一般纳税人，某年 5 月购入一台需要安装的生产设备，取得的增值税发票上注明的设备买价为 50 000 元，增值税税额为 6 500 元，支付的运杂费为 1 500 元，设备安装时领用生产用材料的成本为 1 000 元（不含税），购进该批材料的增值税额为 130 元。该固定资产的成本为（　　）元。

A. 63 170　　B. 52 500　　C. 63 000　　D. 61 170

9. 某企业某年 6 月 20 日自行建造的一条生产线投入使用，该生产线建造成本为 740 万元，预计使用年限为 5 年，预计净残值为 20 万元。在采用年数总和法计提折旧的情况下，该设备应计提的年折旧额为（　　）万元。

A. 240　　B. 140　　C. 120　　D. 148

10. 某企业某年 12 月 31 日购入一台设备，入账价值为 200 万元，预计使用寿命为 10 年，预计净残值为 20 万元，采用年限平均法计提折旧。次年 12 月 31 日，该设备存在减值迹象，经测试预计可收回金额为 120 万元。次年 12 月 31 日，该设备账面价值应为（　　）万元。

A. 120　　B. 160　　C. 180　　D. 182

二、多项选择题

1. 编制银行存款余额调节表时，下列未达账项中，会导致企业银行存款日记账的账面余额小于银行对账单余额的有（　　）。

A. 企业开出支票，银行尚未支付

B. 企业送存支票，银行尚未入账

C. 银行代收款项，企业尚未接到收款通知

D. 银行代付款项，企业尚未接到付款通知

2. 下列各项中，构成应收账款入账价值的有（　　）。

A. 确认商品销售收入时尚未收到的价款

B. 确认销售收入时尚未收到的增值税

C. 代购货方垫付的包装费

D. 销售货物发生的商业折扣

3. 下列项目中应通过“其他应收款”科目核算的有（　　）。

A. 拨付给企业各内部单位的备用金　　B. 应收的各种罚款

C. 收取的各种押金　　D. 应向职工收取的各种垫付款项

4. “交易性金融资产”科目借方登记的内容有（　　）。

A. 交易性金融资产的取得成本

B. 资产负债表日其公允价值高于账面余额的差额

C. 取得交易性金融资产所发生的相关交易费用

D. 资产负债表日其公允价值低于账面余额的差额

5. 企业对使用寿命有限的无形资产进行摊销时，其摊销额应根据不同情况分别计入（　　）。

A. 管理费用　　B. 制造费用　　C. 财务费用　　D. 其他业务成本

6. 下列各项固定资产，应当计提折旧的有（　　）。

A. 闲置的固定资产　　B. 单独计价入账的土地

C. 经营租出的固定资产　　D. 已提足折旧仍继续使用的固定资产

7. 下列各项中，影响固定资产折旧的因素有（　　）。

A. 预计净残值　　B. 原价

C. 已计提的减值准备　　D. 使用寿命

8. 下列各项中，会对处置固定资产损益有影响的因素有（　　）。

A. 累计折旧　　B. 清理费用　　C. 增值税　　D. 清理收入

三、业务处理题

1. 甲公司某年12月份发生与银行存款有关的业务如下：

（1）12月28日，甲公司收到A公司开出的480万元转账支票，交存银行。该笔款项系A公司违约支付的赔款，甲公司将其计入当期损益。

（2）12 月 29 日，甲公司开出转账支票支付 B 公司咨询费 360 万元，并于当日交给 B 公司。

要求：编制甲公司上述业务的会计分录（答案中的金额用万元表示）。

2. 某公司从证券市场上购入债券作为交易性金融资产，有关情况如下：

（1）2023 年 1 月 1 日购入某公司债券，共支付价款 1 025 万元（含债券应该发放的 2022 年下半年的利息），另支付交易费用 4 万元。该债券面值为 1 000 万元，于 2022 年 1 月 1 日发行，4 年期，票面利率为 5%，每年 1 月 2 日和 7 月 2 日付息，到期时归还本金和最后一次利息。

（2）该公司于 2023 年 1 月 2 日收到该债券 2022 年下半年的利息。

（3）2023 年 6 月 30 日，该债券的公允价值为 990 万元（不含利息）。

（4）2023 年 7 月 2 日，收到上半年的利息。

（5）2023 年 12 月 31 日，该债券的公允价值为 980 万元（不含利息）。

（6）2024 年 1 月 2 日，收到该债券 2023 年下半年的利息。

（7）2024 年 3 月 31 日，该公司将该债券以 1 015 万元的价格售出，扣除手续费 5 万元后，将收款净额 1 010 万元存入银行。

要求：编制该公司与上述经济业务有关的会计分录（答案中金额用万元表示）。

3. 甲企业为增值税一般纳税人，增值税税率为 13%。2023 年发生固定资产业务如下：

（1）1 月 20 日，企业管理部门购入一台不需要安装的 A 设备，取得的增值税专用发票上注明的设备价款为 550 万元，增值税税额为 71.5 万元，另发生运杂费 4.5 万元，款项均以银行存款支付。

（2）A 设备经过调试后，于 1 月 22 日投入使用，预计使用 10 年，净残值为 35 万元，决定采用双倍余额递减法计提折旧。

（3）7 月 15 日，企业生产车间购入一台需要安装的 B 设备，取得的增值税专用发票上注明的设备价款为 600 万元，增值税税额为 78 万元，另发生运杂费 8 万元，款项均以银行存款支付。

（4）8 月 19 日，将 B 设备投入安装，以银行存款支付安装费 3 万元。B 设备于 8 月 25 日达到预定使用状态，并投入使用。

（5）B 设备采用工作量法计提折旧，预计净残值为 35.65 万元，预计总工时为 5 万小时。9 月，B 设备实际使用工时为 720 小时。

假设除上述资料外，不考虑其他因素。

要求：（1）编制甲企业 2023 年 1 月 20 日购入 A 设备的会计分录。

（2）计算甲企业 2023 年 2 月 A 设备的折旧额并编制会计分录。

（3）编制甲企业 2023 年 7 月 15 日购入 B 设备的会计分录。

（4）编制甲企业 2023 年 8 月安装 B 设备及 B 设备投入使用的会计分录。

（5）计算甲企业 2023 年 9 月 B 设备的折旧额并编制会计分录（答案中的金额用万元表示）。

模块九

财务会计报表

学习目标

◆ 知识目标

◎ 理解对内报表的概念、作用、分类。

◎ 理解对外报表的概念、作用、结构、内容。

◎ 掌握对内报表的格式与编制方法。

◆ 技能目标

◎ 能够编制资产负债表和利润表。

◎ 能够熟练编制出口主要商品成本及盈亏表、进口主要商品成本分析表、进出口企业财务指标月报表。

◆ 素养目标

◎ 培养勤奋学习的态度、诚实守信的工作作风。

◎ 培养实事求是的学风和不断创新意识。

案例导入

2023 年 1 月 5 日，某公司股票开盘即告跌停。之后几天，其股价持续下跌，投资者纷纷排队斩仓，损失极为惨重。这一幕背后的直接原因是 1 月 4 日中国证监会公布了该公司造假劣迹：从 2016 年上市以来，直至 2020 年持续虚构业绩。然而，受聘为该公司进行审计的机构——某会计师事务所为该公司上述年度会计报表均出具了标准无保留意见审计报告。

该公司会计报表自 2016 年 4 月发行上市后便存在虚假记载。至 2020 年，该公司虚报销售收入 1.91 亿元，同时，累计冲销虚构主营业务收入 1 100 万元，累计虚构主营业务成本2 200万元，实际虚构主营业务收入1.8亿元，虚构主营业务利润1.58亿元。另外，该公司将证券投资转回的收益以及相关补贴收入冲销虚构主营业务收入及由此形成的应收款项，其实际证券投资收益金额小于各年虚构主营业务利润，此项差额形成该公司各年度的虚增利润，累计虚增利润4 000余万元。此外，公司2021年度会计报表虚构在建工程。

思考：党的二十大报告指出，党用伟大奋斗创造了百年伟业，也一定能用新的伟大奋斗创造新的伟业。对会计工作而言，改革创新就不局限于财务和报表的方寸之间，而是在提高财务工作质量和效率，推动会计工作由传统核算型向现代管理型转变，有效发挥数据在经济资源配置和单位内部决策中的作用。会计人员应如何避免案例中公司信息资料存在的问题？

财务会计报表是对企业财务状况、经营成果和现金流量的结构性表述。外贸企业财务会计报表分为对内报表和对外报表。

对内报表，是对外报表的对称，是反映会计主体生产经营过程及内部决策、计划、管理和控制的会计报表。内容包括成本报表、财务预算、财务分析及其他和价值管理有关的内部管理报表。对内报表是满足内部管理者个别需要的专用会计报表。对内报表提供的信息一般比较详细并不向外界传输，大部分属于商业秘密。对内报表的种类、格式、内容、编报时间、报送程序和报送对象由企业管理当局根据管理需要自行规范。

外贸企业对内提供的财务会计报表有出口主要商品成本及盈亏表、进口主要商品成本分析表、进出口企业财务指标月报表。

对外报表，是对内报表的对称，是以会计准则为规范编制的，向所有者、债权人、政府部门及其他有关各方及社会公众等外部使用者披露的会计报表。

外贸企业对外提供的财务会计报表有资产负债表、利润表、现金流量表和所有者权益（股东权益）变动表。

任务一 对内报表

知识点一 出口主要商品成本及盈亏表

一、概念

出口主要商品成本及盈亏表是反映外贸企业本年度内自营出口商品销售收入、销售成本、盈亏总额、出口关税、消费税退税和出口每美元经营成本等情况的会计报表。

通过编制本表，外贸企业可以及时分析、总结本企业经营的重点出口商品的销售价格、成本总额及构成。通过某一商品的出口每美元成本与人民币汇率相比较，可以判断企业主要出口商品的盈亏情况。

二、格式

出口主要商品成本及盈亏表的格式见表 9-1。

表 9-1 出口主要商品成本及盈亏表

年 月

会商（贸）05（1）表

金额单位：人民币万元（以下两位小数）

万美元（以下两位小数）

人民币元（以下两位小数）

<table>
<tr><th rowspan="4">商品名称</th><th rowspan="4">计量单位</th><th rowspan="4">销售数量</th><th colspan="3">销售收入</th><th colspan="9">出口总成本</th><th rowspan="4">盈亏总额</th><th colspan="4">出口每美元成本（元）</th></tr>
<tr><th colspan="2">折美元</th><th>人民币</th><th rowspan="3">总值</th><th colspan="7">出口经营成本</th><th rowspan="3">出口间接费用</th><th colspan="2">经营成本</th><th colspan="2">总成本</th></tr>
<tr><th rowspan="2">单价（元）</th><th rowspan="2">金额</th><th rowspan="2">金额</th><th colspan="3">商品进价</th><th rowspan="2">出口直接费用</th><th rowspan="2">消费税退税</th><th rowspan="2">出口关税</th><th rowspan="2">合计</th><th rowspan="2">本期</th><th rowspan="2">上年同期</th><th rowspan="2">本期</th><th rowspan="2">上年同期</th></tr>
<tr><th>单价（元）</th><th>金额</th><th>其中增值税未退差额</th></tr>
<tr><td></td><td></td><td></td><td></td><td></td><td></td><td></td><td></td><td></td><td></td><td></td><td></td><td></td><td></td><td></td><td></td><td></td><td></td><td></td><td></td></tr>
<tr><td></td><td></td><td></td><td></td><td></td><td></td><td></td><td></td><td></td><td></td><td></td><td></td><td></td><td></td><td></td><td></td><td></td><td></td><td></td><td></td></tr>
<tr><td></td><td></td><td></td><td></td><td></td><td></td><td></td><td></td><td></td><td></td><td></td><td></td><td></td><td></td><td></td><td></td><td></td><td></td><td></td><td></td></tr>
<tr><td></td><td></td><td></td><td></td><td></td><td></td><td></td><td></td><td></td><td></td><td></td><td></td><td></td><td></td><td></td><td></td><td></td><td></td><td></td><td></td></tr>
<tr><td></td><td></td><td></td><td></td><td></td><td></td><td></td><td></td><td></td><td></td><td></td><td></td><td></td><td></td><td></td><td></td><td></td><td></td><td></td><td></td></tr>
</table>

财务负责人： 审核： 复核人： 制表人：

三、编制方法

出口主要商品成本及盈亏表以出口每美元成本这一指标为核心，以主要出口商品为基础列示，对不同商品的销售收入和销售成本分别进行分解，以便直观地了解各种商品的明细情况，同时，对出口每美元成本这一指标，设立了“本期”和“上年同期”两个栏目，以便于比较。

表中有关指标的计算方法如下：

出口每美元成本＝出口总成本 ÷ 出口销售收入（折合成美元金额）

出口总成本＝出口经营成本＋出口间接费用

出口经营成本＝商品进价（含增值税未退税额）＋出口直接费用＋出口关税
－消费税退税额

该表应按照以下方法填列：

（1）本表核算的商品大类、主要商品和计算单位须按照海关规定的商品目录填列。

（2）“销售数量”栏按照出口商品的实际数量填列。

（3）“销售收入”项下“人民币”“金额”栏按照“自营出口销售收入”科目及有关明细科目发生额分析填列。

（4）“销售收入”项下“折美元”栏按照“销售收入”项下“人民币”“金额”栏乘以期末中国人民银行公布的美元对人民币汇价中间价计算填列。“折美元”项下“金额”（美元数）除以“销售数量”即为“折美元”项下“单价（元）”金额。出口商品无销售数量的，“单价（元）”栏可不填。

（5）“出口总成本”项（总值）由“出口经营成本”加“出口间接费用”构成。

（6）“出口经营成本”中的“合计”栏按“商品进价”加“出口直接费用”“出口关税”减“消费税退税”填列。其中：“商品进价”按照“自营出口销售成本”以商品立户的明细分类科目发生额和“应交税费”科目中“进项税额转出”金额分析填列。“自营出口销售成本”明细科目借方发生额一般包括三个部分：出口商品不含税进价；出口商品含消费税进价；增值税未退税部分。各外贸企业由于出口商品的品种不同或退税率不同（有的实行全额退税），因此“商品进价”的构成内容也有所不同。

（7）“出口直接费用”栏根据出口销售费用和管理费用、财务费用有关明细科目分析填列，以及能够认定到业务部门但不能认定到具体商品中的费用，凡是不能直接认定到商品中的费用，须按照一定比例进行分摊。

（8）“出口间接费用”栏由“出口直接费用”栏与出口有关明细科目分析填列，须按照一定比例进行分摊。

（9）“盈亏总额”栏按“销售收入”项减去“出口总成本”项填列。如为亏损，在数字前列“－”号。

（10）“出口每美元成本（元）”项下的“经营成本”栏按“出口经营成本”项下的“合计”栏除以“销售收入”项下“折美元”填列。

（11）“出口每美元成本”项下的“总成本”栏按“出口总成本”栏除以“销售收入”项下“折美元”填列。

知识点二　进口主要商品成本分析表

一、概念

进口主要商品成本分析表也叫进口商品销售利润（亏损）表，是反映进出口企业本年度内自营进口商品销售收入、销售成本、盈亏总额、进口每美元盈亏额等情况的会计报表，是进出口企业的主要内部管理报表之一。

二、格式

进口主要商品成本分析表的格式见表 9-2。

表 9-2　进口主要商品成本分析表

年　　月

会商（贸）05（2）表

金额单位：人民币万元（以下两位小数）

万美元（以下两位小数）

人民币元（以下两位小数）

<table>
<tr><th rowspan="4">商品名称</th><th rowspan="4">计量单位</th><th rowspan="4">销售数量</th><th colspan="2" rowspan="2">销售收入</th><th colspan="8">销售总成本</th><th colspan="4" rowspan="2">进口每美元成本（元）</th></tr>
<tr><th rowspan="3">总值</th><th colspan="5">商品进价</th><th rowspan="3">流通费用</th><th rowspan="3">销售税金</th></tr>
<tr><th rowspan="2">单价（元）</th><th rowspan="2">金额</th><th colspan="4">国外进价</th><th rowspan="2">进口关税及消费税</th><th colspan="2">本期</th><th colspan="2">上年同期</th></tr>
<tr><th>合计</th><th>美元单价</th><th>美元金额</th><th>人民币金额</th><th>单位盈亏</th><th>总额</th><th>单位盈亏</th><th>总额</th></tr>
<tr><td></td><td></td><td></td><td></td><td></td><td></td><td></td><td></td><td></td><td></td><td></td><td></td><td></td><td></td><td></td><td></td><td></td></tr>
<tr><td></td><td></td><td></td><td></td><td></td><td></td><td></td><td></td><td></td><td></td><td></td><td></td><td></td><td></td><td></td><td></td><td></td></tr>
<tr><td></td><td></td><td></td><td></td><td></td><td></td><td></td><td></td><td></td><td></td><td></td><td></td><td></td><td></td><td></td><td></td><td></td></tr>
<tr><td></td><td></td><td></td><td></td><td></td><td></td><td></td><td></td><td></td><td></td><td></td><td></td><td></td><td></td><td></td><td></td><td></td></tr>
<tr><td></td><td></td><td></td><td></td><td></td><td></td><td></td><td></td><td></td><td></td><td></td><td></td><td></td><td></td><td></td><td></td><td></td></tr>
</table>

财务负责人：　　　　审核：　　　　复核人：　　　　制表人：

三、编制方法

表中有关指标的计算方法如下：

进口每美元盈亏 =（销售收入 − 销售总成本）÷ 国外进价（美元金额）

销售总成本 = 商品进价 + 流通费用 + 销售税金

该表应按照以下方法填列：

（1）本表核算的主要商品和计算单位须按照海关规定的商品目录填列。

（2）“销售收入”栏按照有关进口销售收入科目及有关明细科目发生额分析填列。

（3）“销售总成本”栏的“国外进价”项下的“人民币金额”按有关进口销售成本科目发生额分析填列。“国外进价”项下的“美元金额”按期末中国人民银行公布的美元对人民币汇价或国家规定的外汇折算汇率折算后列示。所折算的美元金额除以销售数量等于美元单价。

（4）“流通费用”按直接销售费用、管理费用、财务费用和应分摊的进口商品的销售费用、管理费用、财务费用分析填列。

（5）“销售税金”按销售税金及附加科目有关内容分析填列。

（6）“销售总成本”栏的“总值”按“商品进价”加“流通费用”“销售税金”后填列。

（7）“总额”按“销售收入”减去“销售总成本”后的差额填列。

知识点三 进出口企业财务指标月报表

一、概念

进出口企业财务指标月报表是反映进出口企业经营情况、财务状况等主要财务指标的报表。同时，它也为政府有关部门根据进出口企业运行状况、完善有关政策措施提供重要参考资料。相关制度规定企业每月 10 日前编报上月的财务指标报表。

二、格式

进出口企业财务指标月报表的格式见表 9-3。

表 9-3 进出口企业财务指标月报表

年　　月

编制单位：　　　　单位：万元

项目	行次	本月数	本年数	上年同期
主营业务收入净额	1			
其中：出口销售收入净额	2			
主营业务成本	3			
销售费用	4			
税金及附加	5			
其他业务收入	6			
管理费用	7			

续表

项目	行次	本月数	本年数	上年同期
财务费用	8			
投资收益	9			
其他各项收支	10			
利润总额	11			
所得税费用	12			
净利润额	13			
实际已上缴所得税	14			
自营出口额（万美元）	15			
自营出口总成本	16			
出口每美元成本	17			
出口收汇净额（万美元）	18			
应收出口退税	19			
已收出口退税	20			
自营进口销售收入净额	21			
自营进口总成本	22			
自营进口国外进价（万美元）	23			
自营进口销售盈亏	24			
进口每美元赔赚款	25			
企业资产总额	26			
其中：流动资产	27			
存货	28			
其中：库存出口商品	29			
应收账款总额	30			
其中：应收外汇账款	31			
企业负债总额	32			
其中：流动负债	33			
短期借款	34			
独立核算企业户数（个）	35			
其中：亏损企业户数（个）	36			
亏损企业亏损额	37			
企业亏损面（%）	38			
企业下岗职工人数合计（人）	39			

负责人：　　　　　　　　复核人：　　　　　　　　制表人：

三、编制方法

进出口企业财务指标月报表共由四部分组成。第一部分（1～14行）反映企业的经营成果及所得税的实缴税额情况；第二部分（15～25行）反映有关进出口业绩情况；第三部分（26～34行）反映企业资产及负债总额情况；第四部分（35～39行）为其他项目，反映独立核算企业有关情况。财务指标月报表纵向设“本月数”“本年数”“上年同期”三栏，分别反映各项目的当年完成情况和与上年同期比较情况。金额单位一般为人民币万元，自营出口额为万美元，出口每美元成本单位为元，元以下保留两位小数。

（一）第一部分：经营成果及所得税指标

（1）主营业务收入净额，即“进口销售”“出口销售”“其他销售”科目的贷方余额减去销售折扣与折让后的差额。

（2）出口销售收入净额，即各项出口销售收入的净额。

（3）主营业务成本，即主营业务收入的进价成本。

（4）销售费用、税金及附加、其他业务收入、管理费用、财务费用、投资收益等项目的数据，可从利润表中取得。

（5）其他各项收支，即按“其他业务收入”（含代理进口、代理出口的手续费收入）、“其他业务成本”、“补贴收入”、“营业外收入”、“营业外支出”、“以前年度损益调整”科目各项收益和损失相抵之数填列。差额如为损失，在金额前以“–”号反映。

（6）利润总额，即期末税前利润。如为亏损，在金额前列“–”号。

（7）所得税费用，即期末“所得税费用”科目发生额。

（8）净利润额，即本期税后利润。如为亏损，在金额前列“–”号。

（9）实际已上缴所得税，即企业本期累计上缴的所得税税额。按“应交税费——应交所得税”科目的借方累计发生额填列。

（二）第二部分：自营进出口财务指标

（1）自营出口额（万美元），即自营出口销售净收入（FOB）期末折成的美元数。

（2）自营出口总成本，即自营出口销售的商品进价、增值税未退税部分，以及认定和摊入的费用及税金。

（3）出口每美元成本，即企业出口商品每一美元所耗费的成本。其计算公式为：

出口每美元成本＝自营出口总成本÷自营出口额（万美元）

（4）出口收汇净额（万美元），即企业本期累计出口结汇扣除与出口有关用汇后的净额。扣除用汇主要有：出口运费、保险费、佣金；支付银行外汇手续费；出口理赔款；偿还外汇贷款本息；归还以进养出复出口用汇本金；其他出口用汇。

（5）应收出口退税，即企业本期累计出口货物向国家税务机关申报的出口退税累计数以及期初余额。

（6）已收出口退税，即企业本期累计收到的出口退税款。

尚未收回的出口退税款的计算公式为：

尚未收回的出口退税款 = 应收出口退税累计数 − 已收出口退税累计数

（7）自营进口销售收入净额，即反映企业自营进口的销售收入总额减去企业给予国内用户的折扣与折让后的差额。

（8）自营进口总成本，即反映企业自营进口的采购成本、销售费用、销售税金及附加和应分摊的财务费用、管理费用。有关费用分摊的方法，企业根据合理、简便的原则自行确定。

（9）自营进口国外进价（万美元），即反映企业本期销售的自营进口商品以美元表示的以到岸价格为准的国外进价总额。

（10）自营进口销售盈亏，即反映企业自营进口销售业务实际的净利润额或净亏损额。

（11）进口每美元赔赚款，即反映企业自营进口平均每一美元产生的利润额或亏损额。

（三）第三部分：企业资产及负债总额指标

填列企业资产及负债总额指标时，需填列累计金额。

（1）企业资产总额，即投资者和债权人提供的资金构成的资产总额，为期末资产负债表的“资产总计”数。

其中，“流动资产”“存货”“应收账款总额”可从期末资产负债表中取得。“库存出口商品”“应收外汇账款”金额可参阅相关总分类账。

（2）企业负债总额，即企业债权人提供的资金总量，它包括流动负债和长期负债两方面，为期末资产负债表的“负债合计”数。

其中，“流动负债”“短期借款”可从期末资产负债表中取得。

企业资产总额 − 企业负债总额 = 企业所有者权益总额

（四）第四部分：其他指标

（1）独立核算企业户数（个），即属于本企业汇总报表范围内的企业户数（含本企业）。

（2）亏损企业户数（个），即独立核算企业户数中的亏损企业户数。

（3）亏损企业亏损额，即亏损企业期末利润表上反映的亏损额。应注意，亏损额前不加“−”号。

（4）企业亏损面（%），即独立核算亏损企业户数与独立核算企业户数的比率。其计算公式为：

企业亏损面 = 独立核算亏损企业户数 ÷ 独立核算企业户数 ×100%

（5）企业下岗职工人数合计（人），即企业职工虽在编制之内但已下岗的人数。

任务二 对外报表

知识点一 资产负债表

一、资产负债表的概念

资产负债表是反映企业某一特定日期财务状况的会计报表，它表明企业在某一特定日期所拥有或控制的经济资源、所承担的现时义务和所有者对净资产的要求权。

二、资产负债表的作用

资产负债表反映企业在某一特定日期所掌握的经济资源、债权人和投资者在企业所拥有的权益。利用该表揭示的财务状况信息进行分析，报表使用者可以了解企业的财务实力、短期偿债能力和支付能力。通过前后期资料的对比分析，还可以预测企业财务状况的发展趋势。

三、资产负债表的填列方法

以一般企业财务报表格式（适用于已执行新金融准则或新收入准则的企业）为例。

（一）"年初余额"栏的填列方法

"年初余额"栏通常根据上年末有关项目的期末余额填列，且与上年末资产负债表"期末余额"栏相一致。如果企业发生了会计政策变更、前期差错更正，应当对"年初余额"栏中的有关项目进行相应调整，如果企业上年度资产负债表规定的项目名称和内容与本年度不一致，应当对上年年末资产负债表相关项目的名称和金额按照本年度的规定进行调整，填入"年初余额"栏。

（二）"期末余额"栏的填列方法

1. 直接根据总账科目的余额填列

例如，"短期借款""资本公积"项目，应根据有关总账科目的余额填列。

2. 根据几个总账科目的余额计算填列

例如，"货币资金"项目，应当根据"库存现金""银行存款""其他货币资金"等科目期末余额合计填列。

3. 根据有关明细科目的余额计算填列

例如，“应付账款”项目，应当根据“应付账款”“预付账款”等科目所属明细科目期末贷方余额合计填列；“预付款项”项目，应当根据“应付账款”“预付账款”等科目所属明细科目期末借方余额减去与“预付账款”有关的坏账准备贷方余额计算填列；“预收款项”项目，应当根据“应收账款”“预收账款”等科目所属明细科目期末贷方余额合计填列；“应收账款”项目，应当根据“应收账款”“预收账款”等科目所属明细科目期末借方余额减去与“应收账款”有关的坏账准备贷方余额计算填列。

“开发支出”项目，应根据“研发支出”科目中所属的“资本化支出”明细科目期末余额填列。

“应付职工薪酬”项目，应根据“应付职工薪酬”科目的明细科目期末余额分析填列。

“一年内到期的非流动资产”“一年内到期的非流动负债”项目，应根据有关非流动资产或负债项目的明细科目余额分析填列。

“未分配利润”项目，应根据“利润分配”科目中所属的“未分配利润”明细科目期末余额填列。

4. 根据总账科目和明细科目余额分析计算填列

例如，“长期借款”项目根据“长期借款”总账科目余额扣除“长期借款”科目所属的明细科目中一年内到期的项目且企业不能自主地将清偿义务展期的长期借款后的金额计算填列。

5. 根据有关科目余额减去其备抵科目余额后的净额填列

例如，资产负债表中的“应收票据”“应收账款”“长期股权投资”“在建工程”等项目，应当根据“应收票据”“应收账款”“长期股权投资”“在建工程”等项目的期末余额减去“坏账准备”“长期股权投资减值准备”“在建工程减值准备”等备抵科目余额后的净额填列。“投资性房地产”（采用成本模式计量）、“固定资产”项目，应当根据“投资性房地产”“固定资产”科目的期末余额，减去“投资性房地产累计折旧”“累计折旧”“固定资产减值准备”等备抵科目的期末余额，以及“固定资产清理”科目期末余额后的净额填列；“无形资产”项目，应当根据“无形资产”科目的期末余额，减去“累计摊销”“无形资产减值准备”等备抵科目的余额后的净额填列。

6. 综合运用上述填列方法分析填列

例如，资产负债表中的“存货”项目，应根据“材料采购”“原材料”“发出商品”“库存商品”“周转材料”“委托加工物资”“生产成本”“在途物资”“材料成本差异”等总账科目的期末余额的分析汇总数，减去“存货跌价准备”科目余额后的净额填列。

四、资产负债表编制举例

长青公司 2023 年 12 月 31 日的科目余额数据见表 9-4。

表 9-4　科目余额表

单位：元

资产科目	借方余额	贷方余额	负债及所有者权益科目	借方余额	贷方余额
库存现金	2 000		短期借款		180 000
银行存款	414 250		应付票据		285 000
其他货币资金	26 000		应付账款		577 000
应收票据	280 000		——A 公司	301 000	
应收账款	271 000		——B 公司		900 000
——甲公司	322 000		——C 公司		28 000
——乙公司		51 000	——D 公司	50 000	
坏账准备		2 000	应付职工薪酬		74 000
其他应收款	25 000		其他应付款		30 000
应收利息	5 000		应付利息		20 000
应收股利	15 000		应付股利		10 000
生产成本	50 000		应交税费		246 500
原材料	200 000		长期借款		200 000（其中有 50 000 元一年内到期）
库存商品	250 000		实收资本		600 000
固定资产	1 100 000		盈余公积		12 750
累计折旧		350 000	利润分配		51 000
合计	2 286 250		合计		2 286 250

根据表 9-4 科目余额表编制的长青公司 2023 年 12 月 31 日资产负债表如表 9-5 所示。

表 9-5　资产负债表

2023 年 12 月 31 日　　会企 01 表

编制单位：长青公司　　单位：元

资产	期末余额	年初余额（略）	负债和所有者权益（或股东权益）	期末余额	年初余额（略）
流动资产：			流动负债：		
货币资金	442 250		短期借款	180 000	
交易性金融资产			交易性金融负债		
衍生金融资产			衍生金融负债		
应收票据	280 000		应付票据	285 000	

续表

资产	期末余额	年初余额（略）	负债和所有者权益（或股东权益）	期末余额	年初余额（略）
应收账款	320 000		应付账款	928 000	
应收款项融资			预收款项	51 000	
预付款项	351 000		合同负债		
其他应收款	45 000		应付职工薪酬	74 000	
存货	500 000		应交税费	246 500	
合同资产			其他应付款	60 000	
持有待售资产			持有待售负债		
一年内到期的非流动资产			一年内到期的非流动负债	50 000	
其他流动资产			其他流动负债		
流动资产合计	1 938 250		流动负债合计	1 874 500	
非流动资产：			非流动负债：		
债权投资			长期借款	150 000	
其他债权投资			应付债券		
长期应收款			其中：优先股		
长期股权投资			永续债		
其他权益工具投资			租赁负债		
其他非金融资产			长期应付款		
投资性房地产			预计负债		
固定资产	750 000		递延收益		
在建工程			递延所得税负债		
生产性生物资产			其他非流动负债		
油气资			非流动负债合计	150 000	
使用权资产产			负债合计	2 024 500	
无形资产			所有者权益（或股东权益）：		
开发支出			实收资本（或股本）	600 000	
商誉			其他权益工具		
长期待摊费用			其中：优先股		
递延所得税资产			永续债		
其他非流动资产			资本公积		
非流动资产合计	750 000		减：库存股		
			其他综合收益		
			专项储备		

续表

资产	期末余额	年初余额（略）	负债和所有者权益（或股东权益）	期末余额	年初余额（略）
			盈余公积	12 750	
			未分配利润	51 000	
			所有者权益（或股东权益）合计	663 750	
资产总计	2 688 250		负债和所有者权益（或股东权益）总计	2 688 250	

知识点二 利润表

一、利润表的概念

利润表是反映企业一定期间生产经营成果的会计报表。利润表把一定期间的营业收入与其同一会计期间相关的销售费用进行配比，以计算出企业一定时期的净利润（或净亏损）。

二、利润表的作用

利润表的作用包括以下几方面：

（1）通过利润表反映的收入、费用等情况，能够分析企业生产经营的收益和成本耗费情况，表明企业生产经营成果。

（2）用以分析企业利润的构成。

（3）通过利润表提供的不同时期的比较数字（本月数、本年累计数、上年数），可以分析企业今后利润的发展趋势及获利能力。

三、利润表的填列方法

利润表的“本期金额”栏反映各项目的本期实际发生数。如果上年度利润表的项目名称和内容与本年度利润表不相一致，应对上年度利润表的项目名称和数字按本年度的规定进行调整，填入报表的“上期金额”栏。

利润表中各项目主要根据各损益类科目的发生额分析填列。

四、利润表编制举例

长青公司 2023 年度损益类科目累计发生净额如表 9-6 所示。

表 9-6　损益类科目累计发生净额

单位：元

科目名称	借方发生额	贷方发生额
主营业务收入		300 000
主营业务成本	100 000	
税金及附加	2 000	
销售费用	15 000	
管理费用	30 000	
财务费用	10 200	2 000
资产减值损失	2 000	
其他业务收入		60 000
其他业务成本	34 000	
投资收益		31 500
营业外收入		19 700
营业外支出	50 000	
所得税费用	42 500	

根据表 9-6 的资料，编制长青公司 2023 年度利润表，如表 9-7 所示。

表 9-7　利润表

2023 年度

会企 02 表

编制单位：长青公司

单位：元

项目	本期金额	上期金额（略）
一、营业收入	360 000	
减：营业成本	134 000	
税金及附加	2 000	
销售费用	15 000	
管理费用	30 000	
研发费用	0	
财务费用	8 200	
其中：利息费用	10 200	
利息收入	2 000	
加：其他收益	0	
投资收益（损失以“-”号填列）	31 500	

续表

项目	本期金额	上期金额（略）
其中：对联营企业和合营企业的投资收益	0	
以摊余成本计量的金融资产终止确认收益（损失以“−”号填列）		
净敞口套期收益（损失以“−”号填列）	0	
公允价值变动收益（损失以“−”号填列）	0	
信用减值损失	0	
资产减值损失	−2 000	
资产处置收益（损失以“−”号填列）	0	
二、营业利润（亏损以“−”号填列）	200 300	
加：营业外收入	19 700	
减：营业外支出	50 000	
三、利润总额（亏损总额以“−”号填列）	170 000	
减：所得税费用	42 500	
四、净利润（净亏损以“−”号填列）	127 500	
（一）持续经营净利润（净亏损以“−”号填列）		
（二）终止经营净利润（净亏损以“−”号填列）		
五、其他综合收益的税后净额		
（一）不能重分类进损益的其他综合收益		
1. 重新计量设定受益计划变动额		
2. 权益法下不能转损益的其他综合收益		
3. 其他权益工具投资公允价值变动		
4. 企业自身信用风险公允价值变动		
……		
（二）将重分类进损益的其他综合收益		
1. 权益法下可转损益的其他综合收益		
2. 其他债权投资公允价值变动		
3. 金融资产重分类计入其他综合收益的金额		
4. 其他债权投资信用减值准备		
5. 现金流量套期储备		
6. 外币财务报表折算差额		
……		
六、综合收益总额	127 500	
七、每股收益		
（一）基本每股收益		
（二）稀释每股收益		

知识点三　所有者权益（股东权益）变动表

一、所有者权益变动表的概念

所有者权益变动表，是指反映所有者权益的各组成部分当期的增减变动情况的财务报表。当期损益、直接计入所有者权益的利得和损失，以及与所有者的资本交易导致的所有者权益的变动，应当分别列示。

二、所有者权益变动表的作用

所有者权益变动表全面反映了企业的股东权益在年度内的变化情况，便于会计信息使用者深入分析企业股东权益的增减变化情况，并进而对企业的资本保值增值情况做出正确判断，从而提供对决策有用的信息。

三、所有者权益变动表的填列方法

（一）“上年年末余额”项目

“上年年末余额”项目，反映企业上年资产负债表中实收资本（或股本）、其他权益工具、资本公积、库存股、其他综合收益、专项储备、盈余公积、未分配利润的年末余额。

（二）“会计政策变更”“前期差错更正”项目

“会计政策变更”“前期差错更正”项目，分别反映企业采用追溯调整法处理的会计政策变更的累积影响金额和采用追溯重述法处理的会计差错更正的累积影响金额。

（三）“本年增减变动金额”项目

1.“综合收益总额”项目

该项目反映企业净利润与其他综合收益扣除所得税影响后的净额的合计金额。

2.“所有者投入和减少资本”项目

该项目反映企业当年所有者投入的资本和减少的资本。

（1）“所有者投入的普通股”项目，反映企业接受投资者投入形成的实收资本（或股本）和资本公积，应根据“实收资本”“资本公积”等科目的发生额分析填列，并对应列在“实收资本”和“资本公积”栏。

（2）“其他权益工具持有者投入资本”项目，反映企业接受其他权益工具持有者投入资本，应根据“其他权益工具”等科目的发生额分析填列，并对应列在“其他权益工具”栏。

（3）“股份支付计入所有者权益的金额”项目，反映企业处于等待期中的权益结算的股份支付当年计入资本公积的金额，应根据“资本公积”科目所属的“其他资本公积”二级科目的发生额分析填列，并对应列在“资本公积”栏。

3.“利润分配”项目

（1）“提取盈余公积”项目，反映企业按照规定提取的盈余公积，应根据“盈余公积”“利润分配”科目的发生额分析填列。

（2）“对所有者（或股东）的分配”项目，反映对所有者（或股东）分配的利润（或股利）金额，应根据“利润分配”科目的发生额分析填列。

4.“所有者权益内部结转”项目

（1）“资本公积转增资本（或股本）”项目，反映企业以资本公积转增资本或股本的金额，应根据“实收资本”“资本公积”等科目的发生额分析填列。

（2）“盈余公积转增资本（或股本）”项目，反映企业以盈余公积转增资本或股本的金额，应根据“实收资本”“盈余公积”等科目的发生额分析填列。

（3）“盈余公积弥补亏损”项目，反映企业以盈余公积弥补亏损的金额，应根据“盈余公积”“利润分配”等科目的发生额分析填列。

（4）“设定受益计划变动额结转留存收益”项目，设定受益计划是指除了设定提存计划之外的离职后福利计划。“设定受益计划变动”计入其他综合收益，在原设定受益计划终止时应当在权益范围内将原计入其他综合收益的部分全部结转至未分配利润。应根据“其他综合收益”“利润分配”等科目的发生额分析填列。

（5）“其他综合收益结转留存收益”行项目，主要反映：1）企业指定为以公允价值计量且其变动计入其他综合收益的非交易性权益工具投资终止确认时，之前计入其他综合收益的累计利得或损失从其他综合收益中转入留存收益的金额；2）企业指定为以公允价值计量且其变动计入当期损益的金融负债终止确认时，之前由企业自身信用风险变动引起而计入其他综合收益的累计利得或损失从其他综合收益中转入留存收益的金额等。该项目应根据“其他综合收益”科目的相关明细科目的发生额分析填列。

四、所有者权益变动表编制举例

2022 年 12 月 31 日，长青公司实收资本 500 000 元，2023 年收到某公司投入资本 100 000 元。2023 年实现净利润 127 500 元，2023 年提取盈余公积 12 750 元，提取公益金 6 375 元，向投资者分配利润 63 750 元，根据这些信息编制的所有者权益变动表如表 9-8 所示。

表 9–8 所有者权益变动表

2023 年度

会企 04 表

编制单位：长青公司　　　　单位：元

项目	本年金额											上年金额										
	实收资本（或股本）	其他权益工具			资本公积	减：库存股	其他综合收益	专项储备	盈余公积	未分配利润	所有者权益合计	实收资本（或股本）	其他权益工具			资本公积	减库存股	其他综合收益	专项储备	盈余公积	未分配利润	所有者权益合计
		优先股	永续债	其他									优先股	永续债	其他							
一、上年年末余额	500 000										500 000											
加：会计政策变更																						
前期差错更正																						
其他																						
二、本年年初余额	500 000										500 000											
三、本年增减变动金额（减少以“–”号填列）																						
（一）综合收益总额										127 500	127 500											
（二）所有者投入和减少资本																						
1. 所有者投入的普通股	100 000										100 000											
2. 其他权益工具持有者投入资本																						
3. 股份支付计入所有者权益的金额																						

续表

项目	本年金额											上年金额										
	实收资本（或股本）	其他权益工具			资本公积	减：库存股	其他综合收益	专项储备	盈余公积	未分配利润	所有者权益合计	实收资本（或股本）	其他权益工具			资本公积	减库存股	其他综合收益	专项储备	盈余公积	未分配利润	所有者权益合计
		优先股	永续债	其他									优先股	永续债	其他							
4. 其他																						
（三）利润分配																						
1. 提取盈余公积									19 125	−19 125												
2. 对所有者（或股东）的分配										−63 750	−63 750											
3. 其他																						
（四）所有者权益内部结转																						
1. 资本公积转增资本（或股本）																						
2. 盈余公积转增资本（或股本）																						
3. 盈余公积弥补亏损																						
4. 设定受益计划变动额结转留存收益																						
5. 其他综合收益结转留存收益																						
6. 其他																						
四、本年年末余额	600 000								19 125	44 625	663 750											

复习思考题

一、单项选择题

1. 根据下列“应付账款”明细账的期末余额，在资产负债表上“应付账款”项目应填列的金额是（　　）元。

明细账户名称	借方余额（元）	贷方余额（元）
甲公司		25 000
乙公司	15 000	
丙公司		10 000

A. 15 000　　B. 20 000　　C. 35 000　　D. 40 000

2. 进口主要商品成本分析表是反映（　　）。

A. 外贸企业经营进口商品盈亏的生产报表
B. 外贸企业经营进口商品盈亏的对外报表
C. 外贸企业经营进口商品盈亏的静态报表
D. 外贸企业经营进口商品盈亏的动态报表

二、多项选择题

1. 在资产负债表上，下列（　　）项目应列在表的右半部分（负债及所有者权益）。

A. 预付款项　　B. 固定资产　　C. 实收资本　　D. 长期借款

2. 资产负债表中的“存货”项目反映的内容包括（　　）。

A. 固定资产　　B. 发出商品　　C. 包装物　　D. 库存商品

3. 外贸企业对外提供的财务会计报表有（　　）。

A. 资产负债表　　B. 利润表
C. 所有者权益（股东权益）变动表　　D. 现金流量表

三、判断题

1. 资产负债表的项目按照流动性从弱到强顺序排列。（　　）
2. 利润表是反映企业在一定会计期间经营成果的静态时点报表。（　　）

四、简答题

1. 进出口企业的内部报表主要有哪些？
2. 简述资产负债表期末数的编制方法。

五、业务处理题

某外贸企业 20×× 年度发生下列经济业务：

（1）销售产品一批，售价 500 000 元，增值税销项税额 65 000 元尚未收到。
（2）预收购买单位购货款 200 000 元，存入银行。
（3）以银行存款支付广告费 10 000 元。
（4）以银行存款支付短期借款利息 5 000 元，直接计入财务费用。
（5）以银行存款支付厂部管理费用 40 000 元。
（6）以银行存款支付罚款支出 1 000 元。
（7）期末，计算结转已销产品销售成本 250 000 元。
（8）期末，计算结转已销产品应交销售税金 6 000 元。
（9）将各损益类账户余额转入“本年利润”账户。
（10）按 25% 的税率计算结转应交所得税。

要求：根据上述资料编制该企业 20×× 年度的利润表。

参考文献

1. 中国对外贸易经济合作企业协会，全国外经贸从业人员职业资格认证考试中心 . 外贸会计实务教程 . 北京：科学技术文献出版社，2007.

2. 宫相荣，潘淑范 . 外贸会计 . 北京：中国财政经济出版社，2009.

3. 朱丽娟 . 外贸会计教程 . 北京：科学出版社，2004.

4. 财政部会计财务评价中心 . 初级会计实务 . 北京：经济科学出版社，2023.

5. 中国注册会计师协会 .2023 年度注册会计师全国统一考试辅导教材・会计 . 北京：中国财政经济出版社，2023.

6. 财政部 . 关于修订印发 2019 年度一般企业财务报表格式的通知（财会〔2019〕6 号）.

图书在版编目（CIP）数据

外贸会计实务 / 徐艳，费琳琪主编. -- 4版. -- 北京：中国人民大学出版社，2024.10
新编21世纪高等职业教育精品教材. 财务会计类
ISBN 978-7-300-31999-5

Ⅰ. ①外… Ⅱ. ①徐… ②费… Ⅲ. ①外贸企业会计—高等职业教育—教材 Ⅳ. ①F740.45

中国国家版本馆 CIP 数据核字（2023）第 143233 号

新编 21 世纪高等职业教育精品教材 · 财务会计类
外贸会计实务（第四版）
主　编　徐　艳　费琳琪
副主编　张俊清　郭红秋　贾冬艳
　　　　赵峰松　郭悦娥　吴　奕
Waimao Kuaiji Shiwu

出版发行　中国人民大学出版社
社　　址　北京中关村大街 31 号　　邮政编码　100080
电　　话　010-62511242（总编室）　　010-62511770（质管部）
　　　　　010-82501766（邮购部）　　010-62514148（门市部）
　　　　　010-62515195（发行公司）　　010-62515275（盗版举报）
网　　址　http://www.crup.com.cn
经　　销　新华书店
印　　刷　北京宏伟双华印刷有限公司　　版　　次　2012 年 2 月第 1 版
开　　本　787 mm × 1092 mm　1/16　　　2024 年 10 月第 4 版
印　　张　15　　印　　次　2024 年 10 月第 1 次印刷
字　　数　327 000　　定　　价　48.00 元